THE LOGIC OF WESTERN SOCIOLOGICAL THEORIES

第三卷 互构论社会学理论

谢立中 著

西方社会学理论的逻辑

第三卷

目 录

导　言 ··· 001

第一章　彼得·伯格和卢克曼的社会建构论 ················· 003
　一、知识社会学研究主题的转换 ······························ 004
　二、日常生活现实：主观意义的外化 ························ 008
　三、作为客观现实的社会：主观世界的客观化 ············ 013
　四、作为主观现实的社会：客观世界的内化 ··············· 019
　结　语 ··· 023

第二章　亚历山大的新功能主义 ································ 025
　一、社会学需要理论逻辑 ·· 025
　二、对社会学理论逻辑的分析 ·································· 032
　三、新功能主义社会学的基本思路 ··························· 041
　结　语 ··· 050

第三章　科尔曼的理性选择理论 ································ 054
　一、社会科学的对象及其方法论原则 ························ 054
　二、基本的行动和关系 ··· 058

三、行动的结构或系统 ································ 064
　　四、宏观和微观的相互建构 ···························· 072
　　结　语 ·· 075

第四章　布迪厄的实践理论 ································ 077
　　一、对"社会物理学"和"社会现象学"的批评 ············ 077
　　二、实践和习性 ···································· 084
　　三、习性和场域 ···································· 093
　　四、实践的逻辑 ···································· 101
　　结　语 ·· 109

第五章　吉登斯的结构化理论 ······························ 110
　　一、对社会理论研究领域中二元对立状况的批评 ·········· 110
　　二、"结构化理论"的行动理论 ························ 113
　　三、"结构化理论"的结构理论 ························ 118
　　四、"个人"/"行动"和"社会"/"结构"之间的相互建构 ····· 123
　　结　语 ·· 131

第六章　哈贝马斯的交往行动理论 ·························· 135
　　一、古典马克思主义和早期批判理论的局限 ·············· 135
　　二、交往行动概念 ·································· 140
　　三、"生活世界"和"系统" ··························· 148
　　四、生活世界的殖民化及其重建 ······················ 157
　　结　语 ·· 166

第七章　乔纳森·特纳的社会学理论综合纲领 ················ 170
　　一、对既有社会学理论进行综合的必要性 ················ 171
　　二、微观社会学理论的综合性建构 ···················· 173

三、宏观社会学理论的综合性建构 …………………………… 185
　四、中观社会学理论的综合性建构 …………………………… 201
　结　语 ………………………………………………………………… 210

本卷小结 ……………………………………………………………… 213

导　言

"结构论社会学理论"和"建构论社会学理论"相继诞生，在西方社会学领域导致了一种理论立场上的二元对立。这种二元对立被人们以不同的理论形式加以归纳和表述，如"个人和社会"之间的二元对立、"行动和结构"之间的二元对立、"行动和秩序"之间的二元对立、"微观和宏观"之间的二元对立等。这种理论立场上的二元对立虽然给西方社会学带来了一种繁荣的外观，但也给西方社会学家造成了极大的困惑，使得一向以自然科学为榜样的社会学者在寻求理论指导时感到无所适从。如何消除这种理论立场上的二元对立，自然成为"结构论社会学理论"和"建构论社会学理论"两类社会学话语形成之后西方社会学家努力思考的一个重要问题。作为对这一问题进行思考的结果，亦为西方社会学家提出的用以消除上述二元对立的主要方案之一，自20世纪中后期以来，在西方社会学理论领域产生了一批被我们称为"互构论"的社会学理论体系。在本卷中我们就来对这一类社会学理论进行一个概要性的梳理。

本书所称的"互构论社会学理论"，指的是以下述基本理论预设为基础而构建起来的那些社会学理论，按照这一理论预设，无论是结构论社会学理论还是建构论社会学理论，它们在"个人和社会"关系问题上的看法都是片面的或错误的："社会"既非像结构论社会学理论家说的那样是一种单纯外在于个人、只对个人行动形成约束的独立性实在，也非像建构论社会学理论家想象的那样只是一个虚名而已；类似地，"个人"也既非像结构论社会学理论家说的那样其行动完全为社会决定，也非像建构论社会学理论家描述的那样是一种唯一真实的实在。无论是"社会"还是"个人"，都既是一种真实的独立的存在，同时也相互影响、相互作用：社会是人们通过自己持续的有意义的行动建构出来的，但它一旦形成也确实具有独立性，并且反过来还会对通过自己的行动建构和再生产出这一社会的个人产生制约作用；反过来说，个人确实是社会的存在物，其思想和行动都受到社会的形塑和约束，但个人也有着自己在思想和行动方面的相对独立性、自主性，并能够借助这种独立性、自主性反过来影响甚至决定社会的存在和变化。一句话，"社会"和"个人"是相互建构的。正是通过这种相互建构，"社会"和"个人"才可能被形塑成它们所是的样子；同样，也正是通过这种相互建构，"社会"和"个人"才得以维持自己的存在和变迁。

互构论社会学理论也不是一个统一的整体，而是由许多理论立场既有相同之处又存在相异之处的理论体系构成的一个开放的、松散的集合。与结构论社会学理论和建构论社会学理论一样，这些理论的倡导者也分布于非马克思主义和马克思主义两大思想阵营。其主要代表性理论体系包括彼得·伯格和卢克曼的"社会建构论"、亚历山大等人的"新功能主义"、科尔曼等人的"理性选择理论"、吉登斯的"结构化理论"、布迪厄的"实践理论"、哈贝马斯的"交往行动理论"、乔纳森·特纳的"社会学理论综合纲领"等。在本卷中，我们拟对这一理论取向的主要代表人物的相关思想作一简要的梳理、分析和比较。

第一章　彼得·伯格和卢克曼的社会建构论

彼得·伯格和托马斯·卢克曼是美国当代著名社会学家，他们两人合作撰写的《现实的社会建构》一书虽然是以"知识社会学"为论题，但实际上讨论的却是社会学理论领域最核心的一个问题，即社会现实与个体存在之间的关系问题。该书不仅在社会学界，而且在更广泛的学术领域都享有盛誉，被誉为20世纪后期以来在西方学界具有广泛影响的"社会建构论"思潮的经典之作。但在笔者看来，由于滥用，"社会建构论"这个概念到今天已经失去了其明确的内涵和外延，因而不能用来准确地描述该书在理论取向上的特点。以笔者的愚见，若借用当今学术文献中一个同样常见的概念来说，该书应被视为社会学理论中"互构论"取向的开山之作。两位作者在书中所作的全部论述归根结底就是一句话：社会是人的产物，人是社会的产物，人和社会是相互建构的。这正是"互构论"的基本命题。以下笔者试对此作一简要说明。

一、知识社会学研究主题的转换

《现实的社会建构》一书的副标题是"知识社会学论纲"。[1] 从副标题看,这似乎只是一部关于知识社会学的著作,但其实正如作者自己直言不讳陈述的那样,该书的论题远远超出人们通常理解的知识社会学范围,实际上涉及的是一般社会学理论讨论的核心问题,即社会与个人之间的关系问题。之所以如此,乃在于作者对于"知识社会学"的主题作出了一番与人们之前的理解非常不同的解读。通过这种解读,作者实质性地扩充甚至转变了知识社会学的研究主题或对象。

为了阐述之便,在这本书中,伯格和卢克曼将"现实"(reality)界定为各种"现象"具有的一种独立于我们意志的性质,而将"知识"(knowledge)界定为人们对"现象"的"真实性"及其具有的各种特征的确定。[2] 伯格和卢克曼指出,对"现实"和"知识"这两个概念,哲学家和街道上的普通人有着不同的态度。一个训练有素的哲学家,经常会对"知识"及其所表征的"现实"之终极依据提出疑问。例如,他们经常会问"什么是真实?""一个人怎样才能知道(这一真实)?"这样一些问题。但对于日常生活中的绝大多数社会成员来说,一般并不会去质疑他的"知识"及其所表征的"现实",而是将它们视为理所当然。社会学家对这两者的理解则处于哲学家和普通人之间:他既不会像普通人那样将自己的"知识"及其所表征的"现实"视为理所当然,但也不会像哲学家那样去探究"现实"和"知识"的终极依据,而只是试图探究这样一个问题——为什么对于各个社会中的普通人来说,某一"知识"及其所表征的"现实"会被视为理所当然、毋庸置疑?例如,一般人可

---

[1] 该书英文书名为 *The Social Construction of Reality: A Treatise in the Sociology of Knowledge*。台湾巨流图书有限公司出版的邹理民译本将书名译为《知识社会学:社会实体的建构》,将英文版主副书名换了位;北京大学出版社出版的汪涌译本将书名译为《现实的社会建构》,略去了副书名;北京大学出版社出版的吴肃然译本则将书名翻译为《现实的社会建构》,重新译出副书名"知识社会学论纲"。

[2] P. Berger and T.Luckmann, *The Social Construction of Reality: A Treatise in the Sociology of Knowledge*, Penguin Books, 1991, p.13.

能会相信自己拥有"自由意志",并因此认为应该对自己的行为"负责任"。与此不同,哲学家则会去探究"自由""责任"这些概念的本体论依据,询问"人是自由的吗?""什么是责任?""人怎样知道这些事情?"等问题。社会学家试图探讨的是"'自由'这一概念是怎样逐渐在某一社会中被视作理所当然,从而被建构为一种'现实'的?""'自由'这一'现实'是怎样在一个社会中得以维持的?""这一'现实'又可能会怎样失去?"等一类"经验"问题。

社会学家的上述旨趣一方面源于社会学学科的经验取向,另一方面也源于这样一个事实:各个时代的思想家在对"现实"和"知识"(或"思想")问题加以关注的过程中,都发现了这样一种现象,即在不同的社会,被人们视为理所当然的"现实"和"知识"有着相当大的差别。例如,"在一位西藏喇嘛看来是'真实'的事物,在一位美国商人看来则可能不以为然"[1]。因此,人们希望弄清楚"知识"或者"思想"所表现出来的这种相对性到底是由什么样的因素造成的。人们曾经尝试提出各种不同因素,如历史因素、心理因素、生物因素等,来作为人类思想相对性的解释因素。而另一些人则提出用社会因素来作为解释因素,这就促进了"知识社会学"的形成。伯格和卢克曼认为,"对'知识社会学'的需要,正是源于社会之间可以观察到的差异——这些差异是关于在不同的社会中什么样的东西被视作是理所当然的'知识'"[2]。因此,尽管人们对于知识社会学可能会作出不同的界定,但一般来说,"知识社会学主要关注人类思想和其中产生的社会背景之间的关系"[3]。

按照两位作者的描述,知识社会学在近代的主要源头是19世纪德国思想史上的三大发展:马克思主义、尼采哲学和历史主义。从马克思那里,知识社会学获得了它的基本观点,即人的意识是由他的社会存在决定的;尼采则在马克思的观念上附加了一个新的视角,即将人类的思

---

[1] 伯格、卢克曼:《现实的社会构建》,汪涌译,北京大学出版社,2009年,第3页。
[2] 同上书,第3页。
[3] 同上书,第4页。

想看作求取生存与权力斗争的工具；历史主义则强调了人类思想本身所具有的不可避免的历史性。所有这些都对知识社会学的形成和发展产生了重要影响。但在知识社会学的形成和发展过程中，最重要的两个人则是舍勒（Max Scheler）和曼海姆（Karl Mannheim）：舍勒是"知识社会学"一词的提出者，曼海姆则将知识社会学扩展到德国以外。他们两人也可以被视为知识社会学两种不同取向的主要代表。尽管两人都试图用社会因素来解释知识的形成和发展，但他们的看法有所不同。舍勒认为，虽然"（社会）现实"是"观念"产生和发展的重要因素，但前者只是影响后者在历史进程中出现的状况，而不会影响后者的实质内容，即"社会"决定的只是观念在特定历史情境下存在与否，而不是它的内容。因此，知识社会学者的工作主要是对具有不同内容的各种观念被社会加以选择的过程和机制进行研究，而无法对各种观念的内容进行研究，因为观念的内容是独立于社会历史进程的。与此不同，曼海姆则认为，社会不仅决定某种观念存在与否，而且决定它的内容，只有数学及部分自然科学除外。除了这些例外，任何人类思想都不免受到社会背景的影响，用曼海姆喜爱的术语来说，都不可避免地成为一种意识形态。因此，无论对于观念的存在还是观念的内容来说，知识社会学都可以是有效的解释工具（不过，曼海姆也认为，不同观念之间的差异主要是视角之间的差异，随着不同视角的不断积累，人们对某一对象的认知就会逐渐清晰和全面）。伯格和卢克曼认为，知识社会学随后的发展很大程度上可以说是由对上述两种取向的批判和修正构成的。[1]

由此可见，知识社会学致力于分析在社会中被当作"知识"的事物与其社会环境之间的关系——准确地说，致力于分析在社会中被当作"知识"的事物是如何被社会建构成种种"现实"的。因为在知识社会学家看来，"人类所有的'知识'都是在社会情境中得到发展、传递和维持的，所以知识社会学必须寻求去理解这些过程，通过这些过程，被

---

[1] 伯格、卢克曼：《现实的社会构建》，第10页。

视作理当如此的'现实'在常人中被固定下来"[1]。不过，在以往的历史时期，知识社会学主要将理论思想或知识作为自己分析的对象，而将人们在日常生活中最常用的那些"常识性"知识排除在视野之外。伯格和卢克曼认为这是完全错误的。因为，理论知识只是所谓"知识"的一部分，在社会中也只有一小部分人关心对世界的理论解释，但社会中的每一个人都必须运用一定的"知识"来构建自己所处的现实。"现实的理论建构，不论它们是科学的、哲学的，甚或是神话的系统，都无法穷尽社会中的成员视为'真实'的事物"[2]，知识社会学必须对人们在生活中运用自己的"所知"即常识性知识加以探讨，因为正是这样一些常识性知识构成了人们日常生活中各种意义的结构，离开它们，任何社会都无法存在。因此，与理论性知识相比，常识性知识更适合成为知识社会学研究的主题。据此，伯格和卢克曼明确提出："对知识社会学应该重新进行界定。"[3] 按照这种新的界定，知识社会学就不再只是要探讨理论性知识与其社会"现实"之间的关系，而是要探讨人们在日常生活中运用的各种知识（但首先且主要是常识性知识）与其社会"现实"之间的关系。"'知识社会学'不仅必须处理人类社会中多种多样的经验'知识'，而且必须处理所有的'知识'被社会地建构为一种'现实'的各种过程。"[4] 因为，社会学家要去理解和解释的首先且主要是由绝大多数人参与的日常生活"现实"的形成和建构过程，而非只是一小部分人参与的那些社会"现实"的形成和建构过程。如此，知识社会学的性质和地位便将发生重要变化：以往，知识社会学通常被看作"观念史"研究的一个社会学分支，而上述重新界定则"将会使其从边缘地位变为社会学理论的核心所在"[5]。

---

[1] 伯格、卢克曼：《现实的社会构建》，第3页。
[2] 同上书，第13页。
[3] 同上书，第14页。
[4] 同上书，第3页。
[5] 同上书，第15页。不过，伯格和卢克曼在这本书中所作的分析却启发了后来的一些科学知识社会学家专门对"科学知识"被社会地建构成"现实"的过程进行探讨，这些科学知识社会学家也因此将自己的理论取向称为"社会建构论"，并将伯格和卢克曼视为自己的思想先驱。

伯格和卢克曼说，其实正是他们对社会学理论的特殊理解，把他们引入了知识社会学领域。在社会学中有两个表面上看不同的理论源流，一个源自涂尔干，另一个则源自韦伯。前者要求我们将"社会事实"视为像物质一样的事实，后者则主张社会现实是行动者通过自己有意义的行动建构出来的。人们通常视这两种观点为对立的见解，但伯格和卢克曼认为，这两种说法其实并不矛盾，因为社会确实具有"客观事实性"与"主观意义性"双重特征。如果我们接受这一关于社会现实的新看法，那么，社会学理论的核心课题其实就可以用以下方式表示："主观意义如何可能造成客观的事实性？"或者说："人类活动产生一个物的世界这一点是怎样成为可能的？"对这一问题的解答，要求我们洞察社会被建构的方式，而这就是知识社会学的任务所在。

二、日常生活现实：主观意义的外化

如上所述，伯格和卢克曼认为，知识社会学研究是要对那些指导人们日常生活行为的知识及其被"社会地"建构为一种"日常生活现实"的过程进行探讨。参照舒茨的现象学社会学理论，并综合涂尔干和韦伯所代表的两种社会学传统，两位作者认为，"日常生活现实"的建构过程是一个由主观意义的外化、社会现实的客观化和社会现实的内化三个环节／或时机构成的持续不断的辩证过程。《现实的社会建构》一书的主要内容就是从这三个方面来对日常生活现实的建构过程进行描述和分析，本章以下也从这三个方面来对两位作者的论述作一简要概述。

我们首先来看主观意义的外化这一环节。

伯格和卢克曼说："日常生活世界不仅是一个被社会中的普通人在其主观上觉得具有意义的行为中视为理所应当的现实，它也是一个缘自人们的思想和行动并一直被其视作是真实的世界。因此，在着手进行主要工作之前，我们必须先来阐明日常生活中知识的基础，即主观过程（与意义）的客观化，正是通过这一过程，主体间常识世界才得以建构而成。"[1] 换言之，从逻辑上说，"主观意义的外化"是"日常生活世界"建构的首要环节。正是由于这一环节，"常识世界"才得以建成。借助舒茨对日常生活世界的分析，两位作者对这一过程进行了概要性描述。

两位作者从行动者的主观意识开始自己的描述。意识总是有意图的，它总是企图或是指向种种对象。这些对象既可以是外在物质世界中的经验事物，也可以是内在的主观现实。就行动者的主观意识而言，不同对象的呈现可以被视为现实不同层面的组成因素。正如舒茨曾经指出的那样，对于行动者来说，世界是由多种多样的现实（如日常生活现实、梦境中的现实、幻想中的现实、科学中的现实等）组成的。当我们从一种现实进入另一种现实时，常常会体验到一种像休克一样的震撼。但在多种多样的现实中，日常生活现实是最为重要的，因为日常生活以最为巨大、急迫与强烈的方式把自己强加于行动者的意识。对于行动者来说，想要忽视或者削弱它的存在是不可能的，因此，行动者必须在完全清醒的状态下全神贯注地体验日常生活。在行动者看来，这种对日常生活现实的存在与理解的清醒状态是正常的和不证自明的，它构成了行动者的自然态度。在行动者看来，日常生活也是一个已然客观化的存在，它由一套在我能理解之前即已派定为客体的对象组成，"在我能够理解它之前，它便已被安排停当，并将其自身强置在我面前"。日常生活世界具有时空结构。它首先是由环绕行动者的"此地"和"此刻"构成。"这一'此地此刻'正是我在日常生活现实中注意的关键所在，同时也是我的意识的实在性所在。"这是与行动者关系最近的日常生活领域，是行动者的身体可以直接触及和采取行动予以修正的世界，或者说行动者的工作世界。在这一工作世界中，行动者的意识为实用动机所支配，"我之所以注意这个世界，主要是因为我正在做的、已经做的及想要做的。通过这种方式，我的世界变成最突出的一个世界"。这是行动者最感兴趣的领域。但日常生活世界也包括许多超出"此地此刻"的现象，它们是行动者的身体不能直接触及、对行动者的生

---

[1] 伯格、卢克曼：《现实的社会构建》，第18页。

活暂时没有直接影响的领域。因此，行动者对它们也只有间接的兴趣。日常生活现实也可以区分为常规现象和非常规现象两部分。日常生活现象之所以会被行动者视为理所当然，就是因为它的常规性。"当我开始怀疑它的现实性时，我不得不将怀疑束之高阁，因为我每天都处在日常生活的常轨中。"[1] 只要日常生活的常规不被打破，它们就一直会被理解为理所当然、没有问题的。一旦问题出现，人们也会尽最大努力将日常生活现实有问题的部分整合进没有发生问题的部分。只有当这种努力失败了，日常生活现实的"现实性"才会遭到怀疑。对于行动者而言，日常生活现实不仅是最重要的，也是首要的。与日常生活现实相比，其他现实——如梦境中的现实、科学中的现实、艺术中的现实、宗教中的现实等——呈现的只是一些特定的、有限的意义领域。人们总是在意识中来回穿梭于日常生活现实与这些特定的意义领域之间。当人们从日常生活现实进入某个特定和有限的意义领域当中，人们的注意力常常发生剧烈的转变。即便如此，人们的注意力最终总是要回到日常生活现实，因此日常生活现实始终保持着至高无上的地位。

在行动者看来，日常生活现实并非一个纯粹主观的世界，而是一个互为主观的世界，即一个我与他人共享的世界。而且，正是这一互为主观的性质将日常生活现实与行动者意识到的其他现实截然区分开来。"实际上，如果没有与他人之间持续不断的互动与沟通，我根本无法在日常生活中存在。我明白，我对这个世界的自然态度，是相应于他人的自然态度而生的；他人也是通过这个有序的世界来理解客观化的事物，他人也是在其所处和所欲为的'此地此刻'中建构这个世界。当然，我也知道对这个共有的世界他人会抱有与我不同的观点，……但我清楚地知道，我是与他人生活在一个共同的世界中。更重要的是，我知道在这个世界上我的意义与他人的意义之间存在持续的相应——我们共同分享这一现实的共同意义。准确地说，自然态度可说是常识态度，因为它是关

---

[1] 参见伯格、卢克曼：《现实的社会构建》，第18—21页。

于生活在同一环境下许许多多人的共识。常识性知识就是我与他人在日常生活中那些处在正常状态或是不证自明的例行事物上共享的知识。"[1] 在日常生活中，行动者之间的互动包括许多不同的类型。最基本的类型就是行动者之间在面对面情境中的互动。在这一情境中，互动双方是以一种生动的形象直接呈现在对方面前，双方的主观感受可以通过许多指标直接传递给对方，使对方得以理解其意义。对行动者来说，"他人是完全真实的"。即使在这一过程中产生了误解，也可以"在持续不断的主观意义相当多样和微妙的互换过程中得到修正"。因此，"无论是误解的表情还是虚情假意，在面对面的情境中都要比在较疏远的社会关系中更难长时间持续下去"。[2] 第二种互动类型则是同时代人之间的互动，在这种互动中，行动者逐渐远离面对面的情境，从而带有不同程度的匿名性。这种匿名性会随着互动双方逐渐远离面对面情境的"此地此刻"而逐渐增强，形成一个连续统，以我可以在面对面情境中经常见到的伙伴为一端，以一些我知道他们和我同时存在但却永无相见之可能，因而对我而言具有高度匿名性的抽象概念为另一端。现实的社会结构就是这样一些不同类型的互动模式的总和。此外，日常生活中的互动还包括行动者与前人（先于他而存在的那些人）之间的互动，以及与后人（在他身后存在的那些人）之间的互动。伯格和卢克曼认为，无论在何种互动过程中，行动者都是借助特定的类型图式（typificatory scheme），如"欧洲人""买主""快乐的人"等来理解对方的，只不过随着对方匿名程度的提高，所使用的类型图式将越来越抽象和空泛。

在互动过程中，互动双方的主观性可以通过不同形式的客观化指标表现出来，互动双方就是通过这样一些客观化的指标来理解对方试图表达的主观意义。例如，一个愤怒者的主观态度可以通过其面部表情、身体姿态等表现出来，也可以通过插在对方床头的刀子传递给对方（以及他人）。前一种表现形式只能运用于面对面的情境，后一种表现形式则

---

[1] 伯格、卢克曼：《现实的社会构建》，第20—21页。
[2] 参见上书，第26—27页。

可以运用于超越面对面互动的情境。日常生活现实中充满表现人类主观意义的客观化事物（人类行为的每一个产品都是这样一种表示某种主观意义的客观化事物）。在很多情况下，人们正是通过这样一些客观化事物来理解他人（包括前人）的主观意向。在这些客观化事物中，符号是一种比较特殊但却相当重要的形式。"符号可以通过其作为主观意义标示的直接意向而与其他客观化事物区别开来。"例如，一个与我处于对立状态的人可能只是在我的门上画一个记号 X，而非直接插一把刀子，就可以让我了解他对我的主观敌意。"这样一个记号——除了指出画此符号的人的主观意义绝对没有其他意义——也是在我与敌对者和其他人所共处的现实中可以客观得知的。我知道它的意思，其他人同样知道它的意思，实际上，对它的制造者来说，它是一个可以利用的客观'提醒者'，提醒对方注意其最初的意图。"[1]而在人类社会中，语言则是最重要的一种符号体系。人们在日常生活中共享的客观化事物，其意义主要通过语言的共享来加以维持。与任何其他符号体系相比，语言具有更大的抽象性和复杂性，使我们可以利用它来表现许多不在面对面情境中呈现的事情，包括那些我们从来没有甚至永远不会体验的事情。语言由此成为大量意义和经验积累的客观储存库，不仅能在空间上广泛传播，而且能在时间上保存下来和传给下一代，从而成为让互动在时空维度上得以广泛扩展和进行整合的重要纽带。"因为语言具有超越'此地此刻'的能力，它能在日常生活现实中跨越不同的场域，并将其整合成一个有意义的整体。"[2]在日常生活中，人们主观意向的表达（外化）主要是通过语言来进行的。日常生活现实其实主要就是人们通过共享的语言系统建构起来的。或者说，与动物社会相比，人类社会的独特性正在于它是人们通过共享的语言系统建构出来的。因此，伯格和卢克曼认为，理解语言是我们理解日常生活的关键之处。[3]

---

[1] 伯格、卢克曼：《现实的社会构建》，第 31 页。
[2] 同上书，第 34 页。
[3] 同上书，第 32 页。

三、作为客观现实的社会：主观世界的客观化

人们通过互动，尤其是借助语言进行的互动，将自己的主观意向外化为某种客观化的存在，从而建构出人类独特的社会情境（由于人类有机体的特点，人类必须建构出一个独特的社会环境，自己作为人类才得以成长和发展）。[1] 但只有在这些由主观意向外化而来的客观化存在能够维持和稳定下来的情况下，日常生活中的社会秩序才得以形成。那么，社会秩序是如何形成的呢？

人们通常会说，社会秩序是人类的产物，是人在其持续不断的外在化过程中创造的。但问题是：人类是如何创造出社会秩序的呢？伯格和卢克曼认为，为了回答这个问题，我们必须对日常社会生活的"制度化"和"合法化"这两个过程进行探讨。因为正是借助这两个过程，社会秩序才得以建构起来。

首先来看制度化过程。伯格和卢克曼指出，"制度化"的前奏是"惯习化"（habitualization）。所谓惯习化，就是按照相同的方式去重复某种行动。无论是单个人的行动还是社会活动，都可能惯习化。惯习化的好处是可以免去对行动方式不断重新进行选择的困扰，将行动者从不断重新决策的负担中解放出来。从人类赋予其活动以意义方面看，惯习化则使人不必为每一活动情景重新进行命名。"大量的情景都可按其预先定义进行归类。由此在这些情景中进行的活动也就可以被预期。"[2] 因此，惯习化是人类行动过程中自然会出现的一种现象。而当行动者的某种惯习化行动转变成为一种为人们所共享的定型化行动时，我们就可以说制度化已经出现了。例如，当人们一致认定"在特定环境下一些罪犯的脑袋应该按照特定的方式被砍下来，特定类型的人应该去执行砍头这一任务"[3] 时，某种法律制度就形成了。

---

[1] 参见伯格、卢克曼：《现实的社会构建》，第41—45页。
[2] 同上书，第46页。
[3] 同上书，第47页。

制度总是历史的产物。不了解一种制度在其中产生的历史进程，就不能准确地理解它。而制度也正是作为一种事实上预先确认好的行为模式来实现对人类行为的控制。"它能按照一个方向来引导后者，抵制或放弃许多从理论上来说可能的方向。"[1] 对人类行为进行控制是制度内在固有的特征，说人类活动一部分已经制度化就等于是说这一部分已经处在社会控制之下。因此，社会控制并不一定要借助专门设定用于支持制度的制裁机制来实现，这种制裁机制其实只有在制度化过程未能彻底成功完成的情况下才是必需的。

制度化也是一个自然发生的过程。即使只是发生在两个人之间的互动，只要持续上一段时间，制度化就会出现。两位作者以一个假想的例子对此作了说明。假定有 A 和 B 两个来自不同社会世界的人进行互动。只要互动持续进行一段时间，不论双方采用了什么样的互动方式，定型化现象很快就会出现：A 会观察 B 的行动；由于惯习化的作用，B 会一再以特定的方式采取某项行动；A 观察到了 B 的这种惯习，因而据此来预期 B 的行动方式，并根据自己的预期来确定自己的回应；与此同时，A 会认为 B 也正对自己做着相同的事情（观察着自己，了解自己的惯习，据此预期自己的行动方式和确定对自己的回应）。当这样一些定型化的互动模式逐渐稳定下来，我们就可以说，制度化已经初露萌芽。这种制度化过程给双方带来的益处就是：双方的行动变得可以预期。"这就意味着，两个个体正在构建一个背景……这一背景将会给他们单独的行动和双方的互动提供一种稳定性。这一惯常背景的构建，反过来则使得个人之间的劳动分工成为可能，并开辟了创新的道路，后者要求更高层次的关注。劳动分工与创新将会促成新的惯习化，进一步扩大双方共享的背景。换句话说，社会世界将会处在构建的过程中，在这一过程中包含着扩大的制度性秩序的根源。"[2]

如果刚刚萌芽的制度仅仅是在 A 和 B 两人的互动中得以建构和维持，

---

[1] 伯格、卢克曼：《现实的社会构建》，第 47 页。
[2] 同上书，第 49 页。

那么，它们的确定性或客观性就是脆弱和易变的。因为对于 A 和 B 来说，他们理解这些制度是由他们自己建构出来的，因而也是可以由他们自己加以改变的。然而，随着第三方尤其是下一代人的加入，这些制度的性质就会发生重要的变化。随着第三方尤其是下一代人的加入，原本由 A 和 B 主观构建的制度世界变成了一种历史性的存在，变成了一种凌驾于所有个体之上、个体必须将其作为外在的和强制性的事实来加以面对的客观实在。"一个被如此看待的世界可以获得一种意识里的确定性；它会以一种甚至是更加巨大或坚实的方式变得真实，它不再会轻易发生改变。""对孩子来说，由父母所传递的世界并不能被完全理解。因为他们没有参与到一开始形塑它的过程中，对他们来说它是一种他们必须面对的既定现实"；"对父母来说，它也不再是游戏性质的，而是变成了'严肃的'"。"只有到这个时候，它才有可能以一种与自然世界相似的方式，在个体面对一个广泛和既定现实的意义上变成我们所说的社会世界。"[1]

制度世界的代际传递引发了一个新的问题，这就是"合法化"问题。所谓"合法化"，指的是一个"次级秩序"（second order）的意义客观化过程。合法化的功能是使已经制度化的"初级秩序"（first order）进一步客观化和可信任（在客观上可以得到，在主观上听起来可信）。对于制度秩序的维持来说，合法化是一个非常关键的环节。"不论什么时候，当合法化受到威胁或陷落，持续不断的混乱无序的恐怖就会降临。"[2] 合法化问题只有在已经是历史事实的制度化秩序需要传递给下一代时才会出现。这是因为，对于没有亲身参与制度建构的下一代人来说，"制度的自证特性不再能通过个体的回忆和惯习化来得到维持。历史和个体经验间的一致性被打破。为了恢复它并且从两个方面都容易理解它，必须对制度传统中的缄默因素进行'解释'和证明。合法化就是这一'解释'和证明的过程"[3]。合法化或对制度客观可信性的解释包括四个层次。最初

---

[1] 伯格、卢克曼：《现实的社会构建》，第 51 页。
[2] 同上书，第 86 页。
[3] 同上书，第 77 页。

级层次的合法化建立在词汇中。"当一个小孩得知另一个孩子是他的'表兄弟'时,这一信念会很快且内在自然地将与'表兄弟'相关的行为都进行合法化。"[1]合法化的第二个层次,包括各种基本的理论命题。人们在这里会发现许多不同的、具有高度实用性因而直接与具体行动相连的解释模式,如各种箴言、道德律令、谚语、轶闻和民间传说等。合法化的第三个层次则是各种理论系统。这些理论为制度化行为的各个领域提供了无所不包的参考架构,它们通常是由一些专职人员通过正式的程序来传递的。合法化的第四个层次则是一个能够对包括宇宙、人生和社会等现象在内的整个世界进行解释的符号系统(symbolic universes)。这个层次包括各种理论传统,它们整合不同的意义领域,将制度秩序囊括在一个符号系统中。就其意义整合的范围来说,这一层次的合法化远超前面诸层次。在这一层次上,"制度秩序的所有部分都已被整合入一个无所不包的架构中,并在语言的文字意义上建立了一个共同体,因为所有的人类体验都可被视作在其内部发生"[2]。符号系统不仅可以为各种人生体验的主观理解提供秩序,将人们在不同现实领域(日常生活、梦境、幻想世界、科学世界等)中或在人生不同阶段的主观体验整合起来,形成一个完整的意义世界,使其中发生的每一事件都各得其所并因此而具有合法性,而且为人们对社会互动和历史进程的主观理解提供秩序,将人们对社会关系(如地位分层)的理解、对过去/现在/未来之关系的理解整合起来,形成一个有意义的整体,使之能够得到合理的解释从而具有合法性。"整个社会由此获得意义。特定的制度与角色,通过将其放入一个广泛的、有意义的世界中被合法化。"[3]

在绝大多数情境下,通过社会化机制,担负使制度秩序合法化职责的符号系统都会被内化到绝大多数社会成员的人格中去,使之在很大程度上成为一种被人们视为理所当然的东西。但是,在某些特定的情境

---

[1] 伯格、卢克曼:《现实的社会构建》,第78页。
[2] 同上书,第79页。
[3] 同上书,第85页。

下，符号系统本身也需要合法化。例如，这种情况常常会发生在符号系统的代际传递过程中。虽然人们可以借助社会化机制来使年轻一代接受前人创造出来的符号系统，但社会化机制并不是万能的。"社会化永远也不可能彻底成功。"[1]没有一个社会会被其所有成员视为理当如此，总会有人做出一些偏离现有符号系统的异端行为。当这些异端行为被部分社会成员接受，他们就将对现有的符号系统及其制度秩序构成挑战，而对现有的符号系统从理论和概念上进行说明和辩护，就成为后者维护自身合法性的一项重要工作。"基督教神学思想的发展，作为一系列异教挑战'官方'传统（宗教权威）的结果，是这一过程最好的历史例证。"这种维护符号系统之合法性的工作也常常为符号系统的革新提供机会。"就像在所有的理论化中一样，传统自身内新的理论意义也是在这一过程中出现的，在新的概念化中，传统自身被推动着超越其原初的形式。"[2]当一个社会遭遇另一个与其有着巨大差异的社会时，让符号系统合法化的需要也会出现。因为另一个社会的存在从经验上说明了现有的符号系统及其制度秩序并非理所当然的，另一种制度世界的存在是完全可能的。对于这一令人震惊的事实，必须从理论上加以解释，否则现有的符号系统及其制度秩序就将面临比来自内部异端更为严峻的挑战。[3]按照两位作者的论述，让符号系统本身合法化的具体机制有很多，但其中最一般或常用的有两种，即"治疗"和"无效"。所谓"治疗"，就是发展出一套包括越轨理论（越轨行为的病理学）、诊断设计（越轨行为的症状学）和心灵治愈的概念系统（治疗技术目录）三者在内的知识系统，来防止或者矫正生活在现有符号系统内的成员出现越轨行为。所谓"无效"，则是通过一套概念系统来对越轨者可能接受的概念/知识加以贬低或使之失效，从而维护现有符号系统的合法性。这两种机制的核心都涉及相关概念的

---

[1] 伯格、卢克曼：《现实的社会构建》，第88页。
[2] 同上书，第89页。
[3] 伯格和卢克曼认为，从形式上看，神话、神学、哲学和科学是历史上出现过的几种最基本的被人们用来维护特定符号系统及其制度秩序的概念机制。

生成和运作，所以两位作者将它们称为"维持符号系统的概念机制"（Conceptual Machineries of Universe-Maintenance）。

无论是制度世界的合法化过程，还是符号系统的合法化过程，最终都要由具体的人来完成。因此，要了解一个符号系统的形成及其维持过程，除了要知道它的内容是"什么"之外，同样重要的是要了解这些内容是"谁说的"。伯格和卢克曼认为，在任何时期，符号系统的建构和维持都是由一批专家来进行的，只不过在人类社会的不同时期，这些专家所处的情境和地位有所不同。在人类社会的早期，由于经济剩余不多，掌握某种知识的专家尚未与其他社会成员分离开来，各行的专家同时也是各行的劳动者，他们之间不仅没有竞争（狩猎专家不会传授打鱼的知识），而且各种知识的效力也主要是按照其在劳动/生活中的实用性来加以确定的。随着经济剩余的增加，一些专家开始专事知识的生产和传播，各种知识也开始逐渐远离日常生活的实用性。许多专家开始宣称自己不再是某一领域的专家，而是适用于各个领域的一般性知识方面的专家。结果是，首先，一种纯理论开始出现。其次，由于这种纯理论远离日常生活现实，人们难以基于日常生活中实用需要的变化而予以修正，因此本来内在于合法化过程中的传统主义/保守主义倾向进一步加强。此外，专家阶层的出现，不仅可能引发专家阶层和执政阶层之间的矛盾和冲突，而且可能引发专家阶层内部不同理论传统之间的矛盾和冲突。与此同时，由于不同理论传统的优劣难以凭其实用性来加以判定，借强力的支持来获取竞争优势便自然成为各派普遍采用的一种竞争策略，从而使得理论传统之间的竞争最终取决于或者说演变为各自支持者之间的力量竞争。这种力量竞争的结局多种多样，从某种传统最终垄断整个社会的知识领域，到多元传统在一个社会的知识领域内并存等，这些都是可能的结果。因此，我们不能脱离具体的人及其所属群体来理解知识观念演化的历史。当然，这并不意味着像朴素唯物论者所想象的那样，理论观念的变迁完全是由社会变迁决定的。毋宁说，理论和社会之间是相互建构的：虽然有时候理论是随着社会的变化而变化，但也有很多时候社会是随着理论的变化而变化。因此,"社会变迁必须总是被理解成处在与'观念史'相连的辩证关系中"[1]。

四、作为主观现实的社会:客观世界的内化

社会现实既作为一种客观现实而存在,同时也作为一种主观现实而存在。对个体社会成员来说,这一点也是真实的。为了在社会中生存,他不仅要将自己的主观意向外化和客观化,同时也必须将客观的社会现实内化,使之成为自身的一种主观存在。社会成员是逐渐成为社会的一员的。这一过程的起点就是社会现实的内化(internalization),即对作为另一个主观过程之意义表达的客观事件加以理解或诠释,使之对我们自己具有主观意义。"内在化是用这样一种方式,即这个世界的结构逐渐决定人的意识本身之主观结构的方式,重新把客观化了的世界吸收进意识中。也就是说,社会现在是作为个人意识的形成力量在起作用。在内在化过程中,个人在把客观世界的各种因素理解为外界实在现象的同时,也把它们看成是内在于自己意识中的现象。"[2] 这种内化首先是我们理解同辈/同伴的基础,其次则是理解有意义的社会现实的基础。"在复杂的内化形式中,我不仅可以'理解'他人当下的主观过程,也可以'理解'他人生存其中的世界,那个世界也会变成我的世界。……我们现在不仅理解了每个人关于我们共享情境的界定,我们还相互确定它们。在我们之间有一种不同动机的线索被确立下来并一直延伸到未来。更重要的是,现在在我们之间有一个持续不断的相互认同。我们不仅在同一个天地间,我们还相互参与到彼此的生活中。"[3] 只有当我们内化到这种程度,我们才能成为社会的一员。而这种个体成长的过程主要是通过社会化来实现的。

---

[1] 伯格、卢克曼:《现实的社会构建》,第105页。
[2] 贝格尔(伯格):《神圣的帷幕》,高师宁译,上海人民出版社,1991年,第21页。
[3] 伯格、卢克曼:《现实的社会构建》,第108页。

社会化是一种将个体广泛地和持续不断地导入客观社会世界的过程。社会化包括初级社会化和次级社会化等类型。初级社会化是个体在儿童时期所经历的最早的社会化。在这一时期，一些"重要他人"将自己储存（经自己过滤）的知识传递或灌输给儿童，使儿童朝着重要他人努力引导的方向发展，成为后者特有意义世界的继承者。次级社会化则是随之而来的引导一个已经社会化的个体进入其所在社会世界新领域的过程，它是对"亚世界"的内化，主要是为了获取一个劳动分工特定领域的专门知识。[1] 次级社会化必须以初级社会化为基础，"也就是说，它必须应对一个已经形成的自我和一个已经内化的世界。它不可能凭空构建主观现实"[2]。因此，它也必须和初级社会化的成果协调一致。初级社会化和次级社会化之间的关系是社会学的一个重要课题。

　　通过内化而形成的主观现实永远都面临着来自客观现实的威胁。例如，总会有一些边缘性的情境难以被现有的主观现实接纳，也总是会有一些新的现实定义对现有的主观现实构成挑战。因此，除了社会化之外，每个社会都还必须发展出一套维持主观现实的程序，"以保护客观现实与主观现实之间对称的程度"[3]。用来维持主观现实的程序主要有两种："一种是常规维持（routine maintenance），一种是危机维持（crisis maintenance）。前者被设计来维持日常生活中内化的现实，后者被设计来维持危机情境下的内化现实。"[4] 在前者中，个体通过将自己已经内化的主观现实不断嵌入常规或者与他人（尤其是一些重要他人）的互动来加以证实和维持，以保持认为自己及身处的世界就是实际所是的信心。在后者中，个体则会通过一些特殊程序及技巧来努力维护已经内化的主观现实，排除另类现实对已有主观现实可能形成的挑战（如使之无效）。但这些主观现实的维持程序并非永远都是有效的。在某些情况下，当上

---

[1] "次级社会化中的'亚世界'，与初级社会化中获得的'基础世界'相比，一般说来只是部分现实。"伯格、卢克曼：《现实的社会构建》，第115页。
[2] 同上书，第116页。
[3] 同上书，第121页。
[4] 同上书，第123页。

述维持程序失效时，个体的主观现实就有可能发生转变。这种转变有可能是部分的，但也可能是彻底的。在后一种情形下，个体的主观现实将完全或者在很大程度上被新的主观现实所替代（alternation）。这种主观现实之间的替代需要通过一个再社会化的过程来完成。"这些过程与初级社会化相似，因为它们必须急剧地重组现实，结果也就需要对执行社会化者有强烈的情感认同。不过它们与初级社会化也有不同，因为它们不是无中生有，而是必须应对拆解先前普遍正确有效的主观现实结构这一问题的结果。"[1]新主观现实对旧主观现实的成功替代既需要一定的社会条件，也需要一定的概念条件。社会条件包括特定重要他人及其所属群体的大力支持，个体通过与这些重要他人及群体的持续互动，能够坚定自己向新主观现实转变的信念；也包括与仍然处在旧主观现实之下的那些个体之间（在身体上或心理上）的隔离（至少在主观现实转变的早期阶段必须如此），以免主观现实的转变过程受到后者的干扰。概念条件则主要涉及新主观现实的合法化。"必须被合法化的不仅是新的现实，而且是它被管理和维持得以进行的步骤，以及对所有替代现实的废除或否认。……旧有的现实以及先前将其传递给个体的集体和重要他人，都必须在新现实的合法化结构中重新作出解释。"[2]当然，在实际生活中，发生的更多的可能是主观现实的部分转型而不是彻底转型。即便如此，维持主观现实早期成分与晚期成分之间的一致性也是一个必须处理的问题。

  社会化总是在特定社会结构的背景下发生的。不仅社会化的内容，还有其"成功完成"的程度，都有社会结构方面的条件和后果。所谓"成功的社会化"，是指客观现实与主观现实之间高度对称性的确立；反之，所谓"不成功的社会化"，则是指客观现实与主观现实之间的不对称。事实上，完全成功的社会化是不可能的，完全不成功的社会化即使不能说没有但也极为罕见，实际情况可能是落在这两极之间的一个连续体上。最成功的社会化，有可能发生在劳动分工极其简单和知识分配

---

[1] 伯格、卢克曼：《现实的社会构建》，第129页。
[2] 同上书，第131页。

最少的社会。这种条件下的社会化，会使社会成员产生社会预定的高度认同，只有极少数人会受限于一些特殊的身心原因（身体严重畸形或心理严重缺陷）而社会化不成功。在这些人未能结合成反社会团体的情况下，这种不成功的社会化不会对社会现实造成严重的挑战。然而，一旦这些社会化不成功的人聚成社会团体，情况就会发生变化。这些反社会团体的成员将会展开自己的社会化过程，将自己化入与主流现实不同的另一个社会世界。知识分配以及客观现实的状况也将由此变得复杂起来：不同的社会团体（例如主流社会团体或反社会团体）可能拥有不同的知识储存，并依此建构出不同的客观现实。

一旦在一个社会中存在着较复杂的知识分配或客观现实，不成功的社会化就可能是不同的重要他人向个体传授不同客观现实的结果。这会有几种不同的情况。第一种情况是，不同的客观现实只是同一个现实的不同版本（如男性版本或女性版本），它们之间的差异其实只是视角上的差异而并无实质上的冲突，所谓不成功的社会化可能只是个体认同了错误的版本（男孩认同了女孩的世界）。此类不成功的社会化是可以矫正的。第二种情况是，不同的客观现实本质上是相互矛盾的。在这种情况下，个体将不得不对不同的客观现实进行选择。无论他作出了怎样的初始选择，之后都始终面临主观现实可能发生转变的风险。当然，他们也可能在不同客观现实的边缘建构出另一个自我及世界。第三种情况是，个体初级社会化所内化的世界与次级社会化时所认同的世界产生了矛盾（如一个原本出身低微的人后来选择做一个骑士），致使个体在次级社会化过程中形成的是一种虚幻的认同（但在其本人的意识中却被客观化为他的"真实自我"）。这将给社会结构带来紧张和不安，危及制度程序及被视作理当如此的现实。当然，在一个存在着多种不同客观现实的社会里，人们也可能日益产生各种现实都具有相对性的意识，从而形成一种对现实和认同的多元主义意识。

结　语

综上所述，在彼得·伯格和卢克曼看来，人和社会是相互建构的。彼得·伯格曾经在另一本著作中将自己和卢克曼的（知识）社会学思想简单总结如下："社会的基本辩证过程包括三个阶段或三个步骤，即外在化、客观化和内在化。我们只有将这三个阶段一起理解，才能维护关于社会的在经验上恰当的观点。外在化，即人通过其肉体和精神的活动，不断地将自己的存在倾注入这个世界的过程。客观化，是通过这种（肉体的和精神的两方面的）活动产物而达到一种实在，这种实在作为一种外在于其创造者并与之不同的事实性，而与其最初的创造者相对立。内在化，是指人重新利用这同一个实在，再次把它从客观世界的结构变为主观意识的结构。正是通过外在化，社会变成了人的产物，通过客观化，社会变为一个特殊的实在，而通过内在化，人则成了社会的产物。"[1] 因此，我们可以说，"社会是一个辩证的现象，因为它是人的产物，仅仅是人的产物，而这个产物却又不断地反作用于其创造者。社会是人创造的。除开人的活动和人的意识所赋予它的以外，它便一无所有。离开了人，也就不可能有任何社会实在。然而我们也可以说，人是社会的产物。每一个人的经历，都是社会历史中的一个插曲，而社会历史不仅先于个人的经历，而且在个人经历结束之后还要继续下去。在个人诞生之前，社会就存在了，而个人死后，社会将继续存在。更重要的是，正是在社会之内，作为社会过程的结果，单个的人才成了具有人格的人，才获得并保持着一种身份，才可能实现组成他生活的种种计划。离开了社会，人不能生存。社会是人之产物以及人是社会之产物这两种说法并不矛盾。它们反映了社会现象固有的辩证特征"[2]。

基于上述认识，伯格批评了涂尔干等人认为社会是一种独立于人类

---

[1] 贝格尔：《神圣的帷幕》，第8—9页。
[2] 同上书，第7—8页。

个体的实体性存在的看法,他指出:"社会学重要成果之一,就是把普通人以为是构成社会的那种种假设实体,反复地归结为人类活动,这些实体是人类活动的产物,离开人类活动,它实际上就无立足之地。构成社会及其一切形式的'材料',是在人类活动中外在化了的人类意义。社会学分析又一次把那些巨大的社会实在(如'家庭'、'经济'、'国家'等等)归结为人类活动,人类活动是'家庭'、'经济'、'国家'等等的唯一的起基础作用的实质。所以,如果社会学家把这些社会现象看成仿佛是独立于最初创造它们,而后又继续不断地创造它们的人类活动的实体来处理,那是毫无益处的。"[1] 但他们也反对韦伯等人那种片面强调社会是由人类个体有意义的行动建构出来的做法,认为这种对社会现象之主观性的韦伯式强调,也只能导致对社会现象的唯心主义歪曲。只有结合韦伯和涂尔干两人的立场,才能勾勒出一幅社会现实的完整图画。伯格明确写道:"人与社会互为产品的这种辩证理解,使我们有可能从理论上综合韦伯和涂尔干的社会学研究方法,而且并不因此而丧失任何一方的基本意图。韦伯把社会实在理解为是通过人类意义而不断构成的,涂尔干则把它理解为具有与个人对立的外物之特点,二者都是正确的。他们分别指出了社会现象的主观基础和客观事实性,指出了主体及其对象的辩证关系。由此看来,他们的两种理解只有合在一起才是完整的。"[2] 据此,我们可以说,彼得·伯格和卢克曼所阐述的这种"社会建构论",其实正是一种我们今天所说的典型意义上的互构论。彼得·伯格和卢克曼可以被视为我们今天社会学中所谓"互构论"最早的倡议者之一,当之无愧。

---

[1] 贝格尔:《神圣的帷幕》,第13—14页。
[2] 同上书,第8页注释1。

第二章　亚历山大的新功能主义

　　新功能主义是 20 世纪后期西方社会学中一种重要的理论取向。除其首倡者亚历山大外，曾经被亚历山大等人归入新功能主义阵营的西方学者颇多，如柯罗米（Paul Colomy）、芒奇（Richard Munch）、艾森斯塔德（S. N. Eisenstadt）、斯梅尔塞（Neil Smelser）、莱希纳（Frank J. Lechner）、古尔德（Mark Gould）、修利（David Sciulli）、普拉格（Jeffrey Prager）、卢曼（Niklas Luhmann）、贝拉（Robert Bellah）、提里亚基安（Edward A. Tiryakian）、格尔茨（Clifford Geertz）、施鲁赫特（Wolfgang Schluchter）、查巴涅（Duane Champagne）、布里科（François Bourricaud）、阿彻（Margaret Archer）等，但其中最主要也最自觉的代表人物则是亚历山大、柯罗米、芒奇等人。本章拟以亚历山大为代表，对新功能主义社会学理论的主要思路作一简要的梳理和评析。

一、社会学需要理论逻辑

　　与在学术研究的其他领域一样，在社会学领域，人们围绕理论和经验在科学研究中的作用与地位问题也一直存在着激烈的争论。争论双方的观点大体上也可以用"经验论"与"唯理论"这两个名称来标示。经验论者强调经验观察对科学的社会研究的重要性，认为我们对社会现实的一切科学认识都必须以对社会现实的经验观察为基础。命题、理论是对经验事实（或经验陈述）逐级归纳、上升的结果，这种通过归纳过程得到的概括性知识只有不断获得经验事实的支持才能维持其有效性，一切脱离经验事实的命题、理论都是不可靠的、无效的。唯理论者则强调理论思维的重要性，认为在个别的经验事实与普遍性的理论知识之间不存在自然的逻辑联系，单纯对经验事实加以归纳永远得不出具有普遍性的理论知识，后者只有经过思维中的"跳跃"才有可能；同时，经验观察如果没有理论的指导，也将是盲目的甚至毫无意义的。

在经验论与唯理论的对立中，帕森斯无疑是倾向于唯理论一边。帕森斯戏谑地称自己为一个"不可救药的理论家"，并将自己的方法论称为"分析的实在论"，意即他的工作目的是建立一套能够帮助人们理解社会现实的分析性的概念框架，而不是去具体地描述经验现实本身。他认为构造这样一种分析性的概念框架应是社会学的首要任务。只有一个逻辑上完善的概念框架建立起来之后，人们才能进一步据此提出操作意义，形成命题陈述，指导经验观察。

帕森斯的理论建构策略很自然地受到了许多持不同立场者的批评。人们批评帕森斯所建立的概念体系过于抽象、空洞，与社会现实不符，至多不过是一个具有一定启发性的、华美壮观但不结果实的哲学体系。对帕森斯的方法论立场重新进行考察，是新功能主义者首先面临的一项任务。亚历山大在其四卷本巨著《社会学的理论逻辑》一书中，尤其是第一卷《实证主义、假设和当前的争论》中，首先在这方面做了有益的尝试。

亚历山大指出，至少从第二次世界大战结束以来，在关于科学的本质及其内部各因素之间关系的问题上，社会学家越来越倾向于一种实证主义的理解，"将社会科学视为一种仅仅沿着从特定性到一般性这一维度而运动的探究而实践之"[1]。这种理解最关键的预设就是，事实（经验）陈

---

[1] 亚历山大:《社会学的理论逻辑》第一卷，于晓等译，商务印书馆，2008年，第6页。

述可以和非事实（非经验）陈述及关于一般问题的理论论述相分离。由此出发，实证主义进一步包含以下几个基本预设：由于上述分离，哲学或形而上学性的一般理论对于以经验研究为取向的社会科学而言不具有重要意义；没有这种非经验的指涉是自然科学的显著特征，真正的社会学也应具备这种"科学"的自我意识；在完全排除了"哲学"因素的科学里，经验观察无可非议地成为主要任务，任何理论问题只有通过它才能得到恰当的解决（当不同的理论之间发生冲突时，也只有通过将理论与经验证据加以对照的办法才能够解决这种冲突）。这几项预设在社会学中就表现为，强调以经验观察为基础，通过归纳经验观察的方法来逐级概括，最终得出一般性的理论陈述。亚历山大认为，这种将科学研究视为单向运动的观点，不仅必然导致社会学想象力的枯竭，而且由于过分强调经验观察和证实的作用，也必然会极大地缩小经验分析的范围，致使经验概括越来越停留在简单相关分析的水平上。同时，社会认识论问题逐渐变成单纯的方法问题，使社会学研究日益专注于统计分析等量化技术的改进，以为科学进步主要就依赖于这种改进。[1]

社会科学中的这种实证主义倾向曾经引发无数抗议。但其中一些人（主要是站在"人文主义"立场上的反实证主义者），却因此走向了完全否认社会科学是一种自然科学意义上的科学研究门类的立场。他们主张社会现象和自然现象之间，以及社会研究和自然科学研究之间的异质性（自然科学的研究对象是无意义的自然现象，社会研究的对象则是富有意义的社会现象；自然科学的研究目的是对因果关系进行说明，社会研究的目的则是对社会现象的意义进行理解等），并由此出发否认社会研究结果的一般性和客观性（因为内在于人的主观意识的意义是无限变化和相对不可准确把握的），否认对社会现象进行科学研究的可能性，进而指出"社会探究的实践非但不能完全独立于诸如哲学和文学这样一些非经验的探求，它反而实际上更近似于哲学和文学批评而非自然科学"[2]。亚历山大

---

[1] 亚历山大：《社会学的理论逻辑》第一卷，第6—14页。
[2] 同上书，第20页。

认为，尽管这种人文主义的社会研究立场揭示了（实证主义意义上的）"科学"立场的某些重大缺陷，在研究问题的种类和研究方法论方面为社会研究作出了贡献，但却内含一种令人无法接受的主观主义或唯心主义立场。这种唯心主义立场是一种倒退，"因为它压抑了对于我们在面对社会世界时赖以作出评价、判断以及说明的那些普遍标准的追求"[1]。正是这一点，导致了实证主义者对来自这一立场的批评的拒斥，导致了社会研究领域里所谓"自然"和"人文"科学立场之间长期的对立和争执。亚历山大指出，这样一种对立及其隐含的两难困境其实并非实在的而是表面的。对于社会研究的科学性、客观性这一问题，除了实证主义和人文主义这两种立场之外，其实还可以有另外一种立场，这就是"后实证主义"。

亚历山大认为，尽管后实证主义的倡导者在一些实质性问题上也存在着严重分歧，但在一些基本点上他们持有共同的看法，其中最重要的是在理论和事实的关系问题上所持有的一个共识，即科学的发展是一个双轮的过程，既为经验的论证亦为理论的论证所推动。以这一共识为基础，可以进一步推导出后实证主义的四项基本原则：第一，所有的科学数据都是由理论内在构成的。事实陈述和理论陈述可以绝对分离的说法是不能成立的，不存在完全与理论陈述相分离的事实陈述。第二，经验陈述并非单纯以实验证据为基础，而是同样需要得到相应理论方面的支持才能成立。第三，一般理论阐述在常态上是独断论的和水平向的，而非怀疑论的和垂直向的，不会在遭遇与其矛盾的经验证据时就被放弃。第四，科学信念的根本转变只有当出现了其他理论框架从而足以应付新经验时才会发生，因此不同理论之间的争论是科学变化的动力之一。[2] 这四个原则突出的其实都是理论在科学研究和发展过程中的地位和作用。亚历山大据此提出，在科学研究中不仅存在着一种"经验逻辑"，即一种引导研究人员以经验观察为基础、从经验观察中提炼出概括性认识的方

---

[1] 亚历山大：《社会学的理论逻辑》第一卷，第23页。
[2] 参见上书，第39—42页。

法论规则，而且存在着一种"理论逻辑"，即引导研究人员以一般性的理论分析为指南、从一般性的理论分析过渡到具体的经验研究的方法论规则。亚历山大总结说："在科学过程中运行着一种一直为社会科学领域内实证主义倾向的代言人们所忽视的逻辑。科学也依循一种一般化的或'理论的逻辑'而前行，正如它依循实验的经验逻辑而前行一样……如果社会科学的本性要得到恰如其分的理解，如果其真正的潜能要获得充分完全的实现，那么，在给予从经验观察中进行归纳时所依循的方法论规则以一种高度的重视的同时，还必须努力地创立一种能够说明发自更一般原则的反向运动的'理论的方法论'。"[1] 概而言之，理论研究与经验研究并重，通过二者的双向运动来推进我们对现实的认识，这就是"后实证主义"的基本特征。在社会学研究的性质问题上，这种后实证主义的立场既不同于人文主义的立场，也不同于实证主义的立场：与人文主义者不同，后实证主义者依然坚持社会研究本质上是一种像自然科学研究那样的科学研究活动，而非哲学或文学一类的非科学活动；作为一种科学活动，其最主要的追求仍是获得对于现实世界相关现象的一般性说明。但后实证主义者对于科学活动的性质又作出了不同于实证主义者的理解，认为作为科学研究之最终目标的一般性说明并非单纯基于研究人员对经验事实的观察和归纳，而是同样也基于研究人员在经验研究展开之前就这种说明所作的一般性理论预设。科学研究就是一种在经验观察和一般性预设之间双向循环运动的过程。因此，为了理解一项科学活动的成果，不仅需要了解它的经验基础，也需要了解在这些经验基础的后面支撑着它们，使之得以成立的一般性理论预设。就此而言，帕森斯对于社会学理论研究的强调和重视是完全正确的。

亚历山大认为，虽然自然科学和社会科学都需要关注理论逻辑，但由于社会科学研究的主题更接近社会生活中的政治和文化基础，以及经验观察相对而言不如自然科学中那么精确等，社会科学研究者在一般性

---

[1] 亚历山大：《社会学的理论逻辑》第一卷，第43页。

理论预设方面更难形成共识，更容易产生分歧和争论。在社会学研究领域，许多争议并非源自经验观察方面的差异，而是源自研究者用来引导包括经验观察在内的整个科学研究活动的一般性理论预设方面的不同。因此，关注社会科学的理论逻辑，了解研究者在一般性理论预设方面所产生的这些分歧和争论，对于理解和评价社会科学活动及其成果来说就具有更为重要的意义。而且，"如果这种理论上的斗争必然是导致社会科学中承诺发生重大变化的一个关键要素，那么，把这种一般性争论赖以进行的逻辑由隐含的变为明确的，便成了头等重要的大事"[1]。

亚历山大还指出："科学可被看作是一个多层次连续体：从最一般的形而上预设，到较具体的意识形态的假定和模型，再到更经验的假定和方法论信念，直至纯粹经验性的命题和'事实'都包含于其中。"（见图 2-1）[2]

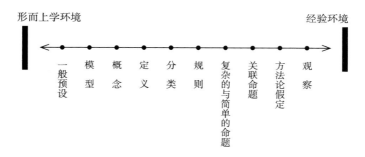

图 2-1　科学连续体及其成分

由图 2-1 可以看到，科学研究活动是一个由从经验观察到一般性预设之间的诸多层次（或成分）组成的连续体。亚历山大认为，这一科学连续体中的每一层次在研究规则上都具有相对独立性，但彼此间也有高度密切的联系或相互影响。因此，"社会学的理论逻辑的任务就在于说明这些层次的不同内容和相互关系。进一步说，只有像这样多层次地理解科学，才能解决唯心主义与实证主义（或唯物主义）的科学观之分歧。

---

[1]　亚历山大：《社会学的理论逻辑》第一卷，第 45 页。
[2]　亚历山大：《社会学的理论逻辑》第二卷，夏光、戴盛中译，商务印书馆，2008年，前言，第 2—3 页。

因为只有这样才能清楚地看出每一个科学陈述都是经验环境与形而上环境之交互作用的产物"[1]。然而，处于抽象程度最高层次上的一般性理论预设对于整个科学连续体各个层次的渗透和影响却具有最高程度的广泛性（其涵盖的范围之广使之不能被归入科学连续体的其他任一层面）和关键性（对科学研究活动的每一个层面都会产生重大影响），因此对于我们理解一项社会科学研究的理论逻辑（或者说从理论逻辑方面理解和评价一项社会科学研究的成果）也就具有最重要、最关键的价值。换言之，理解社会科学理论逻辑的工作虽然不能简单地归结为对引导社会科学研究活动的那些最一般性的理论预设的把握（对除经验观察以外各个环节的了解对于我们理解和评价一项社会科学研究的成果也具有重要意义），但其最重要或最首先的工作却正是对这种最一般性的理论预设的把握。在社会学研究领域，虽然已经有一些人意识到了单纯关注经验逻辑的片面性，意识到了关注理论逻辑的必要性，并对社会学研究中一些非经验性质的理论议题进行了激烈的争论，但遗憾的是，这些理论关注及其相关争论并未触及社会学理论逻辑中真正的一般性预设，而是在一些虽然其一般程度高于经验层次但仍低于最一般、最基本的理论预设的那些层面（如方法论、模式等）上面纠缠不休，从而对社会学的理论逻辑始终不能有一个真正准确的把握，"并未阐明能提供社会学理论逻辑的基本预设"[2]，因而也就不能为我们准确地分析和评价社会学理论研究中的那些争论、构建正确的一般性预设提供恰当的规范和指导。亚历山大说，他在《社会学的理论逻辑》一书中的任务就是尝试"界定社会学思维中那些最一般要素的性质，并将阐述这种一般性对社会学分析所作出的独立贡献"[3]。而社会学思维中最具一般性的要素，就是"与行动的合理性和社会秩序的性质有关的问题"。"行动和秩序代表了社会学争论的真实预设；它们建构了一个其他理论争议所不能包含的一般框架，同时

---

[1] 亚历山大：《社会学的理论逻辑》第二卷，前言，第2页。
[2] 亚历山大：《社会学的理论逻辑》第一卷，第82页。
[3] 同上书，第45页。

还揭示了在智识连续体的每一层面上对社会学思维都有决定影响的那些性质。"[1]

二、对社会学理论逻辑的分析

亚历山大指出,行动和秩序的问题实际上涉及所有社会思想都必须面对的一个认识论问题,即主体和客体之间的关系问题。这个认识论问题进而又与自由和强制的问题相联系。亚历山大说:"如果把影响人的行动的因素规定为纯客观的,规定为'物质的'或'条件的'——在我先前科学图式的意义上是仅以外部的经验环境为方向的——那么行动的视野就必然是被决定的,是极端受强制的。这些行动的'条件',不管是不是本体论意义上的物质条件,都构成了行动者不能控制的环境因素;这些条件是客观的,因为它们超出并逆于人的意志而起作用,如果它们不是实在意义上的物质条件,它们就'好像是'实在的物质条件那样强制行动。另一方面,如果人们把作用于行动的因素理解为主要是主观的,是理念或'规范的'——在我先前的科学图式的意义上是指向形而上学环境的——那么,行动就不能被认为是由客观环境所决定的,而是由个体行动者的意志选择的。只有认为行动部分地或全部地指向这种形而上学环境,'意向性'的主观因素才能被保留。"亚历山大认为,以上述关于主体/客体和自由/强制之间关系问题的认知为基础,可以推出三种逻辑可能性。"简单说来,行动既可以被认为是规范性的,也可以被认为是条件性的,或是由这两种因素共同影响的。"[2]亚历山大将前面两种概念称为对社会生活的"一维"理解,而把第三种概念称为对社会生活的"多维"理解。当这种认识论角度的行动概念转化为社会学角度的行动概念时,就分解成两个层次:一是个体行动者的行动,即社会学家所谓的"行动";二是众多个体行动者之间的相互联系和相互作用,即社会学家

---

[1] 亚历山大:《社会学的理论逻辑》第一卷,第83页。
[2] 同上书,第84页。

所谓的"秩序"。每种社会理论都必须或明或暗加以处理的最一般性的问题就是行动和秩序的性质问题，对行动和秩序性质问题的回答正是所有社会理论都必须或隐或显包含的基本理论预设。

亚历山大认为，在行动的性质问题上，社会学家预设的回答大致可以分为两类：一是将行动设定为是"理性"的，或者更准确地说是"工具理性"的，即"认为行动是由纯粹功效的目的指引的"，"目标是在一定的外在强制条件下被计算成以最有效的方式达到更广泛的规范意图的可能性"。按照这种工具理性的行动预设，行动者的行动始终只受技术性考虑而非道德规范的指引，行动者在行动过程中的主观意向层面完全被忽视，行动"被描绘成仅仅是对物质条件的适应而不是对自由和强制的多维选择"。[1] 二是将行动设定为"非理性"的，即认为"行动者的目标不被当作面对现存条件为实现更一般规范而选择的最有效的可能途径。相反，它们更多地被看作是不仅由这些条件的性质而且由一些规范自身的实质理想内容的产物。因而，规范并不显得被行动者所依赖的工具性计算抽空内容，他的目标也不能有效地被化约成手段的地位"。在如此设定的行动概念中，"因为理想的指涉被明显地保留了，行动就不能被当作纯粹的技术性质了。据此，人类行为的内在意志方面遂被保持，而纯粹的决定论观点亦被遏止"。[2]

类似地，在秩序的性质问题上，社会学家预设的回答也大体可以分成两类：一是个体主义的秩序预设，即试图"通过那种个别互动中的诸个体之行动来说明任何特定历史时刻上作为一种组合的社会安排。先于那特殊时刻上的个体活动所建立的种种安排并不被当作有重要意义的研究焦点"[3]。由于这种理论预设否定先前社会秩序的作用，任何特定时刻的社会秩序都被视为个体行动的产物，因此研究人员就把注意力完全放在个体行动者身上。并且，与上述关于行动的两种理论预设相应，持这

---

[1] 亚历山大：《社会学的理论逻辑》第一卷，第93—94页。
[2] 同上书，第97—98页。
[3] 同上书，第120页。

种个人主义秩序预设的人也可以依据其对行动之性质的不同理解进一步区分为工具理性和非理性两小类。二是集体主义的秩序预设，即将社会秩序理解为由个体行动者组成的社会集体自身具有的一种独立于个体行动者意志的特性。集体主义的秩序预设也可以依其对行动性质的不同理解区分为理性的集体主义秩序预设和非理性的集体主义秩序预设两类。"理性的集体主义概念靠描述条件的力量是怎样通过外部制裁来规范行为而解释秩序；非理性的集体主义概念则靠描述主观规范的力量是怎样通过内在承诺来规范行为而解释秩序。"[1] 理性主义的集体主义秩序观虽然也承认个体行动是主观意识引导下的活动过程，但由于将人的行动完全理解为在现有条件下根据功效原则来实现某个目标的过程，因此，集体秩序也就被相应地化约成完全外在于行动者主观意识的客观因素。对于这种外在于行动者主观意识的纯客观秩序，行动者不得不加以适应。亚历山大将这种秩序观称为"社会学唯物主义"。这种社会学唯物主义不允许社会理念、规范成分具有解释作用，除非把这些理念、规范成分设想成外部的纯粹条件因素。"工具性的集体主义立场一旦被采纳，那么作为一种解释明显要关切的'动机'即被排斥于社会学理论之外，于是行动的意志成分亦告消失。"[2] 与此相反，非理性主义的集体主义秩序观则创造了一个"集体内在秩序"的观念，秩序的根源被视为内在于而非外在于行动者主观意识的因素，无论是物质的因素还是规范的因素，只有内化为行动者的主观意识才能发生作用。因此，集体秩序与个体行动者自由意志之间的关系便不再被视为水火不容。亚历山大将这种秩序观称为"社会学唯心主义"。这种社会学唯心主义并不否认社会秩序对于个体行动的约束作用，但由于意识到这种约束通过内在的主观力量才能起作用，因此，其隐含的问题是"实际的理论注意力完全投入到集体秩序之规范的、内在的方面。社会生活的内在维度与外在维度之间的冲突就被有效地取消了。看不到意志论是行动的一个因素，同时决定论是另一个

---

[1]　亚历山大：《社会学的理论逻辑》第一卷，第133页。
[2]　同上书，第128页。

因素，结果行动就变成完全自发的了"[1]。

亚历山大指出，上述几种关于社会秩序的理论预设都是有问题的。个人主义的秩序观完全否认社会秩序的实在性，把个体意志视为完全自由的，认为秩序问题是一个假问题，这在解释社会现实时经常遭遇困境。"个人主义在理解秩序时的缺陷可从这样一个事实中看到，即……每种（这样的）理论，为它们各自的经验立场或意识形态立场的逻辑所迫，不在这一点就在那一点上试图把集体主义所凸显的内容结合起来。"[2] 两种集体主义秩序观也各有自己的问题。社会学唯物主义完全否认主观意识在行动中的作用，社会学唯心主义则实际上无视外部条件对行动的决定作用。亚历山大认为，实际的情况是，无论是主观意识还是客观条件，都是决定行动的因素，这两种秩序观都只在行动的两种决定因素中选择一个来解释秩序的形成和维持，因而都是片面的。一个合理的社会学理论必须采取比上述各种"一维"的理论立场更为全面的即"多维"的理论立场，才能够对社会现实作出更为全面、合理的解释。他明确地写道："行动应理解为既不是工具性的也不是规范性的，而是二者兼而有之。进而言之，这一行动应被理解为从内在结构到外在结构都是有序的。只有用这样一种辩证的批判观点看待（社会学唯物主义和社会学唯心主义两种）预设的二难推理，才能使我们以多维性的方式理解社会理论，而多维性就是我提出的评估理论逻辑的那种标准。"[3]

在《社会学的理论逻辑》一书中，于第一卷以外的其他各卷，亚历山大以马克思、涂尔干、韦伯和帕森斯的社会学理论为对象，应用上述社会学理论逻辑的标准对这几种主要理论传统的理论逻辑进行了分析和评估，指出了它们各自的特色以及在理论逻辑方面所遭遇的困境，在此基础上，进一步论证了社会学理论多维逻辑的合理性。

亚历山大首先分析了马克思和涂尔干的社会学理论，并将他们分别

---

[1] 亚历山大：《社会学的理论逻辑》第一卷，第141页。
[2] 同上书，第122页。
[3] 同上书，第158—159页。

作为上述社会学唯物主义和社会学唯心主义思想传统的代表人物来加以考察。亚历山大认为，马克思在其思想初期对资本主义社会的一些现实问题进行分析时，由于受到黑格尔的影响，采取的是一套社会学唯心主义式的行动和秩序观，"倾向于以反工具主义的行动概念为基础来说明集体主义秩序"：既反对个人主义，认为社会秩序具有一种超个人的实在性，又反对唯物主义，主张社会秩序隐含着某种精神性的"伦理实体"，且需要通过个体的主观意识发生作用。[1] 但后来由于受到政治经济学的影响，马克思逐渐转向一种社会学唯物主义的立场，将人的行动视为一种人在既定外部物质条件的限制下努力实现客观社会环境为他确定的某种目的的工具理性性质的过程，将社会秩序视为一种外在于人的主观意识、对人具有强制性作用的存在。对于马克思来说，"现在，工具性行动似乎成为对于资本主义时期的任何一种分析的恰当形式"；"马克思只能以一种外在的和强制性的术语来构想集体秩序。社会学唯物主义就诞生于这种转变之中，与之伴随的是对于社会限制之外在维度的一种持久的敏感性"；"它也是一种具有其所有决定性意涵的反意志论的理论"。[2] 与马克思不同，涂尔干则经历了两次思想转变。与马克思相似，在最早的一些论述中，涂尔干持有的也是一种社会学唯心主义立场，强调主观意识与规范控制在社会秩序形成和维持中的作用；"但在他早期著述的最后阶段，他几乎和成熟的马克思一样转而采取了一种决定论的与反唯意志论的观点"[3]，接受了社会学唯物主义。虽然与成熟期的马克思不同，涂尔干始终坚持道德因素在个体行动中的重要引导作用，但他不仅对道德因素在行动中的作用作了一种工具理性主义的理解，而且将道德因素本身视为外部力量的结果，这种外部力量构成了行动所由以发生的环境。道德规律也被认为是产生于社会关系之中，代表着我们必须加以适应的条件因素，"而这些条件既不能加以预测也不能事先计算；只有当社会均

---

[1] 亚历山大：《社会学的理论逻辑》第二卷，第19—20页。
[2] 亚历山大：《社会学的理论逻辑》第四卷，赵立玮译，商务印书馆，2016年，第8页。
[3] 亚历山大：《社会学的理论逻辑》第二卷，第105页。

衡确立之后，当均衡以尽可能精确的方式将它们固定后，它们才能被我们观察到"[1]。然而，在《社会分工论》一书中，涂尔干虽然坚持这种社会学唯物主义立场，但又开始动摇于社会学唯物主义与社会学唯心主义两种立场之间，最终在《社会学方法的准则》和《宗教生活的基本形式》等后期著述中重新回到了社会学唯心主义的立场。"现在，他坚持不懈地寻求主观化的秩序，并从他最早著作中重新发现了被文化渗透的和团结的个体之观念。他关于宗教生活的真正性质的启示，使得他能够以一种更加系统和更加精致的方式重新阐述这些洞见，并在其人生的最后20年里发展出一种关于社会的理论，这种理论在每一个重要的方面都是马克思的理论的镜像。"[2]然而，无论是马克思最终发展出来的社会学唯物主义理论，还是涂尔干最终发展出来的社会学唯心主义理论，都不能圆满地解释经验的社会现实。马克思的社会学唯物主义理论无法对他在后期的一些政论性著作中非正式地提到的政治、文化等非经济因素在社会历史进程中可能具有的关键作用加以合理阐释，涂尔干则同样难以对他在其社会学唯心主义理论中极力加以忽视的物质性因素对于社会秩序的重要作用作出合理说明。因此，在马克思、涂尔干之后，他们的追随者都试图对他们各自的理论进行补充修正：马克思的追随者力图使马克思的社会理论变得更具主观色彩，涂尔干的追随者则力图使涂尔干的理论更具唯物主义色彩。这些补充修改性质的努力对于一种多维性社会理论的探索都作出了一定的贡献，但"每一次都以失败告终，因为只要这尝试是要将更广阔的视野压缩到奠基人的较为狭隘的作品框架中去，就无法避免深刻的理智对立。为了避免这样的冲突，必须要建立坚实的新的起点"[3]。亚历山大认为，正是韦伯首先为我们提供了这样一个新的起点。

亚历山大指出，韦伯在其学术生涯的早期阶段既受到了马克思社会学唯物主义的影响，也受到了涂尔干式社会学唯心主义的影响。作为

---

[1] 涂尔干：《德国的道德实证科学》，转引自亚历山大：《社会学的理论逻辑》第二卷，第139页。
[2] 亚历山大：《社会学的理论逻辑》第四卷，第9页。
[3] 亚历山大：《社会学的理论逻辑》第三卷，何蓉译，商务印书馆，2012年，第9页。

前者的结果，韦伯试图摆脱德国唯心主义思想的束缚，超越德国唯心主义思想的局限，但他又不希望完全放弃德国唯心主义思想传统中的某些基本要素，即对个体主观意图的敏感和"对行动中的个体主义要素的偏爱"[1]。因此，"韦伯的早期著作显示出，面对涂尔干和马克思所推动的传统，他保持着开放的心态"[2]。他力图超越成熟马克思和涂尔干所采取的那种一维的社会学立场，转而尝试一种多维的立场。亚历山大断定，"在其早期作品中，韦伯与单维度的社会学思想传统发生了特别显著的决裂。……如果没有认识到他的多维度的意图，我们就无法解读他的早期作品"[3]。但韦伯此时的多维理论立场并未充分发展，只是在其各种经验研究的著述中以一些犹豫不决的方式（时而突出行动或秩序的工具性，时而强调行动或秩序的规范性）不时地表现出来。到了其成熟期的开端，韦伯的这一试图超越或综合唯物论与唯心论的理论立场才明确起来。"韦伯在其后期作品中达到了社会学理论的首次真正的综合，在这一多维分析中，他从根本上重构了唯心论和唯物论的理论。"[4]在《社会科学和社会政策中的"客观性"》等论文中，韦伯的这种多维立场得到了比较明确的表达。韦伯不仅将工具论和规范论两者结合起来理解人的行动，而且建立了对集体秩序的多维理解。一方面，他认为每一个行动都必然受到物质环境的约束，"在任何地方都面临着必要的外在手段在数量上的限制和质量上的不足，因此，满足需求需要有计划的供给和工作，与自然、与人类的联合作斗争"[5]。另一方面，他也不认同将经济因素视为唯一决定因素的"唯物史观"，认为文化价值等非经济因素对人类行动同样具有重要影响，主张人的行动既要从他的价值立场也要从他的外在条件来理解。"个体在某种程度上是自由的，他能够指向更大的符号性理想，然而

---

[1] 亚历山大：《社会学的理论逻辑》第三卷，第19页。
[2] 同上书，第34页。
[3] 同上书，第30页。
[4] 同上书，第39页。
[5] 同上书，第41页。

他也会受到其所处的外在的、物质的环境那同时存在的现实的制约。"[1]在他著名的比较宗教社会学研究以及关于社会阶级的理论分析中,这一综合、多维的立场更是得到了具体的呈现。"实际上,多维性是韦伯最成功的后期作品的核心。"[2]"韦伯将两个主要的社会学传统从自成一体的具体说明,转变为分析性的变量;对于秩序问题,他没有提出'或此或彼'的解决方式,而是建构了每一行动的环境的不同部分。"[3]然而,遗憾的是,韦伯并没有在其后期著述中对这样的多维立场一以贯之。即使是在其关于比较宗教研究的某些篇章中,这种综合性的理论立场也付之阙如。虽然对工具性和规范性因素的双重强调依然被保留,但却并非被综合起来而是被分离开来加以看待,分别断续地成为对经验事实进行自足性说明的因素。而在其政治社会学的分析中,"其说明主要是依靠政治—经济变量,动机要素已经不成为一个问题,而秩序呈现出明确的决定论色彩"[4];在方法论方面,韦伯也是"越来越满足于观察,而非移情式的理解"[5]。在这些地方,韦伯基本上已经从多维理论立场上后退。从总体上看,可以说韦伯对社会学唯物主义和社会学唯心主义进行综合的特殊尝试失败了。[6]但韦伯所开启的这一多维性、综合性的理论方向却并未就此关闭,而是在一位伟大的后继者那里得到了关注和坚持。这位后继者就是帕森斯。

亚历山大认为,无论是在其理论生涯的早期还是中后期,实现对社会学唯物主义和社会学唯心主义的理论综合,以解决社会学中行动与秩序问题上唯物主义和唯心主义、唯名论和唯实论之间的对立问题,一直是帕森斯理论研究活动的一个极其重要的目标。例如,在其早期代表作《社会行动的结构》一书中,帕森斯就努力尝试将观念因素和物质因素结

---

[1] 亚历山大:《社会学的理论逻辑》第四卷,第11页。
[2] 亚历山大:《社会学的理论逻辑》第三卷,第81页。
[3] 同上书,第82页。
[4] 同上书,第85页。
[5] 同上书,第108页。
[6] 同上书,第180页。

合起来考察行动问题,明确指出"行动涉及规范性因素和情境性因素这两种不同序列的因素间的一种张力状态"[1],并在此基础上提出了一种比马克思、涂尔干和韦伯更为多维的行动理论。不仅如此,帕森斯同样指出,必须将对"事实秩序"和"规范秩序"两个方面的探讨结合起来说明秩序问题,否则对秩序问题的任何说明都是不充分的,尽管他在该书中并没有以此为基础发展出一种能够与其多维行动理论相称的多维秩序理论。[2] 在其中后期的著作中,帕森斯逐步完成了对这种多维秩序理论的构建工作,先后构建了以"文化—社会—人格"三系统模型、AGIL 四功能模型及控制论模型等不同秩序模型为形式的"系统理论"或"结构功能主义"理论。这些先后构建起来的秩序模型在具体形式和内容上虽然有所不同,但其共同特征是把行动描述为一个受到"文化/符号系统"和"物理—有机环境"两种环境因素共同影响的过程,这些因素中的任何一种都不能对行动起决定作用,行动及秩序必定是符号性和工具性两种因素的某种结合。然而,遗憾的是,从总体上看,帕森斯的理论综合工作依然是不成功或不彻底的。"帕森斯的多维理论成就的范围是巨大的,尽管如此,我们还必须承认这种成就依然保持着未完成的状态。"[3] 无论是在其早期代表作《社会行动的结构》还是其中后期的诸多著述中,帕森斯都频频表露出一种对社会学唯心主义立场自觉或不自觉的偏爱。由于这种偏爱,"帕森斯的多维理论在各个要点上都与社会学唯心主义交织在一起"[4];"在预设层次自身的范围内,帕森斯也从未首尾一贯地坚持多维性的那种综合的、客观的标准"[5];帕森斯著作中的多维性部分常常"被他那种持之以恒地迈向社会学唯心主义的运动所横切"[6]。一种多维的社会学理论尚未得到充分论证和确立,这一目标的达成仍然需要后继者们的进

---

[1] 亚历山大:《社会学的理论逻辑》第四卷,第 39 页。
[2] 同上书,第 46 页、第 54 页。
[3] 同上书,第 326 页。
[4] 同上。
[5] 同上书,第 353 页。
[6] 同上书,第 413 页。

一步努力。在这些后继者中,亚历山大就是最自觉、最努力的一位。他在这方面所作的努力最集中地体现在其对所谓"新功能主义"社会学理论框架的阐释上。

三、新功能主义社会学的基本思路

亚历山大认为,尽管帕森斯的结构功能主义理论最终未能成为一种彻底和完善的多维社会理论,但它依然是后经典时代最为伟大的理论成就。它不仅为我们构建一个彻底和完善的多维社会理论指出了前进的方向,而且为我们构建这样一种理论奠定了相对而言最为坚实的基础。在帕森斯之后,我们需要做的不是像众多反帕森斯派社会学家那样因为帕森斯的理论有这样或那样的缺点而彻底地抛弃它,而是应该细致地分析它的成就和不足,在此基础上对它进行批判性继承,坚持它的成就,弥补它的不足,使之变得更加彻底和完善。这样一种通过对帕森斯理论进行批判性继承和修正而发展出来的社会理论,依然会是功能主义的,但却是一种比之前的旧功能主义更为完善、更具多维性质的新功能主义。

"新功能主义"这个词明确地表达了它与传统功能主义(主要是结构功能主义)的区别和联系。作为一种新的"功能主义",它与传统的功能主义尤其是帕森斯的结构功能主义有着明确的继承关系。按照亚历山大的说法,他之所以采用"新功能主义"这个提法,是为了表明只有"帕森斯的分析模式为(社会学理论的)一种新综合提供了唯一可行的基础"[1],虽然帕森斯的理论也存在种种缺陷。如前所述,亚历山大认为帕森斯的著作实际上体现了一种宏大的企图,即对实证主义、功利主义、功能主义、唯意志主义、帕累托主义等古典社会学理论传统的归纳与综合。因此,帕森斯理论的内容是异常丰富的,但由之也是非常模糊且常常自相矛盾的。它"给予社会学家们许多不同的选择,他们基于自己的

---

[1] J. Alexander and P.Colomy, "Newfunctionalism Today: Reconstructing a Theoretical Tradition," in G.Ritzer (ed.), *Frontiers of Social Theory: The New Syntheses*, Columbia University Press, 1990, p.36.

知识和历史条件而从中做出各自的选择"[1]。那种导致其衰退的对它的解释——"反个人主义、反对变迁、保守主义、唯心主义及反经验主义的偏见等",正是在20世纪60—70年代特定的知识背景与历史条件下,学术界对帕森斯理论进行选择性诠释的结果,虽然这些选择性诠释也常常能从帕森斯自己的著作中找到依据。亚历山大提出,在新的知识背景与历史条件下有必要也有可能对功能主义理论作出新的解释和有新的发现。在1985年他为《新功能主义》一书所撰的序言中,亚历山大描述了他自己对"功能主义传统"的重新解释。按照他的解释,"功能主义传统"有以下六个特征:(1)功能主义在描述性而非说明性的意义上提供了一种社会各部分间相互关系的一般图景,它认为社会是由彼此联系、相互作用的各要素所组成的多元与开放的系统;(2)功能主义不仅关注结构,而且关注行动,不仅关注行动的实践性与手段性方面,而且关注它的表意性与目的性方面;(3)功能主义关注社会整合及社会控制的变异及过程;(4)功能主义假定人格、文化与社会之间的区别是社会结构所必需的,它们相互渗透所产生的张力是变迁与控制的持续根源;(5)功能主义认为分化是社会变迁的主要形式;(6)功能主义强调概念化与理论化的独立性。[2]亚历山大指出,"虽然功能主义上述六个特征的每一方面都与社会科学中的其他线索相关,但是没有哪一种其他的理论传统可以认同于功能主义的上述所有特征"[3]。就此而言,功能主义传统实际上比其他的社会学理论传统具有更大的包容性,它"具有成为一种成功的社会学理论所需要的基本素质"[4],因而是当前对社会学理论进行新综合的最合适的基础,甚至是"唯一可行的基础"[5]。亚历山大的这些说法,明确地表达了新功能主义者对"功能主义"传统的坚定信念。

---

[1] 亚历山大:《论新功能主义》,《国外社会学》1991年第3期,第3页。

[2] 同上文,第1、3页。

[3] 同上文,第3页。

[4] 同上。

[5] J. Alexander and P.Colomy, "Newfunctionalism Today: Reconstructing a Theoretical Tradition," in G.Ritzer (ed.), *Frontiers of Social Theory: The New Syntheses*, p.40.

另一方面,"新功能主义"作为一种"新"功能主义,又意味着它并不是要简单地复活"老"的功能主义。亚历山大说:"引进'新功能主义'这个词是为了强调继承性和内部批判这双重要素。"[1] 正如"新马克思主义"是在批判传统马克思主义的机械性缺点和吸收20世纪社会思想最重要的进步成果的基础上重建了马克思主义一样,新功能主义也是要一方面对老功能主义的一些缺陷进行内部批判,另一方面充分吸收20世纪60—80年代产生的许多新理论成果,在此基础上"重建"功能主义。在《社会学的理论逻辑》《论新功能主义》等著述中,亚历山大指出和批判了帕森斯理论中的一些缺陷,如思想上的矛盾、前后完全一致等,认为后期帕森斯的著作确实逐步向系统、整合、文化、均衡等维度倾斜,偏离了他早期的"综合精神"。在此基础上,亚历山大等人强调功能主义要向冲突理论、互动理论、交换理论等理论传统开放,把它们的基本思想整合进功能主义的框架中去,重新建立一个新的"多维性质"的综合性一般理论。在社会学实质理论方面,围绕着行动和秩序这两个社会学理论研究中最一般性的问题,亚历山大也依据自己提出的多维性立场重新加以阐述。

(一)亚历山大对新功能主义社会行动理论的重新构思

帕森斯以前的功能主义理论都没有包含明确、系统的行动理论。把"行动"及关于行动的研究引入社会学领域,主要是理解社会学的开山祖师韦伯的功绩。而在韦伯的基础上,把"行动"及关于行动的研究引入实证主义的功能主义理论当中,则是帕森斯的功绩。帕森斯试图通过这一做法,将理解社会学对微观个人行动的强调与实证的功能主义社会学对宏观社会结构的强调结合起来,以克服传统功能主义只重宏观不重微观、只重社会不重个人的缺陷。就行动理论本身而言,帕森斯也试图通过多方面的综合来建立起一个更一般的行动理论框架,提出行动是

---

[1] J. Alexander and P.Colomy, "Newfunctionalism Today: Reconstructing a Theoretical Tradition," in G.Ritzer (ed.), *Frontiers of Social Theory: The New Syntheses*, p.34.

一个包括手段、目的、规范、条件与主观努力等多种要素在内的具有多方面属性的过程[1]，单纯把其中的某一类要素或属性抽出来对行动进行描述是不合适的。然而，尽管帕森斯试图以微观行动的理论作为他整个社会学理论的基础，尽管他的行动理论框架本来具有较大的包容性，但在其总的理论偏好与发展取向上，帕森斯却倾向于强调行动受规范制约的一面。由于这种偏好，行动者为实现目标所作的各种主观努力这个对行动过程具有重要意义的方面被有意或无意地忽略了，行动者成了一个其内部主观状态不明的"黑箱"。[2]在帕森斯中期结构功能主义色彩最浓厚的著作中，这种内部努力状态不明的"规范性行动"过程，按逻辑被演绎成个体通过社会化在社会规范与社会期望指引下的简单的角色执行过程。这种"过度社会化"的关于人及人的行动的形象，正是帕森斯理论受到强烈批评的一个方面。符号互动论、本土方法学、现象学社会学、社会交换论等"微观社会学"理论正是针对帕森斯理论的这个基本缺陷而兴盛发达起来的，对行动者内部努力过程（理解意义、确立规则、计算得失）的探究正是各种微观社会学理论的基本目标。[3]

为了消除帕森斯理论的上述重要缺陷，亚历山大在吸取符号互动论、本土方法学、现象学社会学、社会交换论等微观社会学理论合理思想的基础上，提出了一个更具综合性的微观行动理论模式。亚历山大指出行动总是沿着两个基本的维度展开，这两个基本维度就是解释（或理解，interpretation）与谋划（strategization）。行动不能像帕森斯想象的那样被理解为高度规范化或机械化的过程。行动，正如符号互动论／现象学社会学者所指出的那样，首先是理解性的；但行动并非只是理解性的，它同时也如交换论者所指出的那样是实践的与功利性的。解释与谋划，是任何行动过程在任何时间点上都包含的两个不可分割的方面；它们只能在理论上作为两个分析要素区分开来；因此，绝不能把它们设想

---

[1] J. Alexander, *Action and Its Environments*, Columbia University Press, 1988, p.308.
[2] Ibid., p.109.
[3] Ibid., pp.309-311.

为两类不同的行动或同一行动过程的两个不同的阶段。

"解释"又包括两种不同的过程：类型化（typification）与发明（invention）。对于类型化过程，舒茨的现象学社会学与加芬克尔的"本土方法学"都作了详细的研究。这些研究表明，"类型化"是我们在日常生活中解释事物的基本方式。人们之所以常常采用类型化方式来解释世界，是"因为他们期望每个新的印象都是他们已经发展起来的对世界所作的理解的一个类型。这种类型化方式不仅仅是在传统的总体水平上起作用。即使当我们遭遇某些新的和令人激动的事物时，我们也期望这种新的特性和令人激动的特性是可以被理解的：它将被我们在我们已拥有的参考词汇范围内认识。我们无法将自己从我们的分类系统中剥离出来"[1]。就以"类型化"作为认知的一种基本方式而言，最现代的心智与最古老的心智之间并无重大区别。所谓的"社会化"，就是学习掌握各种类型："集体的每个成员都必须学会给每一种可能的情境作出解释，取定名称，找出它们的类型词汇。"[2]然而，"类型化"并不是人们理解现实的唯一模式。尽管我们力图将遇到的每一事物都纳入我们已有的分类框架，但真实的事物总是每每不同，我们总会遇到一些用现有的分类系统无法涵盖的新现象、新性质，这时我们就需要创造一些新的范畴或类型来标示它们。这个过程就叫"发明"。归类与发明，构成了解释过程的两个基本方面。我们就是通过这两种方式来达成对现实的理解。

与解释并列，"谋划"则构成行动过程的另一个方面。"行动不仅仅是理解世界，它也改变和作用于这个世界。行动者寻求通过马克思所说的实践（praxis）来贯彻他们的意图，由此他们必须与他人或他物协同行动，或者通过行动来抵制他人或他物。这种实践行动肯定只能发生于确定的理解范围之内，但在对事物清楚理解的基础上它引入了策略性的考虑：使成本最小化和使报酬最大化。"[3]因为实现我们的意图需要时间

---

[1] J. Alexander, *Action and Its Environments*, p.312.

[2] Ibid., p.313.

[3] Ibid., p.314.

和能量,而时间与能量是有限的,因此它们必须根据最小费用原则来加以配置。"谋划"或"策略计划"由此便成为行动过程中必不可少的一部分。

亚历山大指出,行动中的这两大方面是相互交错又相互影响的。"谋划"须以"解释"作为基础,而我们的策略计划过程也影响了我们对世界的解释或理解过程。我们并不试图去"理解"进入我们意识的每一种现象。我们对时间、能量、可能获得的知识、目标实现难易程度的考虑,显然会影响我们的认知过程。我们多半会选择在未来的偶然环境中估计最可能、最容易达成的目标来作为我们的优先认知对象。通过这种集符号互动论、解释学/现象学及交换论于一体的对行动理论的"解释学的重建",亚历山大认为他揭示了在帕森斯那里处于"黑箱"状态的行动的内部过程,描述了行动所具有的偶然性与创造性本质。按照这种模式,行动不再是一种木偶式的"规范性行动",而是一种积极的、能动的理性行动;它不再是简单地遵循文化与社会环境的压力,而是积极地去寻求改变它所遭遇的环境。当然,作为一个功能主义者,亚历山大没有忘记划清他与"主观社会学"的界限。他在将行动偶然性与创造性的思想引入功能主义的同时,也重申了功能主义关于环境对行动具有强制性的思想,指出偶然性行动的思想也就蕴含了"行动所发生于其中的环境的非偶然性";"理解偶然性就是理解行动必须趋向于强制性,理解偶然性的维度就是理解行动在这样一种强制性环境中的变化";"如果我正确地概括了行动,那环境将被视为它的产物;如果我正确地概括了环境,行动将被视为它的结果"。[1] 既坚持环境对行动的强制性效果,又强调行动的偶然性与创造性,强调行动对环境的变革作用,这就是亚历山大为功能主义提供的一种新的"行动"模式。

---

[1] J. Alexander, *Action and Its Environments*, p.316.

（二）亚历山大对新功能主义社会秩序理论的重新构思

把社会看成一个由相互联系、相互制约的各部分、各层次构成的相对独立于个人的有机整体，是传统功能主义关于社会结构的基本观点。不过，在帕森斯以前，功能主义传统下的社会学家大都把社会结构当作一种完全独立和超越于个人行动的客观实在来加以研究，无视社会行动与社会结构之间的相互作用。与此不同，帕森斯则企图将韦伯关于社会结构不过是个人社会行动之集合的思想与传统功能主义关于社会结构是一个具有相对独立特性之有机体的思想结合起来，以使传统功能主义的社会结构观更为完善。帕森斯首先将"行动"与"体系"相联系，提出了"行动体系"（行动系统）的概念，然后进一步提出了著名的 AGIL 四功能模式来作为分析行动体系之结构的基本工具。按照这个模式，人类是生活在由许多"单位行动"联结而成的行动体系当中的，行动体系则是一种多层次的结构系统，每一层次都具有四种基本的功能要求——适应、目标达成、整合和模式维持；为了满足这四种基本的功能要求，行动体系就必须层层分化为四个相应的子系统，以分别执行四种系统功能；行动体系首先分化为行为有机体系统、人格系统、社会系统和文化系统四个子系统，每个子系统又进一步分化为四个子系统（如社会系统又进一步分化为经济、政治、社会文化和社群四个子系统），如此一级级分化下去；行动体系各层次的四个功能子系统之间不仅是一种相互区别、相互联系的关系，而且还是一种控制等级关系；等等。根据这种描述，社会系统既是一个由相互联系、相互制约的各部分构成的具有相对独立性的有机体系，同时又只不过是整个行动体系的一部分；它由人类的"单位行动"所构成，又与行动体系的其他部分（有机体、人格与文化系统）相互区别、相互联结，共同形塑了人类行动本身。帕森斯的"行动体系"概念，以及他用来分析行动体系的四功能分析模式，既表达了社会结构的行动性质，又表达了行动的结构—功能性质。不过，在帕森斯的著作中，他更为强调的实际上是行动的结构性质（强调行动受结构制约的一面）和行动结构的功能特性（行动体系是一个功能协调的合意系统）。帕森斯著作的这一方面后来受到了来自微观社会学（互动论、交换论等）与冲突社会学两方面的攻击。微观社会学批评帕森斯过于强调行动相对结构的受动性，忽视了行动之间的冲突和行动体系的强制性。对帕森斯行动体系理论的这两个缺陷进行修正，成为新功能主义社会学理论的另一个基本生长点。

亚历山大区分了行动与行动的环境两个方面，提出 AGIL 四功能分析模式不能用于分析行动自身，而只能用来分析行动的环境。与帕森斯不同，他认为具体的行动是不能为了分析之便割裂为不同的系统要素的。人格系统、社会系统、文化系统等并不是作为行动本身的要素，而只是作为行动的环境因素进入行动过程的。因此，这些系统也只是作为具体行动的一种外部环境而对行动产生影响。作为具体行动的外部环境，它们为行动提供真实的行动目标、手段、社区支持、规则、意义框架和心理条件等。这些环境要素既是具体行动赖以展开的前提条件，同时又是具体行动的产物。行动者在它们提供的限制范围内展开行动，同时又不断地突破这种限制，创造新的行动环境。因此，行动并非只是简单地受人格系统、社会系统、文化系统这些环境因素的规制，行动与其环境之间是相互制约、相互构造的。[1]

那么，行动与其环境之间是如何相互制约、相互构造的呢？包括帕森斯在内，所有的传统功能主义社会学家都侧重把社会运行过程当作一个合意的、协调的、均衡的过程来加以考察。自然，帕森斯在这方面所作的分析也是最为精致的。按照这种分析，整个社会过程在理想状态下可以描述为构成社会系统的全体成员在某种共同认可的社会意识、社会规范以及社会整合机制的作用下，相互协调、相互配合，共同致力于满足各种社会功能需要的过程。这种描述所涉及的一个关键问题是：无数孤立的个体行动是如何构造出这种合意的、协调的、均衡的总体过程的？帕森斯归纳出两个基本的社会机制来回答这个问题。一是个人的"社会化"。在"社会化"过程中，社会努力将它对个人在能力、规范、

---

[1] J. Alexander, *Action and Its Environments*, pp.316-326.

价值等方面的期待与要求灌输到个人的人格结构中去，个人则将社会对他的种种要求努力内化到自己的人格结构中来。正是通过"社会化"过程，个人才转变成为一个与社会期待相符合的"社会角色"。社会化了的集体成员，将共同按照社会的需要来进行分工合作、创设规章制度、协调各自的行动，使社会合作得以顺利进行。但"社会化"过程并不是完全的、充分的。个人的需求、意志、能力不可能完全与社会的期待相吻合，任何时候总有部分"偏差行为"出现，因此必须有另一方面的机制来处理这类行为，以确保社会合作的成功。这就是社会控制机制。通过社会控制机制，偏差行为或是得到预防，或是在出现后被抑制或受到各式各样的矫正，偏差行为者的"正常"行为功能得到恢复，社会合作的正常秩序便得以维持。传统功能主义对社会过程的这种描述，凸显了社会过程的整体性质、合意性质和规范性质，忽视或掩饰了社会过程中个体行动的能动性质、利益性质以及社会过程的冲突性质。这种社会过程观也理所当然地受到了符号互动论、冲突论、交换论等其他社会学理论流派的批评。

为了弥补帕森斯主义社会过程观的缺陷，亚历山大吸取了符号互动论、交换论与冲突论者的批评意见，对行动与社会秩序之间的相互关系进行了新的阐释。亚历山大在区分行动与行动环境的基础上，指出社会运行不单纯是行动者（社会成员）被动地服从社会安排、机械地履行社会角色的过程。社会系统、文化系统、人格系统只是作为行动的外部环境进入个体的行动过程当中，它并不对个体行动形成一种唯一性的约束，而是为个体行动划定一个可能的行动空间。行动者作为行动的主体，随时随地都在对其所处的社会文化环境进行解释和谋划、制定出自己的行动策略，作出自己的行动选择。因此，在社会的结构性约束与行动者的主观能动性之间并不存在不可调和的矛盾。社会环境只是为行动者的行动限定了一个变化和选择的范围，而行动者所作出的行动选择反过来也会影响整个社会环境的变化。因此，社会过程是行动者与其所处的社会环境之间不断相互作用、相互构造的过程。不过，就亚历山大而言，在行动者与社会环境的相互作用中，他更强调的其实还是社会环境对行动的约束作用，认为这种约束是微观的个体行动秩序形成的基础，宏观社会环境正是通过其对个体行动所施加的一定约束，确保了整个宏观社会过程的有序运行。[1]

结　语

严格地说，在对新功能主义社会学理论作出阐释方面，亚历山大只是构建了一个大致的框架，而没有像帕森斯那样构建起一个完整、具体的理论体系。尽管如此，根据以上描述，我们可以看到，就将功能主义理论朝着一个新的、更具"多维性质"的综合性理论方向推进而言，亚历山大的新功能主义理论框架确实取得了一定的成就。从亚历山大对行动理论的重新阐述中，我们确实可以体会到新功能主义的"新"意所在。对于这种新功能主义理论框架来说，功能主义社会学的理论空间确实大大拓展了。关于行动过程是一个以理解为基础的意义建构过程，以及行动过程是一个策略性的理性选择过程的思想，关于社会结构不是一种完全外在于个体行动的既定存在而是一种不断被人们的行动建构的未定存在，以及社会结构是一种利益—冲突结构的思想，关于社会过程是人们能动地创造自己的生活世界的思想等，现在似乎已不再是符号互动论、现象学社会学、本土方法学、社会交换论以及社会冲突论等"反"功能主义社会学理论的专利了。它们与前面所述功能主义的那些传统思想（强调社会的系统性质、关注结构与行动之间的联系、注重社会整合、关于人格—文化—社会三分的假设、把分化看成社会变迁的主要形式、强调概念和理论的相对独立性等）似乎可以融洽地结合在一起。功能主义社会学不再以一种只重宏观不重微观、只重结构不重建构的形象呈现于世，而是以一种海纳百川的态度将所有这些对立的要素都包容于自己的理论框架当中。功能主义社会学的确获得了一种崭新的面目。

---

[1]　J. Alexander, *Action and Its Environments*, pp.316-326.

亚历山大等人对新功能主义理论的探索也改变了人们对帕森斯理论的不良印象。在20世纪60—70年代的反帕森斯思潮中，帕森斯也遭受了历史上许多伟大思想家曾经遭受过的那种待遇，被弃置一旁。然而，亚历山大等新功能主义者的努力改变了帕森斯在人们心目中的形象，重新唤起了人们对帕森斯理论的兴趣。按照亚历山大的描述，在20世纪"八十年代初，在新功能主义运动出现之前，很多当今世界比较有影响的思想家都相信，目前已经完全可以撇开帕森斯的观点来考察上述（社会学的各种）论题了。而到了现在，只有极少数人还坚持这一观点。'帕森斯'已经从一种占统治地位的知识力量，变成了一种被许多重要的社会理论家质疑其真正意义的对象，变成了一种当代知识生活中的'经典'形象。""帕森斯贡献的重要性现在已经得到人们的承认，尽管他的理论体系不再那么受到欢迎。……在当代生活中，作为一个理论形象，他的学术声誉不免会有升有降；但作为一个历史形象，在社会科学和社会理论的发展史上，他的地位在目前来看是确定无疑的，其著作和生平也已日益成为社会学史的重要资料。"[1]

由于以上原因，新功能主义在20世纪80年代中期至90年代中期一度引起了广泛的影响和注意。连那些曾经激进反对帕森斯思想的人都承认新功能主义的出现是功能主义的一个"令人震惊的成功回归"，是"对当代理论的重大冲击"。有一位学者评论说，"帕森斯学派的复兴是八十年代社会学的一个显著特征"。[2] 自20世纪90年代末以来，新功能主义运动似乎声浪渐息，有从人们的视野或注意焦点中逐渐远去的趋势，但作为人类思想发展过程中历史最悠久的知识传统之一，无论"功能主义"有多少局限，都不失为一种具有持续存在价值的理论框架。它确实为人们提供了一种其他理论框架所不能提供的理论视角，让我们看到从其他视角出发看不到的一些世界景观，从而为我们的思想和行动提供了其他理论框架所不能提供的资源和参照系统。正如一些学者所说，我们

---

[1] 亚历山大：《新功能主义及其后》，彭牧等译，译林出版社，2003年，第5—6页。
[2] 同上书，第3页。

需要的不是完全、彻底地放弃这种传统，而是随着时间的流逝、空间的转换，随着我们知识视野的扩大，而不断对其进行调整、修正，推动其发展。在这一方面，"新功能主义"的确不失为一种有意义的构想。

在对亚历山大的新功能主义社会学理论进行分析时，还有一个问题需要讨论：如本章第一部分中所述，亚历山大曾经称自己的新功能主义理论在更为抽象的本体论、认识论和方法论层面上，是建立在一种与"实证主义"和"人文主义"这两种哲学都不同的后实证主义哲学基础之上的。亚历山大的这种说法是否成立？这个问题涉及如何给亚历山大的新功能主义理论准确定位的问题：按照本书使用的分类模型，亚历山大所谓的"实证主义"（其社会学分支在本书中属于结构论范畴）和"人文主义"（其社会学分支在本书中相当于建构论范畴），与本书所谓的"互构论"一样，是"现代主义"思潮中的思想体系，"后实证主义"则是"后现代主义"思潮中的一种思想体系。因此，如果亚历山大的新功能主义社会学理论确如他所说是建基于后实证主义哲学之上的，那么，就应该被归入我们后面将作为"后现代主义"思潮之一来进行梳理的"后实证主义"范畴，作为后现代主义社会学理论的一个重要样本，放到本书第四卷当中去加以梳理。反之则不然。

笔者认为，亚历山大对于后实证主义科学哲学的理解和描述大体上是正确的，他关于将后实证主义科学方法论应用到社会学研究领域的呼吁，以及对西方社会学的理论逻辑所作的分析，也都是有价值的。尽管如此，亚历山大似乎并没有能将后实证主义的基本理论预设具体地渗透到他自己所初步勾勒出来的新功能主义社会学理论当中，致使其所勾勒出来的新功能主义社会学理论并不具有明显的后实证主义色彩，而是依然建立在现代主义的那些基本理论预设基础之上：如亚历山大所述，后实证主义科学哲学认为，没有可以脱离相关的理论而独立存在的经验事实，所有的经验事实都是人们在特定理论的引导和约束下建构出来的。按照这一观点，人们关于社会现实中所有对象（既包括被认为是外部现实的社会结构／制度和文化事项，也包括个人自己的身体和人格等）的经验，也都是在特定理论的引导和约束下建构出来的一些存在，而非完全独立于相关理论话语的给定性存在。因此，一个真正意义上的后实证主义社会理论，必须将个体行动者和社会结构、制度、文化都作为人们在特定理论话语的引导和约束下建构出来的存在物来加以看待，而非像我们在本卷所梳理的各种"互构论"社会学理论那样将这两者都作为一种独立的实在来加以看待；必须将人们在特定理论话语的引导和约束下把自己和社会结构、制度、文化等存在物建构出来的过程作为自己的主要研究对象，以这一过程作为解释包括个体行动和社会结构、制度、文化等在内的各种社会现象产生和变化的主要变量，而非像互构论者那样将个体行动与社会结构（制度、文化等）之间的相互作用作为自己的研究对象，将这样一种相互作用作为解释各种社会现象产生和变化的主要变量。反观亚历山大初步勾勒出来的新功能主义社会理论，并未呈现出后实证主义社会理论所应该呈现出来的上述理论面貌（正像我们在本书第四卷中将会看到的，那些真正将后实证主义的理论预设贯彻到自身当中、被我们归入"后现代主义"范畴的社会理论那样），而是呈现出与我们在本卷中梳理的各种"互构论"社会学理论相一致的理论面貌。据此，笔者认为亚历山大所勾勒的新功能主义社会学理论应该被视为"互构论"社会学理论而非后实证主义社会学理论，应该置于本卷而非第四卷来加以梳理。

第三章　科尔曼的理性选择理论

科尔曼同样是美国的著名社会学家，是当代西方社会学中理性选择学派的主要代表人物，《社会理论的基础》一书则是他在这方面的主要著作。在这本书中，他从将行动者的行动假定为理性行动的理论立场出发，将宏观水平的研究和微观水平的研究相结合，对现代社会的结构与过程进行了颇具新意的描述和分析。不仅该书被某些西方社会学家如默顿誉为当代社会学和社会理论方面最重要的著作之一，而且事实上这一理论也成了当代西方社会学中以互构论为取向的代表性理论。

一、社会科学的对象及其方法论原则

科尔曼明确对美国社会学中理论研究与经验研究之间、宏观分析与微观分析之间的脱节表示不满，提出要探讨将它们联结起来的方式。与涂尔干等集体主义方法论者一样，科尔曼坚持认为社会科学的主要任务应当是解释社会现象，而不是解释个人行动。他反复强调"社会科学的核心问题是解释社会系统的活动""社会理论的核心问题是解释社会系统的活动"等，并解释说："在个别情况下，社会现象可能是个人行为的总和，但多数情况下并非如此。因此，社会科学应当以解释社会系统行为为重点。这种社会系统的规模小至由两人组成，大至整个社会，甚至可以指世界系统。基本的要求在于解释重点以系统为单位,而不是以个人或系统的其他组成部分为单位。"科尔曼据此批评社会科学中的许多研究"不是把社会系统作为整体来观察,而只是观察其中的某些部分。事实上,个人成了上述研究的观察单位"。这些研究因而实际上"背离了社会理论的核心问题"。[1]

然而,科尔曼又受到了韦伯等个体主义方法论者的启发,指出社会系统行为归根结底是许多个体行为相互作用的结果,必须以对个体行为的微观分析为基础来解释宏观的社会现象。科尔曼表示,虽然社会科学的目标是解释社会系统的行为而不是个人的行为,但解释社会系统的行为有两种方法:一是对不同系统的同一行为或同一系统在不同时期的行为进行比较分析,用所得出的某些统计规律来对系统行为进行解释;二是用系统的组成部分的行为,尤其是个体的行为来对系统的行为进行解释。科尔曼认为后一种方法,尤其是那些以个人的行动和倾向性为基础的方法,用来解释社会系统的行为比较好。理由是:(1)如果被研究的系统规模大且数量较少,以系统为单位搜集资料,资料明显会不足;(2)就解决问题而言,根据系统组成成分的行动解释系统行为,要比仅仅停留在系统水平的解释有用得多;(3)对系统行为进行内部分析的解释方法与仅仅停留在系统水平的解释相比,更具稳定性和概括性;(4)以个人的行动及其倾向为基础可以更好地解释和解决公司、家户以及规模更大的社会系统的行为与问题;(5)对系统行为进行内部分析与人道主义关于人的概念相一致。科尔曼据此批评了那些以社会规范为起点的社会理论家,认为他们无视人有按照自己的愿望行动的自由以及社会限制着这种自由,把人视为一种完全被社会化了的元素,按照这种社会理论我们将既无法研究自由和平等一类的问题[2],也无法对不同的系统

---

[1] 参见科尔曼:《社会理论的基础》,邓方译,社会科学文献出版社,1992年,第1—2页。
[2] "在缺乏个人行动基础的理论中,行动的原因不是个人的目标、目的或意愿,而是个人之外的某些力量,或是个人未曾意识到的某种内在冲动。其结果,这些理论除了描绘某种不可抗拒的命运,再无别用了。当社会变迁来临时,这些理论只能描绘变迁的表面现象,人们为各种无法控制的力量所摆布,不能有目的地支配自己的命运。"同上书,第19页。

行为进行评价。鉴于此,在《社会理论的基础》一书中,科尔曼决定将以个人行动为基础来解释系统行为作为自己的基本方法论准则。

但是,以个人行动为基础来解释系统行为并不意味着简单地回归到韦伯等人的个人主义方法论。事实上,韦伯等人的个人主义方法论存在着一个重要的缺陷——不能很好地解释从微观的个体行动向宏观系统行为转变的具体机制。科尔曼说:"以低于系统水平上的(个人)行动和倾向性为基础解释系统行为,存在着一个主要问题。这是从较低水平移动至系统水平的问题。这个问题被称为微观到宏观的转变问题,它在整个社会科学中普遍存在着。"[1] 科尔曼以韦伯在《新教伦理与资本主义精神》一书中的研究为例来说明这一点。

科尔曼指出,在《新教伦理与资本主义精神》一书中,韦伯表述了一个宏观社会系统层面的命题:新教的伦理价值观念促进了资本主义经济组织的发展。这一命题的可信性至少要求以下两种证据中的一种:一是系统比较新教与非新教社会的经济组织,以判定新教组织是否更为趋向资本主义;二是考察新教社会经济组织的历史发展,以判断资本主义是否在新教出现之后才发展起来。韦伯从宗教信仰和资本主义发展的程度与时间两个方面,对不同国家进行了比较,从上述两个方面都提供了一些证据。然而,科尔曼指出,这样一些仅仅停留在宏观系统层面的证据并不足以帮助我们确定上述命题是否真的成立。因为可资比较的社会数量太少,而且在那些资本主义发展程度不同的国家中,不仅宗教信仰不同,其他许多方面也不尽相同。通过比较,即使发现新教伦理与资本主义之间有很强的相关性,也无法断定资本主义的发展真的只是由新教的发展而非其他因素引起。因此,韦伯又进一步考察了新教教义的内容及其对新教徒道德观念的影响,以及资本主义"精神"的基本特征,发现了两者之间的亲和性,他以此试图证明上述关于新教促进了资本主义发展的宏观命题。但批评者认为这还是不能帮助我们确定上述命题的

---

[1] 科尔曼:《社会理论的基础》,第6页。

可信性，因为新教价值观与资本主义价值观之间的一致性，并不能作为前者影响资本主义经济发展的证据。两者之间的一致也可能表明是其他某种因素造成了宗教观念和经济观念两者的共同变化，甚至可能与韦伯的论点恰好相反，即可能是经济价值观的变化促成了宗教价值观的变化。不过，科尔曼指出，韦伯的论证并不限于上述内容。除了上述证据之外，韦伯还进行了一些个人层面的考察。"例如，他广泛引用了本杰明·富兰克林的著作，用以说明资本主义精神的本质，并指出这种宗教伦理的训诫来自富兰克林信奉加尔文教的父亲对于儿子的教诲。"[1] 科尔曼认为，在这里，韦伯想从个人层面来阐述上述命题的意图十分明显。若如此，上述命题就需要作一些修正。具体修正方法是将上述命题一分为三：第一命题包括表达社会特征的自变量和表达个人特征的因变量；第二命题包含的自变量和因变量都刻画了个人特征；第三命题包括表达个人特征的自变量和表达社会特征的因变量。具体言之，这三个命题是：（1）新教教义在其信徒中创造了某些价值观念；（2）具有这类价值观念的个人对于经济行为采取了某种态度（如反传统主义和恪守职责）；（3）个人对于经济行为的这种态度，在社会内部有助于产生资本主义的经济组织。这一命题系统的起点和终点都属宏观水平，而在推理过程中却降到个人水平。其中第三个命题正是试图从个人水平返回宏观社会水平，它意味着促成资本主义发展的是众多个人经济行为的综合。然而，进一步的问题是：其行为促成了资本主义发展的众多个人到底是哪些人？是资本主义企业中的工人还是企业家，或是两者？若是两者，新教伦理对他们各自发生了怎样的影响？这些影响得以发生的具体途径和机制又是怎样的（如价值观进入现实生活的具体机制）？如果资本主义精神不仅是一种个人精神而且是一种社会规范，那么这种社会规范又是如何从个人信念演变而来的？这些社会规范又是如何对资本主义现实产生影响的？资本主义经济组织及其内部结构又是如何形成的？等等。所有

---

[1] 科尔曼：《社会理论的基础》，第8页。

这些问题，韦伯几乎都没有提及。在他那里，宏观系统层面上的社会现实似乎只是微观层面上许多个人行动的简单聚集或拼凑而已。这使韦伯关于新教伦理促进了资本主义发展的命题最终难以得到充分论证。

科尔曼认为，十分明显，从微观个体行动到宏观系统行为的转变绝非个人行动的简单拼凑。因此，任何以个人行动为基础来阐述社会系统现象的理论都必须把对宏观和微观两个层面的分析结合起来，通过对两个层面之相互关系的考察去实现对社会系统行为的解释。这样的社会科学理论必须包含三个组成部分：（1）将对宏观现象的分析转变为对微观行为的分析（阐述系统对行动者的限制和影响）；（2）对个体行为进行分析（阐述行动者在系统内部的活动）；（3）以对微观个体行动的分析为基础对宏观现象进行解释（阐述微观的个体行为如何构成宏观现象）。缺乏其中任何一个层次，这个理论在解释社会系统行为时都会遇到困难。科尔曼的《社会理论的基础》一书，就是其贯彻这一理论建构策略的一次尝试。以下我们就来看看科尔曼是如何实施这一理论建构策略的。

二、基本的行动和关系

按照上述思路，一个合理的社会科学理论应该以对个体行动的分析为基础来解释宏观社会系统的行为。要做到这一点，首先就应该把需要解释的系统行为解析为个体行动的结果，将分析对象从系统行为层次下降到个体行动层次，对个体行动进行分析，然后再以对个体行动的分析为基础来对系统行为进行解释。据此，科尔曼首先将对个体行动的分析确定为自身理论探讨的逻辑起点。

如何理解和分析个人行动？对此，社会科学中也有许多不同的看法。科尔曼提出他将采用理性人假设，把个人的行动假定为理性行动。所谓理性人假设，即如下关于个人行动的假设："对行动者而言，不同的行动（在某些情况下是不同的商品）有不同的'效益'，而行动者的行动原则可以表述为最大限度地获取效益。"[1]科尔曼认为，行动者就是依据这一假设所表述的原则在不同的行动或事物之间进行有目的的选择。这里的"理性"（或有目的性）与"效益"并不局限于狭窄的经济含义，这就使得这里的"理性人"假设不同于经济学家的"经济人"假设。科尔曼还提出，之所以选择"最大限度地获取效益"的行为假设，一是为了提高理论的预测能力和保持理论的简洁性，二是因为许多被局外人认为不够合理或非理性的行动从行动者本人的眼光来看则完全是合理的。科尔曼的社会理论之所以被称为"理性行动理论"（理性选择理论），正是因为它试图从理性人假设出发来对个人行动和社会系统的行为进行描述和解释。

从理性行动理论的视角来看，人类行动的基本要素是行动者和事物（资源或事件）。行动过程就是行动者使用自己控制的事物来实现自身特定利益的过程。当行动者拥有满足自身需求所必要的资源时，行动者就将按照自己的需要来独立使用那些资源。相反，当行动者无法完全控制能够满足其自身需求的各种资源，并发现部分此类资源处于其他行动者的控制之下时，对自身利益的追求就必然促使他设法与其他行动者进行交易，用自身拥有而为他人所需要的资源去换取自身缺乏而为自身所需要的资源，从而使交易双方的利益都得到满足。通过这种交易，就产生了一些最基本的社会行动和社会关系。其中最主要的有简单的社会交换关系、权威关系和信任关系等。

1. 简单的社会交换关系

当两个行动者使用自己掌握的资源换取对自己有利但却掌握在对方手里的资源时，就产生了自发的交换行为。商品交换是最典型的社会交换，但社会交换不限于商品交换。科尔曼认为，经济交换和非经济交换的区别主要在于与前者有关的各种交换制度已经得到充分发展，而与后者有关的各种制度还很不完善。此外，在经济交换中，交换多半是自愿的且双方都能获利；而在非经济交换中，交换则有可能是非自愿的、强

---

[1] 科尔曼：《社会理论的基础》，第15页。

迫的，如孩子拾起扔在地上的衣服以换取家长不打他的屁股。

科尔曼把"社会均衡"和"社会最优状态"这样的概念引入了他的理论。交换使交换双方的利益都得到了满足。当交换达到这一点，即任何进一步的交换都不再能够增进双方的利益时，交换就到达了一个均衡点。在只包括少数人的行动系统中，可能存在一系列这样的均衡点，在其中任一均衡点上进行的交换都能使双方获利。在均衡点上进行的交换，导致了对资源控制的再分配，这种再分配可以在交换各方之间产生最优的利益分配结果。如果交换各方都以自身利益最大化为目的且交换始终是自愿的，那么当交换各方之间不再有任何自愿的交换出现时，便实现了社会最优状态。判断由交换各方组成的社会总体是否提供交换实现利益分配的最优化，不能使用平均主义标准或局外人的标准，而是要从交换系统内部人的标准出发。因为在交换发生之前各方行动者所控制的资源会有所不同，这就使得各个行动者在交换过程中获得满足的标准会有所不同。"例如，在被视作一个系统的夫权制家庭，如果存在总体上的最优交换结果，使一家之主的男子得到满足的资源，必然大大超过他的妻子控制的资源。因为这个男子对家中的资源具有较多的控制。同理，在母权制家庭中，如果实现了最大程度的总体满足，妻子所得到的必定大大超过丈夫。因为妻子的权力大于丈夫。"[1] 可见，系统内部各个行动者在总体上实现的利益均衡，与局外人的期望可能相差甚远。因此，在行动系统内部通过交换达到了总体均衡之后，局外人对系统内各人获利多少所进行的比较完全没有意义。此外，在不同的社会情境下，社会最优状态的特点也会有所不同。"社会最优状态"这一概念的引进，使我们可以获得一个标准来对某个社会系统与过去相比是变得更好一点还是更坏一点进行衡量。

2. 权威关系

社会行动不仅包括人与人之间的平等的自愿交换，还包括大量处于

---

[1] 科尔曼：《社会理论的基础》，第40—41页。

某种权威之下的个人行动。例如，各种组织和群体，如国家、家庭、社团、俱乐部和工会等机构内部发生的个人行动，都属于这样一类行动。当某个人是在某种权威之下来开展自己的行动时，人与人之间就形成了一种被称为"权威关系"的社会关系。权威关系的定义是：如果行动者甲有权控制乙的某些行动，则行动者甲和乙之间存在着权威关系。权威关系的出现意味着行动者之间由原来权利对称的平等关系转变成为权利不对称的不平等关系。科尔曼指出，"这种不对称关系的出现是微观向宏观转变的一个步骤，由两个行动者组成的统一行动单位取代了原有的两个相互独立的行动单位"[1]。

权威关系至少有两种来源。一是源于某个行动者自愿出让对自身行动的控制权。当某个行动者出于某种原因（如遭到威胁、相信某种允诺或期望个人利益最大限度地得到满足等）将控制自身行动的权利出让给另一个行动者时，在两个行动者之间就产生了权威关系。二是源于某种一开始就存在的情境。在某种情况下，行动者甲一开始就对行动者乙拥有权利（例如，父母在子女出生后就对后者的行动拥有控制权，或者国家一开始就对其公民拥有控制权）。在这种情况下，无须行动者乙出让对自己行动的控制权，权威关系就已经存在，除非乙想撤回对自己行动的控制权（至于乙能否撤回这种权利则是另一个问题）。

科尔曼认为，根据人们转让行动控制权的不同原因，可以将权威关系分为"共同的权威关系"和"分离的权威关系"两类。共同的权威关系形成的前提条件是：出让控制权的行动者认为处于支配地位的某人（或法人）与自己的利益是一致的，将对自己行动的支配权转让给此人（或法人）会给双方带来好处，因此在没有任何附带报酬的条件下单方面转让行动控制权。"这符合理性行动者的原则，出让控制权，建立权威关系，使自己的处境变得更好。"[2] 如原始公社、工会或政党领袖的权威就是这样得来的。分离的权威关系形成的前提条件则是：在这种关系中，

---

[1] 科尔曼：《社会理论的基础》，第157页。
[2] 同上书，第79页。

支配者和被支配者双方的利益并不一致，出让控制权的行动者并不认为服从权威对自己有利，而是认为支配者行使权威只是为了达到自己的目的，被支配者服从权威也只是为了直接获得些补偿。如奴隶与主人之间的权威关系、企业领导者与雇员之间的权威关系、科层制下行政长官与下级之间的权威关系等。

这两种权威关系都有自己的一些难题。例如，共同的权威关系中存在的一个难题是如何避免"坐享其成"现象出现。在共同的权威关系中，由于被支配者认为他的利益与支配者（以及他人，如果存在着众多被支配者的话）的利益一致，每个行动者的利益通过其他人的行动便可以获得满足。这样，当行动者甲为了个人利益必须付出努力或作出牺牲时，他便可能放弃行动而期待其他人（权威人士或其他行动者）采取行动。因为无论是权威人士还是其他被支配者的行动都可以使行动者甲无须付出代价就得到利益方面的满足。同样，如果是在一个多人组成的集体中，由于对每个行动者来说，鼓励他人为实现集体利益而努力及为此目的而建立的集体规范，都将使自己的利益获得满足，其结果往往是这些用以保证集体利益的规范难以引导人们为集体行动。此外，共同权威关系中的另一个难题是不易确定行动者应该出让的权利数量及程度，行动者有可能把过多的权利出让给了支配者，从而影响了被支配者的独立性。再者就是共同权威关系还严重依赖众多行动者利益的一致以及众人有关权利的共识。在分离的权威关系中存在的主要难题则是行动后果部分依赖被支配者而后者却没有任何利益存在于行动后果之中。在任何权威关系中，行动的结果都不仅依赖支配者的指令，也依赖被支配者对指令的执行情况。当被支配者认为履行指令并不会给自己带来与支配者同等的利益时，很可能不会很好地履行指令。因此，除非支配者可以全面监督被支配者的行动，否则无法保证后者良好地履行指令。许多分离权威关系（如科层组织）中的赏罚制度就是为了解决这一难题而设立的。除了上述难题之外，还存在着一些两种权威关系共有的难题，如支配者将控制范围扩大到必要范围之外等。

权威关系还有简单与复杂之分。科尔曼认为，权威关系建立的条件是准备转让权利的行动者必须同时拥有两种权利：控制自身某些行动的权利和这种权利的转让权。某人把自身行动的控制权转让给他人，将导致支配者直接对被支配者行使权威；但如果被支配者把第一种权利的转让权也转让出去，支配者就有可能将被支配者转让的第一种权利转让给另一人（如自己的副手）。据此便可以将权威关系区分为"简单的权威关系"和"复杂的权威关系"两类。在简单的权威关系中，行动者转让的只是行动控制权，权威关系只包括两个行动者；在复杂的权威关系中，行动者则不仅转让行动控制权，而且还转让控制权的转让权，因此权威关系包括至少三个行动者。

3. 信任关系

当交易无法即刻完成，存在着时间滞后时，信任就成为交换过程中的一个重要因素。这时的交换关系就成为一种信任关系。信任关系可以定义如下：行动者甲出于对行动者乙的信任，将自己的某种资源委托给乙使用，以此来获得不存在这种委托关系时所得不到的利益，甲与乙之间的这种关系就称为信任关系。信任关系中的甲称为委托人，乙称为受托人。

最简单的信任关系包括两个人，即委托人和受托人。对信任关系中的双方来说，在信任关系的建立和维持过程中始终面临各自需要解决的问题。例如，对于委托方来说，始终面临的一个问题就是：对方是否可以信任？对于受托人来说，也始终面临着一个问题：是否要守信？因为在某些情况下，受托人违背诺言可以获利。

委托人将自己的信任给予受托人是信任关系得以建立的前提。信任的给予通常意味着委托人将某些资源给予受托人，受托人因此可以利用这些资源来为委托人谋取利益。如果受托人值得信任，委托人通过给予信任所获利益会大于拒绝受托人所得利益。但如果受托人靠不住，委托人只有拒绝信任他才能获利。科尔曼指出，从理性行动者的角度来看，由于在委托人给予受托人信任的情况下，预期获得的利益等于可能所得与成功机会的乘积减去可能所失与失败机会的乘积。如果被减数大于减数，委托人便应该给予受托人信任。据此可知，委托人对备选受托人是否给予信任，取决于三个因素：受托人确实可靠的概率；受托人不可靠可能给委托人带来的损失；受托人确实可靠的情况下委托人可能得到的利益。对这些因素的估计都需要一定量的信息。当信息不足时，人们便难以对是否给予受托人信任作出决断。因此，通常人们总是会去收集给予信任所需要的相关信息。当然，由于信息收集也需要成本，因此，当可能获得的利益与可能遭受的损失之和不大时，人们也可能不努力去收集这些信息。

对受托人而言，首先面临的问题是，是否要向委托人提供有关信息以促使后者信任自己。一旦后者决定将信任给予受托人，由于受托人在接受信任时已经获得了利益（使用他人的资源），所以他在以后面临的选择是：违背诺言还是讲信用。对他的选择有影响的因素主要有二：一是他本人的道德观念，二是外在的社会结构（在这种社会结构中受托人只有恪守诺言才能获得好处）。单纯依靠受托人本人的道德观念来激励他始终守信将会是一件冒险的事。在多数情况下，人们之所以守信不是因为他们恪守某种道德观念，而是因为守信能给他们带来比不守信时更大的利益。因此，形成一种能促使受托人始终恪守诺言的社会结构（如同业公会一类的组织以及相关的法律制度等）对于信任关系的建立和维持来说是非常重要的。当然，这类社会结构也可能给社会带来一些损失（如阻碍技术进步等）。

三、行动的结构或系统

当上述各种类型的社会关系不限于发生在两个行动者之间，而是发生在更多的行动者之间，且发生在不同行动者之间的同类社会关系相互连接起来时，就形成了各种相应类型的行动结构或行动系统。例如社会交换系统、权威系统和信任系统等。

1. 社会交换系统

当交换不是发生在孤立的两个人之间，而是发生在相互竞争的许多人之间时，就形成了社会交换系统。与发生在两个行动者之间的直接交换相比，社会交换系统的一个重要特征是：在社会交换系统内，不仅存在着各种直接交换，而且存在着各种间接交换。这种间接交换使得原本相互之间不可能直接发生交换的行动者也能够通过交换来满足自己的利益需求。例如，行动者甲拥有行动者乙所需要的资源，但行动者乙并不拥有行动者甲所需要的资源。由于甲并不能通过交换从乙那里获取自己所需要的资源，在只有甲乙两人存在的情形下，甲乙双方不可能发生以平等、自愿为前提的资源交换。但如果存在着一个行动者丙，且丙拥有甲所需要的资源但却不需要甲拥有的资源而是需要乙所拥有的资源（但乙又不需要丙拥有的资源），那么，虽然在甲乙丙三方中的任意两方孤立存在时都不会发生交换关系，但在三方共处的情况下，由于乙知道甲需要丙拥有的资源且丙需要自己拥有的资源，因此就可能先通过与丙的交换获得甲所需的资源，然后再用交换所得的资源去与甲交换自己所需的资源。如此，三个行动者就建立了一个比由两位行动者建立的交换关系更为复杂的交换关系，并通过这一复杂的交换关系满足了各自在简单孤立的两人交换关系中无法得到满足的利益需求。当越来越多的行动者通过这种间接交换方式加入交换关系时，交换关系就会变得越来越复杂，间接交换的链条也会越来越长，人们进行交换的时空范围也就会越来越大。

假如行动者用于交换的资源都是以具有特定使用价值的实物形式存在，交换关系（无论是简单交换关系还是复杂交换关系）形成的一个重要前提就是，行动者恰好拥有从使用价值上看对方所需要或所期待的资源。在现实生活中，这种双重巧合并不容易发生，从而可能使交换关系的建立变成一件非常困难的事情。虽然间接交换关系的建立可以在一定程度上缓解这一难题，但总体上也只是缓解而非消除了这一难题，结果是即使是间接交换关系的建立也不是一件易事。要从根本上消解这一难题，就需要找到这样一种资源，这种资源具有一种特殊的使用价值，使得人人都愿意以它为中介，通过先换取它、再用它来换取自己所需资源的方式来形成交换关系。具有这种特殊使用价值的资源就是人们在漫长的历史进程中所发明的各种交换媒介。科尔曼认为，货币、各种可转让或不可转让的承诺、中介人或机构、各种正规组织以及社会地位等就是这样一些交换媒介。正是借助这样一些交换媒介，广泛的社会交换系统才得以建立起来。

2. 权威系统

一系列权威关系连接起来就形成了权威系统。简单的权威关系连接起来就形成了简单的权威系统；复杂的权威关系连接起来则形成了复杂的权威系统。

如上所述，在简单的权威关系中，行使权威者必须是权威的被授予者，其作为支配者，拥有控制被支配者行动的权利，但不能转让这一权利。因此，在多数情况下，简单权威系统不存在内部分层，如宗教领袖、电影明星等凭借超凡魅力与其信徒或崇拜者建立的权威关系，但也有少数例外。即便如此，它的层次结构也与复杂权威系统中的等级结构有着本质差别。中世纪的封建制度是一个典型案例。在中世纪封建制度下，领主乙既是自己封地中臣属者的支配者，同时也是势力更大的领主甲的臣属者，但领主甲不是领主乙的臣民的支配者，后者只臣服于领主乙，而与领主甲没有直接关系。这与复杂权威系统（如科层体制）中的情形是完全不同的。在简单权威系统中，由于被支配者转让给支配者的资源只能使用不能再转让，因此对被转让资源构成了一定限制。简单权威系统的主要问题就是如何摆脱这种限制。

在复杂的权威关系中，被支配者不仅把控制自己行动的权利，而且把转让这种控制权的权利都转让给了支配者。因此，行使权威的人并不一定是被授予权利的人。复杂权威系统至少拥有三个内部层次：拥有权威的领导者、副手和被支配者。在这三个层次之间，被支配者将权威授予领导者、领导者将权威转让给副手、副手向被支配者行使权威。这与封建制度下权威关系只发生在邻近两个层级之间的情形完全不同。复杂权威系统存在的主要问题是:第一,当行动者乙将行动者甲转让给他的权威转让给丙之后,怎样确保丙可行使权威却不拥有权威的所有权;第二,怎样保证丙在行使权威时是以促进乙的利益而非丙自己的利益为目的。现代法人行动者是用来解决第一个问题的有效办法。现代法人团体以职位组成的结构概念取代了以人组成的结构概念,拥有权威的支配者只是把权威授予特定职位而非个人,从而解决了第一个问题。因此,复杂权威系统一般都是由职位构成,而非由自然人构成。第二个问题则主要是通过当丙以权谋私时撤销丙的职权这一方式来解决。

3. 信任系统

一系列信任关系连接起来就构成了信任系统。科尔曼认为,理解由信任关系形成的宏观现象非常重要,因为从这些现象中可以看到行动系统结合在一起的三个组成部分:"个人有目的的行动,即对受托人讲究信用或违背诺言表示信任或怀疑;微观到宏观的转变,即个人行动被结合在一起,形成系统行为;宏观到微观的转变,即系统状况对个人决定的限制。"[1]

有三种类型的信任系统:相互信任系统(每个行动者都对其他行动者持信任态度)、中介人信任系统(甲信任乙,乙相信受托人丙的履约能力,从而甲也信任丙的能力)和第三方信任系统(行动者甲出于相信某个第三方的承诺而与乙进行交易)。在相互信任系统中,行动者甲和行动者乙相互信任,因而双方既是委托人又是受托人,这也在一定程度上为当事方提供了防止对方违背诺言的资源,因为任何一方如不守信都将遭受信任关系中断所带来的损失。中介人信任系统由两条以上的信任链(甲信任乙,乙信任丙等)所组成,这种信任链的存在扩大了社会交往范围,使得原来难以进行的活动得以顺利进行。可以区分出三种不同类型的中介人,即顾问、保证人和承办人。委托人分别给予这三种中介人的

---

[1] 科尔曼:《社会理论的基础》,第 190 页。

信任在种类和数量上会有所不同。如果中介人行使顾问职能,委托人若相信顾问的判断,实际信任的仍是受托人。如果中介人行使保证人和承办人的职能,则委托人信任的是中介人,中介人则将信任给予受托人。在信任关系中行使顾问职能的中介人比较常见,如教授向雇主推荐自己的学生等。但在不同社会中,中介人的存在形式会不同:在前现代社会中介人都是自然人,在现代社会中介人则多是法人。第三方信任系统出现的前提是:甲乙都信任丙,乙对丙的信任甚至超过对甲的信任。在经济系统中,有许多第三方信任系统是由中介人履行保证人职能的中介人信任系统转化而来的,但在经济系统以外这种情况较少发生。

上述信任系统扩大到一定范围时,就会形成更大的社会系统。科尔曼将这种更大的社会系统称为"共同体",并具体讨论了其中两种类型的共同体,即相互信任共同体和中介人信任共同体。前者存在的条件是众多行动者共同从事某种为全体成员带来同样好处的活动;在这种共同体中每个人都既是委托人又是受托人;如果出现一个领导者,这种共同体就转变为共同的权威系统。后者则存在于众多行动者都对某一中介人(如超凡魅力者)产生信任的情况下。这两种共同体具有不一般的性质。

4. 集体行为

除了上述行动及其关系类型之外,还有一种特殊的宏观社会现象,即集体行为,如银行挤兑、剧院起火时观众仓皇逃脱、股票投机狂潮、追求时髦等。集体行为的一般特征是:存在在同一时间采取相同行动的许多人;被观察到的集体行为无常且多变;许多行动具有相互依赖性,任何个人都不是独立行动者。

以往有关集体行为的理论通常都将其描述和解释成一种非理性的行为集合。科尔曼认为这种解释不能被接受,因为它和理性人的假设不相容。科尔曼提出,集体行为完全可以从理性行动理论的立场得到解释。从这种立场来看,"理性个体行动者参与充满骚乱与动荡的集体行为是一种控制的转让,即把对一个人行动的控制转让给另一个行动者。这种转让与发生在某些权威关系中的单方转让类似"[1]。按照这一立场，科尔曼对如观众逃离剧院等不同类型的集体行为进行了重新解释。例如，他认为，观众在剧院发生灾难性事件时蜂拥逃离剧场的主要原因是，他们在情急的情况下依据理性行动原理把对自己行动的控制权转让给了他人等，兹不赘述。

5. 社会规范

许多社会理论都把社会规范作为既定的条件来加以对待，用它来研究和解释特定规范指导下的个人行动或社会系统行动（涂尔干和帕森斯是这种理论立场的两个重要代表）。科尔曼认为，这种假定将使人们无法深入探讨规范是如何产生的。与此相反，理性行动理论的基本假设是：个人的利益偏好是既定的，行动者主要根据利益最大化的原则行动。但某些理性行动理论家从这一假设出发，认为"规范"概念完全没有存在之必要。科尔曼指出这种看法也是错误的，因为这会反过来使我们忽略社会系统活动的重要性。科尔曼主张，我们既要承认规范的存在，又要从理性行动理论的立场来对规范加以说明。因此，社会理论的主要任务就是要对社会规范通过理性行动者的微观互动形成和维持的过程加以说明。

社会规范指明人们认为什么样的行动是合乎体统或正确的。从理性行动理论立场来看，社会规范是人们有意创造的。创造并维持规范的人一般相信，如果规范为社会成员所遵守，他们将获益；如果人们违背规范，他们将受到伤害。规范存在的基本甚至唯一条件是社会成员形成了一种共识，认定对规范涉及的各种行动进行控制的权利不是由行动者掌握，而是由行动者之外的其他人掌握。换言之，如果行动者拥有控制自身行动的权利，便不可能有任何规范存在。

可以将规范区分为禁止性规范/指令性规范、分离性规范/共同性规范、惯例性规范/基本规范等不同类型，但每一种规范都是针对某种（或

---

[1] 科尔曼：《社会理论的基础》，第216页。

某类）行动制定的，这种行动被称为焦点行动（如吸烟、穿着打扮）。规范之所以产生，是因为这些焦点行动具有外在性，即行动对其他人有影响（其中有些是负面的，例如在公共场所吸烟会影响其他人的健康；有些影响则是正面的，如助人为乐会使其他人获益），而被影响的行动者无法左右行动者的效益函数。规范得以产生的原因，就在于人们一致认为需要通过共同的努力来对前一类焦点行动予以限制，对后一类焦点行动予以鼓励。

规范的制定并不能保证它的实现，它的实现必须有其他手段来保证。从理性行动理论的立场来看，规范主要是通过对行动者的利益施加影响的方式来落实的。而对行动者的利益施加影响的主要机制就是赏罚机制，即如果行动者服从规范就给予奖赏，不服从规范就给予惩罚。赏罚机制可以区分为外在赏罚和内在赏罚两种形式。外在的赏罚机制依赖相关社会成员之间的社会关系，这些关系可以从两个方面保证赏罚的有效性：第一，采取一些联合行动对作为赏罚对象的目标行动者施加影响；第二，建立起特定的利益结构来共同承担实施赏罚所需支付的代价。内在赏罚则是通过"规范内化"机制来实施。所谓"规范内化"，是指经由社会化过程，促使行动者将社会规范内化为自己内在的道德信念，从而塑造或改变行动者的利益结构，使之与社会利益相一致，由此在行动者内心建立起一个内在的赏罚系统，使其在违反规范时会受到自我谴责，在遵守规范时则会得到自我满足或奖赏。通过这一机制，确保许多人在无人监督的情况下也会自觉地遵守规范。外在赏罚和内在赏罚机制的建立和实施都需要一定的成本，因此，一个社会的行动者到底倾向于采用何种赏罚机制，也取决于对两种机制实施成本的比较分析。

6. 社会资本

人们通过交易形成了上述各种社会关系，个人可以将这些社会关系当作一种资源来为自己服务，以满足自己的需要。它们于是成了人们可用来满足自己利益需求的一种特殊资本——社会资本。社会资本的主要形式包括前面分析过的权威关系、信任关系以及社会规范、社会组织等。和物质资本与人力资本一样，社会资本也具有生产性，是否拥有一定的社会资本决定了人们是否可能实现某些既定目标。例如，正是通过行动者把某些行动的控制权转让给另一个行动者而建立起来的权威关系，某些以前单靠行动者本人或靠平等交换关系无法实施的行动才得以开展。与成员互不信任的群体相比，一个成员相互之间恪守承诺、彼此信任的群体显然更有利于生产等活动的进行。同样，有效规范的存在也可以阻止社区内的年轻人寻欢作乐、不务正业，有助于妇女夜间安全，制约某种犯罪活动等。和物质资本与人力资本不同的是，不论是何种形式的社会资本，它们都具有以下共同特征：第一，它只存在于人际关系的结构中，由结构的各个要素所组成，而不依附独立的个人。第二，社会资本只为结构内部的个人行动提供便利，它具有不可转让性。促使社会资本出现和消亡的主要因素则包括社会网络的封闭性、社会结构的稳定性和意识形态等。

7. 现代社会和法人行动者

对法人行动者的探讨是科尔曼《社会理论的基础》一书的重要特色。所谓"法人行动者"，主要指的是现代社会中具有法人地位、按明确的目标组织活动的法人团体，如企业、工会和国家等。与法人行动者相对应的是个人或自然人。法人行动者与自然人的主要区别是：自然人是独立的个人，法人则是一个集体；自然人是有形的，法人行动者则是无形的；在自然人那里，委托人与代理人可以是合为一体的（行动者自身可以既是委托人又是代理人），而在法人行动者那里，委托人和代理人则必然是分离的。法人是通过自然人将对自己行动的控制权转让给一个共同的权威主体而形成。这一转让过程创造了一个新的行动者，一个不是以自然人形式存在和行动的行动者，即集体或法人行动者。规范及相应的惩罚措施，是集体或法人行动者的基本组成部分。

按照科尔曼的用法，"法人行动者"还有旧式与新式之分。旧式法人行动者指传统社会中那些自然形成的集体，包括家庭、民族、种族和社区等，新式法人行动者则是现代社会中那些为人们有目的地创造出来的各种社会组织；旧式法人行动者仍然是由自然人构成的，新式法人行动者则是由职位而非自然人所构成。科尔曼指出，从传统社会向现代社会转变的一个重要特点就是，"原始联系和基于此的旧式法人行动者正在逐渐为新的、有目的创造的法人行动者以及相应的社会关系所取代"[1]。社会越来越趋于围绕着非个人的法人团体而重新组织起来，这就逐渐创造了一种全新的社会结构。这种新的社会结构以法人行动者而非自然人为基本元素（当然，自然人依然存在）。这就为现代社会中的人与现代社会科学提出了许多新的任务，要求他们去研究许多传统社会的成员未遇到过的新问题，例如，如何建构法人团体，如何控制法人团体，如何去恰当地描述和理解法人行动者和自然人并存但以前者为主要成分的现代社会中的互动过程（法人团体与自然人之间的互动、法人团体与法人团体之间的互动），等等。为了研究这些新问题，社会学必须有进一步的发展。但这种新发展出来的社会学理论仍然要以对理性的个人行动的分析为基础，按照上述从微观到宏观再回到微观层面的逻辑来进行，而不能像某些学者所认为的那样，只需要将法人行动者作为行动主体来分析即可。

四、宏观和微观的相互建构

如前所述，科尔曼认为，一个合理的社会科学理论应该以宏观的社会系统行为为研究对象，但须将宏观社会系统行为还原到个体行动，以对个体行动的分析为基础来解释宏观社会系统的行为。上面所述的内容，大致体现了科尔曼的这一理论建构思路。通过上述分析我们可以看到，社会系统和社会结构确是通过人们微观层面上的交换行动逐渐形成的。由两个理性行动者的行动出发，可以逐渐建构一幅由简单的社会关系（交换关系、权威关系、信任关系等）逐步发展出各种复杂社会关系和社会结构（交换结构、权威结构、信任结构、集体行动、社会规范等）的理论画卷，为我们理解微观的个体行动如何发展成为宏观的社会

---

[1] 科尔曼：《社会理论的基础》，第605页。

系统行为提供了一个富有新意的理论框架。但科尔曼理性行动理论的价值并不限于此。也正如前面已经提到的那样，科尔曼认为一个合理的社会科学理论不仅要将宏观的社会系统行为还原到微观的个体行动层次，以微观个体行动的分析为基础来解释宏观系统行为，而且要尽可能说明宏观系统行为对微观个体行动的影响。因此，一个合理的社会科学理论既要能够比以往的理论更好地说明从微观个体行动向宏观社会系统的转变，又要能够更好地说明从宏观社会系统向微观个体行动的转变。将对这两个转变过程的分析结合起来，才是科尔曼理性行动理论的完整思路。

为了直观解释如何将上述两个转变过程的分析结合起来，科尔曼曾经举过一些例子加以说明。在《社会理论的基础》绪论部分，科尔曼以课堂游戏为例。这个游戏包括下列要素：a. 角色：由数名参加者担当的一组角色，每一角色确定了参加者在游戏中的利益或目标。b. 规则 1：规定参加者在扮演各自的角色时怎样行动以及游戏的程序。c. 规则 2：规定怎样评判参加者的胜负，即怎样考察每个参加者的行动后果对其他参加者构成的影响。科尔曼指出，如果把这种游戏想象为模拟某种社会系统的行为，那么游戏自然包含两个组成部分：参加者和游戏情节。参加者按照规则理性地行动，游戏的情节则不断激发参加者采取各种行动。当游戏按程序进行时就出现了系统行为。正是这种游戏结构与宏观到微观以及微观到宏观的转变相一致。游戏中对参加者行动的所有限制，如游戏对参加者目标的规定以及由此目标决定的参加者利益，各种有关参加者如何行动的规则，游戏开始时的最初场景，游戏开始后伴随情节不断发展的新场景，等等，体现的都是从宏观到微观的转变；而每个参加者的行动相互结合、相互作用，不断创造出产生新行动的新场景，则体现了从微观到宏观的转变。[1] 把这个案例包含的一般道理扩展到整个社会生活，我们就可以形成以下看法：任何一类社会关系和社会结构对行动者的行动所形成的各种约束，都体现了从宏观社会系统向微观个体行动

---

[1] 科尔曼：《社会理论的基础》，第 13 页。

的转变；反之，任何一类社会关系和社会结构情境下所有行动者通过各自理性行动的相互结合、相互作用又不断创造出新的社会关系和社会结构情境，体现的都是从微观个体行动向宏观社会系统的转变。因此，无论是微观的个体行动，还是宏观的社会系统，都是一种客观的实在。它们之间的关系是一种相互依赖、相互建构的关系。

对于科尔曼来说，这种相互依赖、相互建构的关系存在于任一类型和任一层面的社会关系和社会结构情境之中。以交换关系、权威关系、信任关系为例：虽然这三种类型的社会关系都是行动者在理性行动原则（最大限度地获取效益）的引导下建构起来的，但行动者在从事建构这些社会关系的行动之初，也都不可避免要受制于最初所处的社会情境，其中最重要的是各种资源和权利在行动者之间的分布状态。例如，当两个行动者各自拥有富余且对方需要的资源（的控制权）时，双方就可能在理性行动原则的引导下通过互动建立起平等的交换关系；初次的交换行为会改变资源在双方之间的分布状态，形成新的社会结构，行动者双方会依据自己在新资源分布或社会结构状态下的处境来理性地确定自己下一步的行动（继续新的交换行动，还是不再进行交换）；如此循环往复，直至双方感觉通过交换实现了利益分配的最优状态时为止。在这种循环往复的过程中，宏观的社会系统与微观的个体行动之间存在着持续的相互作用，它们相互影响、相互建构出对方。如果两个行动者并未拥有富余且对方需要的资源，但发现有一个第三方拥有富余且双方之一所需的资源时，行动者就可能在理性行动原则的指引下建立起更为复杂的交换关系，从而在一种更大的时空范围内实现上述循环。当然，这种在更大的时空范围内实现的宏观—微观之间相互作用、相互建构的循环过程，它的内容和情境会比简单交换关系下的内容和情境要复杂得多。如果行动者双方并不拥有富余且对方需要的资源，但却发现倘若其中一方愿意将对自身行动的控制权转让给另一方，结果要么双方都将因此获益，要么转让行动控制权的一方将会获得一定利益补偿，那么双方就可能在理性行动原则的引导下通过互动建立起简单的权威关系（共同的权威关系或分离的权威关系);简单权威关系的建立也形成了新的社会结构,行动者双方也会对自己在新社会结构状态下的处境作出判断(如自己的目标是否实现、权利和利益是否受损、各方利益分配是否公正等),并依据这些认识来理性地确定自己下一步的行动(继续维持权威关系,还是退出或撤销权威关系)。如果有多人愿意将自身的行动控制权同时转让给某一方,那么这些行动者就将建构起一个复杂的权威系统,处于这种权威系统中的行动者(包括支配者和被支配者)将对自己在这种情境下的成本和收益进行理性评估,并以这种理性评估的结果为依据确定自己的后续行动策略(继续维持权威关系、退出权威关系或者在维持权威关系的情况下采取"搭便车"策略);这些行动策略会对权威系统的运行状况产生影响,而行动者又会根据系统运行的新状况调整自己的行动策略;等等。如此循环往复,在宏观社会系统和微观个体行动之间形成一个动态的相互作用、相互建构的过程。对宏观—微观之间相互作用、相互建构过程的这种动态描述,同样适于用来对信任关系、社会规范、集体行动等社会关系情境下宏观社会系统和微观个体行动之间的关系进行描述。兹不赘述。

结　语

概而言之,通过上述分析,我们可以看到,科尔曼不仅揭示了由个人动机到社会交换、由基本行动到系统行动的内在逻辑关系,也指出了由微观个体行动到宏观社会系统、宏观社会系统到微观个体行动转变的途径和机制,提供了一个在个人理性选择基础上分析各种社会系统行为的理想模型。虽然这个理想模型在理论上的主要目标是以对个体行动的分析为基础来对社会系统行为进行解释,但它并没有像韦伯等个体主义方法论者的理论那样简单地将宏观社会系统归结为微观个体行动的简单聚合,而是试图将个体主义方法论与集体主义方法论两种立场结合起来,意识到不仅对宏观社会系统行为的解释需要以对微观个体行动的分析为基础，反过来，对微观个体行动的解释同样要以宏观社会系统的制约为重要因素。确认无论是宏观的社会系统还是微观的个体行动都是一种客观实在，两者之间的关系不是单向的决定与被决定的关系，而是相互作用、相互决定、相互建构的关系，以此为前提，尝试通过宏观社会系统与微观个体行动之间的相互建构来对两者的行为加以解释，这些才是科尔曼理性行动理论的实际特征。据此，我们才有了充分的依据将科尔曼的理性行动理论归入互构论的范畴。

第四章　布迪厄的实践理论

布迪厄是20世纪后期法国乃至西方世界最有影响的社会学和人类学家之一。他在理论方面最主要的贡献是，试图通过他所提出的"实践理论"（或"实践社会学"）来超越他所谓"社会物理学"和"社会现象学"之间的对立，形成一种能够帮助我们更适当地反映社会现实的社会学、人类学体系。布迪厄一生著述甚丰，但从理论方面来看，最集中地表述了其成熟时期基本思想的著作是《实践感》一书。本章即以该书为主，辅之以《实践理论大纲》《区隔》《实践理性》《反思社会学导引》等著作，来对布迪厄"实践理论"或"实践社会学"的基本内容及其特征进行扼要的叙述和分析。

一、对"社会物理学"和"社会现象学"的批评

像涂尔干、韦伯、马林诺夫斯基、拉德克利夫-布朗等古典社会学家、人类学家一样，布迪厄也是一个善于将经验探究和理论思考有机结合起来的社会科学家。在进入社会学、人类学研究领域之初，他从事的正是我们通常所说的经验研究。也正是在大量具体经验研究的过程中，

布迪厄逐渐认识到所谓"客观主义"（或"社会物理学"——在布迪厄的著述中，其典型样本是以索绪尔、列维－斯特劳斯、阿尔都塞等为代表的法国结构主义社会思潮）和"主观主义"（或"社会现象学"，在布迪厄的著述中，其典型样本是以萨特等人为代表的法国存在主义/存在主义马克思主义社会理论，以及流行的理性选择理论）这两种传统社会研究模式的缺陷。在《实践感》一书的正文开篇，他就痛心疾首地写道："在人为地造成社会科学分裂的所有对立中，最基本也最具破坏性的，是主观主义和客观主义的对立。"[1] 为了超越这两种认识方式之间的对立（同时又保留它们各自取得的成果），我们就有必要阐明它们作为学术性认识方式所共有的理论预设及其缺陷。

布迪厄指出，"可被称为'现象学'的认识方式为自己确定的目标，是反思一种本质上不予反思的经验，即与日常环境的原初熟悉关系，从而揭示这一'客观'上看似那样虚幻，但作为经验依然是完全确定的经验之实质"。然而，现象学认识方式却具有一种重要的缺陷，即"无法超越对社会世界'生活'经验（即对这个作为明证的、当然的世界的说明）固有特征的描述。之所以如此，是因为它本身排斥该经验的可能性条件问题，即客观结构与内部结构的相符，而这种相符引起日常世界实践经验所特有的直接理解的错觉，同时也从该经验中排除了所有对其自身可能性条件的探究"。[2]

与此不同，"客观主义旨在确定一些不依赖于意识和个人意志的客观规则（结构、法则、关系系统等），在学术认识和实践认识之间引入一种明显的间断，并将该间断所依托的多少有点明晰的表象置于'理性'、'先天观念'或'意识形态'地位。这样它就拒绝了把社会世界科学等同于一种对该世界的前科学经验的科学描写，更确切地说，是拒绝像舒茨和现象学那样，把社会科学简化为'二级构成，即由社会舞台上的演员生产的构成之构成'，或拒绝如加芬克尔和民族学方法论（本土方法

---

[1] 布迪厄:《实践感》，蒋梓骅译，译林出版社，2003年，第37页。
[2] 同上书，第38页。

学）所为，把社会科学简化为由行为人制作的'汇报之汇报'"。布迪厄认为，客观主义在客观上揭示了使社会世界的"信念经验"成为可能的特殊条件这个问题。例如，"索绪尔符号学（或其派生物，如人类学结构主义）提醒我们，只有当行为人在客观上协调一致，将同一个意义与同一个符号、言语、实践或作品组合，或将同一个符号与同一个意义组合时，或者换个说法，只有当他们协调一致，在编码和解码活动中参照同一个恒定的、独立于个人意识和意志的、不能简化为在实践活动或作品中之实施的关系系统（例如作为代码的语言）时，直接理解才是可能的"。从严格意义上讲，索绪尔的这一见解，与注重对作为直接理解的社会世界原初经验进行分析的现象学并不矛盾，它只是试图界定直接理解的有效界限，确定这种理解的可能性条件，而这些条件正是现象学分析所忽视的。但客观主义也有自己的缺点。"在所有这些活动中，客观主义丝毫不考虑与作为客观化活动之条件和结果的原初经验相关的距离和外在性问题：它忘记了现象学分析提出的日常世界经验，即该世界的意义显示所附带的直接性现象，忽略了对同样是社会间断的认识论断裂这一客观化关系实行客观化。而且，由于它无视社会现象学阐明的生活意义和社会物理学或客观主义符号学构建的客观意义之间的关系，所以不让自己分析社会游戏的意义之产生和运作条件，而该社会游戏的意义使人们能自然而然地体验在制度中被客观化的意义。"[1]

因此，布迪厄指出，"若要超越两种认识方式之间的表面矛盾和整合两者的成果，就只有使科学实践服从于对'认识主体'的认识，后者本质上是批判地认识对一切主观主义和客观主义理论认识之固有局限的批判认识"[2]。

布迪厄认为，主观主义和客观主义共同的局限其实是一种对"理论理性"的偏好，一种用"理论理性"来替代"实践理性"的思维倾向，即将学者们在自身具有理论认识色彩的学术研究中所应用和体验到的

---

[1] 参见布迪厄：《实践感》，第38—40页。
[2] 布迪厄：《实践感》，第40页。

"理论理性",简单"投射"于作为研究对象有待我们去理解和解释的实践活动,以为行动者在实践活动中所运用的"理性"("实践理性")与学者们在学术研究中所运用的"理论理性"是一样的。两者之间的差别仅在于它们从不同的立场来理解"理论理性":客观主义将"理论认识"或"科学研究"的对象视为一种外在于/独立于认识主体的客观实在,将"理论认识"或"科学研究"视为对这种客观对象的再现;主观主义则将"理论认识"或"科学研究"的对象视为认识主体的主观建构,将"理论认识"或"科学研究"视为认识主体建构各种对象的过程。布迪厄的"实践理论"就是要揭示出"理论理性"的缺陷,恢复"实践理性"在社会科学研究中的核心地位。

布迪厄指出,所有理论分析(无论是主观主义还是客观主义分析)中未经分析的因素,是学者与社会世界的主观关系,以及该主观关系预设的客观(社会)关系。对这种主观关系及其预设的客观关系缺乏一种批判性的认识和反思,正是一系列彼此相关的科学谬误产生的根源。因此,对这样一些关系进行批判性的分析和反思,也正是我们克服主观主义和客观主义两者之局限的一个重要前提(这也是布迪厄将自己的实践社会学称为"反思社会学"的主要原因)。

布迪厄首先对客观主义暗含的理论预设进行了分析。布迪厄认为,可以通过对索绪尔语言学研究模式的回溯来揭示客观主义社会研究范式的基本预设。索绪尔将话语区分为"语言"和"言语"两个层面。虽然索绪尔意识到"语言"其实是以"言语"为基础,因为语言不可能在言语之外被感知,语言的习得需要借助言语,言语也是语言更新和演变的源头,但他却认为语言学的主要对象是"作为使话语的生产及其解码成为可能的客观关系系统的语言"而非"作为直接材料即其物质性可加观察的言语",因为"言语"相对于"语言"的这种优先性只不过是一种时间上而非逻辑上的优先性。而从逻辑上看,两者的先后关系就会颠倒过来:从逻辑上说,"语言"才是确保交谈各方音义组合的同一性及彼此相互理解的媒介,是言语得以被理解的逻辑前提(只要掌握了语言就能掌握言语的适当用法)。这种语言观背后的理论预设是:"逻辑和被共时感知的结构优先于个人或集体的历史。"布迪厄认为,"这等于是使最明显和最实在的东西即交际内容本身从属于一种没有感性经验的纯粹构成,完全颠倒了诸现象的关系"。[1] 布迪厄认为,像索绪尔这样理解语言和言语的关系,实际上是源于他采取了一种包括语言学家在内的学者通常会采取的"公正观察者"视角。这类观察者致力于"为理解而理解",倾向于将自己这种"诠释学意图"当作行为人实践的起因。和处于言语实践过程中的说话者不同,语言学家在对语言进行研究时,主要是将它当作研究分析的对象而不是用它来组织思维和言说,从而使语言转变成一种与实践(也与被实践的语言)相对立的逻各斯(logos)。实际上,语言学家混淆了两种关系,即"语言的纯理论关系"和"语言的实践关系"。前者是"与像他那样只为理解语言而使用语言者的语言"之间的关系,后者是"与为做事而努力理解语言、从实践目的出发即仅为满足实际需要和应对实际紧迫性而使用语言者的语言"之间的关系。语言学家用前者来替代后者,而这种倾向主要是学院环境的产物。结构主义等客观主义的各种预设以及由此而来的各种困难都来自这种对"学术话语"和"实践话语"的混淆和替代。民族学等其他人文社会科学领域中的情况也是如此。在参与观察中,民族学家与其对象之间表面上保持着一种实践关系,但这种实践关系实际上还是一种局外人关系,"此局外人被排除在社会实践活动的实际游戏之外,因为在被观察的空间中没有他的位置——除非他作出选择和参与游戏——,而且他也不需要在该空间中占有一席之地"。这种局外人关系"是观察者——不管他愿意与否,也不管他知道与否——与其对象所保持的关系的界限和实质:为观察情境而退出情境,这样一种旁观者地位意味着一种认识论的但也是社会的断裂,这一断裂对科学活动的支配从来没有像它不再如此显现时那样不可捉摸,它导致一种与忽略科学活动的社会可能性条件相关联的实践的隐性

---

[1] 布迪厄:《实践感》,第44—45页。

理论"。[1] 例如，由于对民族学家来说，作为其研究对象的亲属关系只具有认识价值而毫无其他意义，所以他就把一个地方的亲属关系视为一种像语法体系一样逻辑上必然的公理体系，这种逻辑关系被视为具有一种完全独立于经济因素的近乎完全的自主性，而忽略了这种逻辑关系在实践中只有通过行为人对它的正式或半正式的使用才能真正发生效用。其实，被民族学家视为客观对象加以研究而获得的亲属关系（表现为谱系图），与实际处于这一关系中的行动者在实践中通过实际运作而维持的亲属关系可能是完全不同的，它们两者之间的关系正如一幅交通图与实际道路网之间的关系。前者和后者之间可能存在着巨大的差异，而客观主义者不仅往往忽略了这种差异，而且还把这种忽略当作对行动者的实践加以客观再现的前提。这种把学者从其与研究对象之间的纯理论关系中形成的"思维图示"当作行动者之实践逻辑的态度，完全无视了"社会结构和结构化了的、正在结构化的倾向之间的辩证关系，而思维图示就是在这种辩证关系中形成和变化的"[2]。布迪厄认为，导致这种现象的一个重要根源在于，社会分工赋予思想家对"思想"加以垄断的位置，使得他把思维工作等同于用话语或书写进行的表达和阐释工作，从而使他形成一种信念，即只有当行为得到理解、解释和表达时才算完成。他因此将"不明言"与"未思"视为同一，"拒绝给予一切合理的实践活动所固有的默示和实践思维以真实思维的地位"。[3]

与客观主义相似，主观主义也是将自己在学术研究中所体验到的与对象之间的"理论关系"，等同于对象在自身实践中实际遵循的"实践关系"。典型的主观主义思想家如萨特主张，社会世界完全是人通过自己的主观意识自由创造的产物。对于萨特一类的思想家而言，社会世界"是一个想象中的可能世界，这些可能性可以互换，而且完全依存于创造该世界的意识，故这个世界完全没有客观性"。社会世界不过是这样一个

---

[1] 布迪厄：《实践感》，第 49 页。
[2] 同上书，第 61 页。
[3] 同上书，第 54 页。

世界,"这个世界因主体选定感动而令人感动,因主体选定厌恶而令人厌恶"。[1] 因此,正像萨特所说的那样,我们"必须改变一般的看法,并承认这样一个事实:人们之所以想象另一种对所有的人可能更好的情势,不是因为境遇险恶或由此带来的苦难;相反,从人们能够想象另一种情势那一天起,就有一道新的光亮照射到我们的苦难之上,我们便决定这些苦难是无法忍受的"[2]。这种拒绝承认客观性的立场使得萨特无法解释社会世界里包括工人阶级在内的各个阶级所具有的"持久的倾向和生活方式",他将工人阶级具有的这样一些持久的倾向和生活方式斥为一种"惰性",并批评对工人阶级所作的全部"客观"分析都"旨在使工人阶级禁锢于乃至陷入它当前状态,从而使它远离它必须成为的样子,即行动的阶级"。[3] 萨特主张通过赋予个体或集体以绝对决定权,使社会整体及阶级摆脱这种惰性。布迪厄认为,萨特一类思想家的这种主观主义立场正是其自身学术体验的反映:"萨特是一位杰出的知识分子,能够像他描述的那样体验一些'经验',后者产生于并用于对那些因为值得讲述而值得体验的事物的分析。因此,萨特这一例子使我们看到,如同客观主义使与科学之对象的学术关系普遍化,主观主义使话语的主体作为主体获得的经验普遍化。作为意识问题的行家,他专注于没有过去、没有外部和'没有惰性的意识'的幻想,把他自己经历的既无依凭又无根基的纯粹主体之经验赋予他愿意与之同一的主体。"[4] 另一些主观主义者如理性行动论者则相信人的行动是理性决策的结果,但也无法很好地说明理性行动者之兴趣、偏好在时间中的恒定性和连贯性。面对兴趣、偏好的恒定性和连贯性,理性行动论者只能用行动者主观上的理性选择来进行解释。但充满任意性的主观意识何以会让行动者在一定时期内持之以恒地作出相同的选择呢?单从主观意识方面无法回答这一问题。因此,理性行动

---

[1] 布迪厄:《实践感》,第63—64页。
[2] 转引自上书,第63页。
[3] 同上书,第66页。
[4] 同上书,第69页。

论者面临着与萨特相似的难题。

可见，无论是客观主义还是主观主义，都不能帮助我们很好地理解和解释人们在社会生活中的实践。要想对人们的社会实践作出真正适当的理解和解释，我们就必须超越客观主义和主观主义的对立，走向一种更为适当的社会学、人类学理论立场。对于布迪厄来说，这种能够帮助我们真正适当地理解和解释社会实践的社会学、人类学立场，就是他所阐述的实践理论。

二、实践和习性

布迪厄用来消解以客观主义之"结构实在论"为特征的社会物理学和以主观主义之唯心建构论为特征的社会现象学之间二元对立的主要理论工具，就是他提出的"实践理论"。布迪厄指出，消解这种二元对立的关键，就是要在摆脱前者的同时又不陷入后者的立场。因为，如前所述，无论是以客观主义之"结构实在论"为特征的社会物理学还是以主观主义之唯心建构论为特征的社会现象学，其共同的谬误都是将学者们在学术研究过程中处理自身与研究对象（社会世界）之间关系时形成的"理论理性"（或"理论逻辑"）简单地投射到研究对象身上，用其替代了社会世界中行动者在行动过程中实际遵循的"实践理性"（或"实践逻辑"），误以为社会世界里的普通行动者也都像学者们那样以一种认识论或"理论理性"的态度去处理自身和对象之间的关系。[1] 因此，要想同时摆脱这两种谬误的影响，我们就必须回到实践中去，探究行动者在实践中实际采用的"实践理性"，把握行动者实际遵循的"实践逻辑"。

布迪厄实践理论的首要观点就是，人的实践行为既不是像社会物理学家所说的那样是由独立存在于个人之外的客观因素（结构、规则等）决定的，也不是像社会现象学家所说的那样是由人的主观意识所引导

---

[1] 布迪厄曾将这种谬误称为"学究谬误"。见布尔迪厄（布迪厄）、华康德：《反思社会学导引》，李猛、李康译，商务印书馆，2015年，第153页。

的,而是由一种既非属于客观因素又不完全属于纯粹主观意识的东西,即"习性"(habits)所引导的。因此,如果我们想正确地理解人们的实践行为,就既不能像社会物理学家所主张的那样到独立于个人的结构和规则等客观因素那里去寻找影响人的实践行为的原因,也不应该像社会现象学家所主张的那样到人的主观意识当中去寻找影响人的实践行为的原因,而应该通过对"习性"的考察,来把握影响人类实践行为的主要原因。"结构""规则"构成了社会物理学的核心概念,"主观意义"构成了社会现象学的核心概念,而"习性"一词则构成了布迪厄"实践理论"的核心概念。要想对布迪厄的实践理论作出适当的评价,就必须首先考察布迪厄的"习性"概念。

那么,什么是布迪厄所说的"习性"呢?

按照布迪厄的论述,所谓"习性",是个体行动者在长期的实践过程中逐步形成的一种"持久的、可转换的潜在行为倾向系统"。习性是"一些有结构的结构,倾向于作为促结构化的结构发挥作用,也就是说作为实践活动和表象的生成和组织原则起作用,而由其生成和组织的实践活动和表象活动能够客观地适应自身的意图,而不用设定有意识的目的和特地掌握达到这些目的所必需的程序,故这些实践和表象活动是客观地得到'调节'并'合乎规则',而不是服从某些规则的结果,也正因为如此,它们是集体地协调一致,却又不是乐队指挥的组织作用的产物"。[1]

在布迪厄的实践理论看来,习性是行动者能够对外界刺激作出反应的前提。客观主义者认为,行动者的行动完全是由外部社会结构所规定的,行动只不过是行动者执行来自外部社会世界的指令、对来自外部社会世界的刺激作出反应的过程而已。主观主义者反对这种将行动者视为结构傀儡的看法,认为在行动者的行动与来自外部世界的指令或刺激之间存在着一个中间项,这就是行动者的主观意识。在主观主义者看来,一个来自外部世界的刺激是否存在,以及这一刺激的具体内容,取决于

---

[1] 布迪厄:《实践感》,第80—81页。

行动者通过主观意识对这一刺激所作的理解。只有行动者在主观意识中明确意识到了这一刺激，这一刺激对于他来说才算真正存在；行动者在主观意识中对这一刺激如何理解，这一刺激对于他而言就呈现出何种意义。与这两种见解都不同，布迪厄的实践理论既反对客观主义者将行动者的行动视为对外部指令或刺激机械进行反应的看法，也反对主观主义者将行动者的行动视为以明确的主观意识为中介的看法。布迪厄认为，对于行动者来说，一项外部刺激的存在及其意义既非纯客观的，也非完全是由其主观意识决定的，而是由其所具备的习性来确定的。布迪厄说："对于实践活动来说，刺激并不存在于它的客观性亦即有条件的和约定的诱发因素之中，它只有在遇到习惯于辨认出它的行为人时才能起作用。"[1]"习性是选择性感知原则，它是有选择地感知能够对其起到肯定和强化作用而不是改变作用的征象，它也是反应的生成母型，生成预先适应于所有与它的（过去）生成条件一致的客观条件的反应。"[2]换句话说，对于现实世界里的普通行动者而言，习性才是他感受和辨认某项"外部刺激"的意义并作出选择性反应的前提。缺乏特定习性的行动者，既不能辨认出某种特定的外部刺激，也不能对后者作出特定的选择性反应。和在主观主义者那里一样，在布迪厄这里，行动者被视为一种具备能动性的存在，但这种能动性不是通过行动者所具备的主观意识体现出来，而是通过行动者所具备的习性体现出来。

布迪厄认为，在习性引导下作出行动反应的过程与在意识引导下作出行动反应的过程非常不同。虽然行动者在习性引导下对外部刺激作出反应时，也有可能伴随着一种运算过程，行动者通过这种运算过程来对既往结果变成预期目标的可能性进行估计，但这种运算方式和人们有意识地进行的策略计算不同，行动者在习性引导下所作出的反应是排除有意识的计算这类过程的。布迪厄说："习性反应首先是排除任何计算，它取决于直接铭刻于现时的客观可能性——要做或不要做某事，要说或不

---

[1] 布迪厄:《实践感》，第81页。
[2] 同上书，第99页。

要说某事——，取决于排除了慎重考虑而迫切要求变成现实的可能的将要到来，此'将要到来'完全不同于作为'绝对可能性'的未来，按黑格尔（或萨特）所说，后者是由'消极自由'的纯计划来设定的。"[1]换句话说，在习性引导下展开的行动过程和主观主义者所构想的行动过程是完全不同的。后者伴随着一种有意识的意向运作过程（包括目标的选择和确定、达成目标之手段的选择和确定等），而前者所伴随的则常常只是一种以习性为基础或根据而形成的"要做或不要做某事，要说或不要说某事""这样做而不是那样做可能更好"一类的感觉（"实践感"或"实践信念"）而已。在实践过程中，行动者赖以为据的往往就是这种由习性而生成的"实践感"或"实践信念"。这种"实践感"或"实践信念"不是一种意识状态，也不是一种心理状态，而是一种身体状态。或者说，作为一种习得的知识结晶，它不是被储存在意识或心里，而是被储存在身体里。当与使习性得以生成的情境相同的情境出现时，这种情境就会激活这种身体化的实践知识，使之成为行动的指南。[2] "实践信念来自于原始习得的反复灌输，而原始习得是依照典型的帕斯卡尔逻辑，把身体当作备忘录，当作一个'使精神只动不思'的自动木偶，同时又将其当作寄存最可贵价值的所在。"[3] 强调人类的行动既非对外部刺激的机械反应，也非意识明确引导下的过程，正是布迪厄使用"习性"这个概念的主要目的。布迪厄正是要用这个概念来提醒人们，实践活动是实践感的产物，它所遵循的既非结构的逻辑，也非意识的逻辑，而是实践本身的逻辑。正如布迪厄所说："惯习[习性]这个概念，最主要的是确定了一种立场，即一种明确地建构和理解具有其特定'逻辑'的实践活动的方法。"它表明，"与实证主义唯物论不同，我们在理论上把实践作为实践来看待，认为知识的对象是被建构出来的，而不是被消极被动地复制下来的；与唯智主义唯心论不同，惯习观提请我们注意，这种建构

---

[1] 布迪厄：《实践感》，第 81 页。
[2] 参见上书第四章的相关论述。
[3] 同上书，第 105 页。

的原则存在于社会建构的性情倾向系统里"。[1]

习性是将外在的必然性法则内化为人的行为倾向系统后所形成的一种力量。这种内化过程既可以是自然发生的，也可以是人为造成的。[2] 不过需要说明的是，被内化到人的行为倾向系统即习性之中的"外在的必然性法则"，并非行动者当下遭遇的那些外在必然性法则，而是行动者在以往漫长的历史实践中所遭遇的那些外在必然性法则，因为习性的形成需要时间："习性是历史的产物。"[3] 当行动者在习性这样一种由过往实践中遭遇的外在必然性法则内化而来的力量引导下行动时，既不会感受到必须遵循的外在必然性压力，也无须在各种内在的主观意识或动机之间作出选择。这导致了两种效果。一方面，由于行动者在过往的实践中遭遇的外在必然性法则能够通过内化了这些力量的行为倾向系统即习性，以一种"持久的、系统的和非机械的方式"对当下和后续的行动发生作用，从而使当下和后续的行动得以与过往的行动保持一定的连续性和规则性，这种连续性和规则性无论是在主观主义还是客观主义那里都没有得到适当的解释。布迪厄说："习性……按照历史产生的图式，产生个人的和集体的、因而是历史的实践活动；它确保既往经验的有效存在，这些既往经验以感知、思维和行为图式的形式储存于每个人身上，与各种形式规则和明确的规范相比，能更加可靠地保证实践活动的一致性和它们历时而不变的特性。"另一方面，由于习性不过是内化了的外在必然性，因而在很大程度上确保了行动者客观世界和主观世界之间的一致性。"如果说在科学地构成的客观可能性（例如获得某种财富的可能性）和主观希望（'动机'和'需要'）之间，人们能有规律地观察到一种非常密切的关联，那不是因为行为人根据对成功可能性的正确估计，有意识地调整其希望——就像赌者根据关于赢率的可靠消息调整其赌法一

---

[1] 布尔迪厄、华康德：《反思社会学导引》，第151页。
[2] "集体历史的产品，亦即客观结构，若要以持久的和调适的行为倾向——客观结构的运行条件——这一形式再生成，就离不开反复灌输和据为己有这样的工作，而习性就是这种工作的产品。"（布迪厄：《实践感》，第87页。）
[3] 同上书，第82页。

样。事实上，潜在的行为倾向是由客观条件包含的可能性和不可能性、自由和必然、方便和忌讳所持久地灌输的（科学还通过统计规律性把此类灌输理解为客观地与某个集团或阶级相关的可能性），产生一些客观上与这些条件相容的、可以说预先适应这些条件之要求的行为倾向，所以最不可能的实践活动，作为不可想象的事物，未经任何考虑就被习性排除在外，因为习性直接服从了这样一个法则：乐意做令人不快却又非做不可的事，也就是说拒绝被拒绝的事，愿意做不可避免的事。习性，作为被乐意服从的必然性，其生成条件本身致使它产生的预测无视对任何概率计算的有效性所作的限制，也就是经验的条件没有被改变：与每次实验之后根据严格的计算规则加以修正的科学推算不同，习性的预测是一种建立在既往经验之上的实践假设，对最初的经验特别倚重。"[1] 正是习性的这一特点，使之成为社会结构和制度再生产的基础。"习性能使行为人生活于制度之中，在实践中占有制度，从而使制度保持活力、生机和效力，不断地使它们摆脱无效和衰竭状态"；"习性更是制度藉以得到充分实现的东西"。[2] 习性与客观世界（被客观化了的意义世界）之间的一致所产生的一个基本效果，就是生成一个常识世界。"该世界具有直接明证性，同时还具有客观性，而保证这一客观性的是实践活动和世界意义的一致，亦即各种经验的协调和每一经验由于类似或相同经验之个人或集体的（比如在节日里）、即兴的或规定的（名言、谚语）表现而获得的不断强化。"[3]

当然，行动者客观世界和主观世界之间的上述一致性是有条件的，这个条件就是习性的生产条件和习性的运作条件一致或相似。但这种条件并非永远存在。相对于客观世界的变化而言，习性具有一定的稳定性，这种稳定性有可能破坏"习性的生产条件和习性的运作条件"之间的一致或相似。作为行动者先前经验的结晶以及行动者能够对外界刺激

---

[1] 参见布迪厄：《实践感》，第 82—83 页。
[2] 同上书，第 87—88 页。
[3] 同上书，第 88 页。

作出反应的前提，习性时刻都在按先前经验生产的结构使新的经验结构化。虽然新的经验在由其选择权力确定的范围内也会对先前经验产生的结构施加影响，但先前经验产生的结构具有特殊影响。"这从本质上讲，是因为习性需要保证自身的稳定，抵御它在新的信息之间进行选择的过程中出现的变化；习性在新的信息之间进行选择，在受到意外或比如威胁时就会排斥那些危及累积信息的信息，……借助'选择'，习性倾向于偏袒那些能使之得到强化的经验（如同这样一个经验事实：人们总倾向于与具有相同观点的人谈论政治）。习性在能与之交往的处所之间、事件之间、人之间进行选择，通过这种选择，使自己躲过危机和免遭质疑，确保自己有一个尽可能预先适应的环境，也就是说，一个相对稳定的、能强化其倾向的情境域，并提供最有利于它之产品的市场。"[1] 习性的这种相对稳定性可能导致习性在客观情境的变化面前出现一定的时间滞后性，从而使得上述习性与客观情境之间的一致性遭到破坏。在这种情况下，行动者在此类滞后性习性引导下开展的行动就只能如堂·吉诃德的行为那样得到消极的回报，而不能取得预期的结果。

习性使特定思想、感知和行为在一定范围内的自由产生成为可能，但这种自由又受到了使习性得以产生的社会历史条件的限制。布迪厄认为，一方面，习性是特定思想、感知和行为得以自由形成的基础。布迪厄说："作为习得的生成图式系统，习性使在习性的特定产生条件之固有范围内形成的各种思想、各种感知和各种行为的自由产生成为可能。"[2] 习性是一种无穷的生成能力，能完全自由地生成各种思想、感知、表述、行为等产品。但另一方面，习性的这种自由生成能力又受到使习性得以产生的社会历史条件的约束。习性所能生成的思想、感知、表述、行为，总是受限于习性生成所处的特定社会历史条件，因而习性只能使特定社会历史条件之下的那些思想、感知和行为的自由产生成为可能。因此，习性在生成思想、感知、表述和行为方面所具有的自由，是一种

---

[1] 布迪厄：《实践感》，第 93 页。
[2] 同上书，第 83 页。

受到限制的、有条件的自由。这种受到限制的、有条件的自由，既不同于社会现象学所强调的那种无法预期的创新意义上的自由，也不同于社会物理学所强调的那种机械决定论意义上的被约束的自由。"习性如同任何创造技术，能用来生成无限的、相对不可预料但在多样性方面有限的实践活动"；"作为特定的一类客观规则性的产物，习性趋向于生成各种'合理的''符合常识'的行为，但这类行为只有在上述规则性的范围内才是可能的，而且完全有可能得到认可，因为它们客观上符合某个特定领域的特定逻辑，预示了该领域的客观未来。与此同时，习性又趋向于'不施强制、不耍技巧、不用证据地'排除所有的'荒唐事'，亦即所有因与客观条件不相容而被否定的行为"。[1]在《自我分析纲要》一书中，布迪厄以自己的社会学研究为例，按照上述"社会历史条件—习性—思想"的思路，对自身社会学立场的形成过程进行了描述和分析。他描述了自己童年时代所处的家庭与社会情境、寄宿学校的经历、进入学术场域时该场域的结构状况、在阿尔及利亚从事人类学和社会学调研的经历等，分析了自身经历的社会历史情境与习性之间的关联——低微的出身与学业的成功导致他形成了一种特殊的习性，即"分裂的习性"："一方面是谦卑，这种谦卑主要与靠努力获得成功的人的不安全感相连，……另一方面是高傲，即'幸免于难的人'的自信。"[2]他进一步用这种习性来解释自身的社会学立场：通过对立面的协调，把宏大的理论抱负与低微的研究对象相结合，来创造一种比以往那些在主观—客观等二元对立中各执一端的社会学更具综合性的社会理论。

习性可以分为个人习性和集体或阶级习性两类。布迪厄提出，应把所有源于相同客观条件故具有相同习性的（生物意义上的）个体视为同一社会阶级。[3]在社会科学中，一些人将社会经济地位上的一致性或相似性视为阶级形成的依据，另一些人将共同阶级意识的形成视为阶级存

---

[1] 布迪厄：《实践感》，第84—85页。
[2] 布尔迪厄（布迪厄）：《自我分析纲要》，刘晖译，中国人民大学出版社，2017年，第102—103页。
[3] 布迪厄：《实践感》，第92页。

在的依据，布迪厄则将源于共同客观条件的共同习性视为阶级存在的依据。在布迪厄看来，正是这种源于共同客观条件的共同习性将阶级成员协调成一个统一的阶级集团。布迪厄说："集团或阶级习性的客观一致源于生存条件的一致性，致使实践活动能在客观上趋于一致，而无须任何策略考虑和有意识地参照某种规范，而且使它们在没有任何直接相互作用，特别是没有任何明确协商的情况下能够相互调整。……这种没有乐队指挥的协调，即使少了任何个人计划所起的自发或强加的组织作用，也能赋予实践活动以规律性、统一性和系统性。"[1] 如果人们不了解产生这种协调的真正原因（共同习性的存在），就很容易将有意识的协调视为这种原因。而事实上，对集团行为有意识的协调也必须以协调人与被协调人之间习性方面最低限度的一致性为条件。因此，共同习性的存在"不但是行为协调的条件，而且也是协调行为的条件。……集体动员的事业若要取得成功，动员人的习性和那些从动员人言行中认出自己的人所具有的行为倾向就必须有最低限度的一致"[2]。

布迪厄认为，阶级习性并非个人习性的简单集合，阶级习性其实是阶级个体成员共有的那些习性。布迪厄说："我们可以把阶级（或集团）习性——也就是表现或反映阶级（或集团）习性的个体习性——视为一个主观的但不是个体的内在化结构系统，这些内在化结构是共同的感知、理解和行为图式，它们组成了任何客观化和任何统觉的条件。"[3] 布迪厄承认，阶级习性与个体习性之间的关系是统一性和多样性之间的关系，但个体习性可以被视为阶级习性的结构变体。他明确提出："各个体行为倾向系统是其他个体行为倾向系统的结构变体，表现了在阶级内部和社会轨迹中的位置的特殊性。'个人'风格，亦即同一习性的全部产物——实践活动或作品——带有的标记，从来只是对一个时代或一个阶级固有风格的偏离，因此它不仅通过协调，……还通过产生'风格'的

---

[1] 布迪厄：《实践感》，第 89—90 页。
[2] 同上书，第 91 页。
[3] 同上书，第 92 页。

差异，与共同的风格联系在一起。"[1] 而导致个体习性之间产生差异的主要原因，在于各个体社会轨迹所具有的特殊性。

三、习性和场域

如上所述，布迪厄认为，习性是行动者在特定社会历史情境下逐渐形成的一些性情倾向。那么，形塑了行动者个人或集体习性的社会历史情境又是怎样存在和运作的呢？我们如何来对形塑了习性的这些社会历史情境以及它们和习性之间的关联进行描述和分析呢？

在社会物理学家看来，人们的行为完全是由社会结构决定的，而且这里说的社会结构往往是一些宏观的社会结构。因此，如果我们想要理解人们的行为，就必须去了解和理解决定着人们行为的宏观社会结构，了解宏观社会结构形塑人们行为的具体机制。相反，对于社会现象学家来说，人们的行为则是完全由自己的主观意识决定的，社会结构不仅不是决定人们行为的因素，反而是人们有意识行为的后果。因此，为了理解人们的行为，我们无须去了解作为行动之后果的社会结构，而是要去了解促使人们采取某种行动的主观动机或意识。针对这两种观点之间的对立，布迪厄认为，行动者的行动既非完全由社会结构决定，也非由行动者的主观意识决定，而是由行动者的习性决定的。但行动者的习性又并不是一种完全独立于社会结构的东西，而是在特定的社会历史情境中形成的，是由特定的社会历史情境形塑出来的，只不过形塑了行动者习性的这些社会历史情境不是一个统一的、整体化的大社会世界，而是许许多多相对自主的小社会世界。布迪厄写道："在高度分化的社会里，社会世界是由大量具有相对自主性的社会小世界构成的。"[2] 人们的习性就是在形形色色相对自主的小社会世界里被形塑出来的。布迪厄把这些相对自主的小社会世界称为"场域"。

---

[1] 布迪厄：《实践感》，第 92—93 页。
[2] 布尔迪厄、华康德：《反思社会学导引》，第 123 页。

所谓"场域",按布迪厄的界定,就是由各种社会位置之间的客观关系所构成的网络。布迪厄说:"从分析的角度来看,一个场域可以被定义为在各种位置之间存在的客观关系的一个网络,或一个构型。"[1]"场域"具有以下特征:

首先,如上所述,场域具有相对的自主性。社会世界是由诸多不同的场域——如经济场域、教育场域、学术场域、权力场域、司法场域、艺术场域、宗教场域、科学场域等——组成的。每一个场域,作为一个社会小世界,都是一个具有自身独特的关系结构和运作逻辑的空间,并且,这些小世界特有的逻辑和必然性不可化约成支配其他场域运作的那些逻辑和必然性。"例如,艺术场域、宗教场域或经济场域都遵循它们各自特有的逻辑:艺术场域正是通过拒绝或否定物质利益的法则而构成自身场域的;而在历史上,经济场域的形成,则是通过创造一个我们平常所说的'生意就是生意'的世界才得以实现的,在这一场域中,友谊和爱情这种令人心醉神迷的关系在原则上是被摒弃在外的。"[2]因此,如果我们没有对一个我们正在考察的场域具有的独特结构和运作逻辑加以了解,或者简单地将从另一个场域的研究中获得的知识运用于这一个场域,我们就有可能对这个场域的结构和逻辑产生错误的理解。此外,社会世界不仅是由不同的场域构成,而且每一个场域还可以进一步划分为一些更为细小的场域。比如,经济场域可以进一步划分为工业场域、农业场域、服务业场域等;艺术场域可以进一步划分为文学场域、诗歌场域、绘画场域、音乐场域、雕塑场域、影视场域、戏剧场域等;教育场域可以进一步划分为初级教育场域、中等教育场域、高等教育场域、职业教育场域、艺术教育场域、哲学教育场域等;科学场域也可以进一步划分为自然科学场域、社会科学场域,或者物理学场域、生物学场域、经济学场域、社会学场域、历史学场域等。这些依据不同层次划分出来的场域也都有自己的相对自主性,即有自己相对独特的逻辑和运作机

---

[1] 布尔迪厄、华康德:《反思社会学导引》,第122页。
[2] 同上书,第123页。

制。了解这些不同层次上的场域（可以称为"亚场域""亚亚场域"等）自身独有的结构和逻辑，同样是我们正确理解这些场域的基本前提。

那么，在实际的研究过程中，我们如何确定一个场域存在的边界？布迪厄认为，对于场域边界这个问题，只能经验地加以回答。这是因为，尽管各种场域都或多或少有一些制度化的标志，如进入壁垒，但它们很少会以一种司法限定的形式来对场域界限加以界定。"场域的构建并不是通过一种强加行为来实现的。"他写道："我们可以把场域设想为一个空间，在这个空间里，场域的效果得以发挥，并且，由于这种效果的存在，对任何与这个空间有所关联的对象，都不能仅凭所研究对象的内在性质予以解释。场域的界限位于场域效果停止作用的地方。因此，在每一个具体的研究事例中，你都必须努力运用各种手段来估量这种在统计上可以探明的效果开始下降的关键点。""只有通过对每一个这样的世界进行研究，你才会估量出它们具体是如何构成的，效用限度在哪里，哪些人卷入了这些世界，哪些人则没有，以及它们到底是否形成了一个场域。"[1]

不过，场域的自主性是相对的而非绝对的。不同的场域虽然主要是依自身独特的逻辑在运作，但各个场域之间也可能存在着程度不同的相互作用。布迪厄认为，在不同的社会历史情境下，场域之间的相互关系可能是不同的，不存在超越社会历史因素影响的场域之间相互关系的法则。在发达资本主义社会，经济场域对其他场域显然具有更大和更为普遍的影响。即便如此，我们也不能承认其他场域的运作归根结底是由经济场域决定的，因为其他场域还是程度不同地具有自己的自主性。此外，在许多社会历史情境下，权力场域对其他场域的巨大和普遍的影响也是不可忽视的。但自近代以来，经济和权力场域之外的一些场域（如艺术场域、科学场域、教育场域等）的相对自主性是在不断增长的。

其次，场域的结构状况，即各种位置之间关系的状况，是由各个

---

[1] 参见布尔迪厄、华康德：《反思社会学导引》，第126—127页。

位置占有者之间的力量对比来确定的。而这种力量对比，又取决于各个位置占有者所拥有的资本的数量和结构。因此，为了了解一个场域的结构，我们就必须了解处于该场域的各个行动者所拥有的资本数量及其结构，以及由他们各自拥有的资本数量和结构所确定的力量对比。依布迪厄的说法，"一个场域的结构可以被看作一个不同位置之间的客观关系的空间，这些位置是根据他们在竞夺各种权力或资本的分配中所处的地位决定的"[1]。

布迪厄认为，在社会生活中，人们所拥有的资本有各种不同的形式，并不限于人们常说的经济资本这一种。在某种意义上，我们可以说，每一种场域都建构了特定的资本，因此，有多少种场域就有多少种资本类型。布迪厄说："正是在场域中积极活动的各种力量确定了特定的资本。只有在与一个场域的关系中，一种资本才得以存在并且发挥作用。这种资本赋予了某种支配场域的权力，赋予了某种支配那些体现在物质或身体上的生产或再生产工具（这些工具的分配就构成了场域结构本身）的权力，并赋予了某种支配那些确定场域日常运作的常规和规则，以及从中产生的利润的权力。"[2] 在形形色色的资本形式中，最基本的形式有三种，即经济资本、文化资本和社会资本（每一种下面也还可以进一步划分出层次更低的类型）。经济资本就是早期经济学家在其著作中通常用"资本"这个词指称的那一类资本，即人们拥有的可以直接用货币来加以度量和交换的那些资源。文化资本是指通过学习（包括学校学习和校外学习等不同学习途径）获得的那些资源。文化资本有三种存在形式：身体化（具身化）的文化资本，即内化于人们的身体、以人们的特定性情倾向体现出来的那些文化资源；客观化的文化资本，即以特定文化物品形式存在的文化资源，如书籍、词典、器具等；制度化的文化资本，即以特定制度形式存在的文化资源，如社会对某种文化水平的资格认可。社会资本则是指一个人因拥有某种稳定的关系网络而能够

---

[1] 布尔迪厄、华康德：《反思社会学导引》，第142页。
[2] 同上书，第127页。

利用的实际或潜在的资源之和。这三种资本虽然内容和性质不同,但相互之间可以"兑换":一种资本可以兑换或者从中衍生出另一种资本。例如,经济资本可以兑换或从中衍生出其他两种资本。不过,在不同的社会历史情境下,这三种资本之间相互兑换的比率(兑换率)可能是不同的。

不同类型的资本在不同场域中的重要性或效力是有所不同的。布迪厄说:"正像不同牌的大小是随着游戏的变化而变化的,不同种类资本(经济的、社会的、文化的、符号的资本)之间的等级秩序也随着场域的变化而有所不同。换句话说,有些牌在所有的场域中都是有效的,都能发挥作用——这些就是各种基本类型的资本——但它们作为将牌的相对价值是由每个具体的场域,甚至是由同一场域前后不同的阶段所决定的。之所以如此,是因为归根结底,一种资本(例如希腊语或积分学的知识)的价值,取决于某种游戏的存在,某种使这项技能得以发挥作用的场域的存在:一种资本总是在既定的具体场域中灵验有效,既是斗争的武器,又是争夺的关键,使它的所有者能够在所考察的场域中对他人施加权力,运用影响,从而被视为实实在在的力量,而不是无关轻重的东西。"因此,"在经验研究中,确定何为场域,场域的界限在哪儿,诸如此类的问题都与确定何种资本在其中发挥作用,这种资本的效力界限又是什么之类的问题如出一辙(在这里,我们可以看到资本概念和场域概念是如何紧密相连的)"。[1]

一个人在场域里所占据的位置取决于他所拥有的资本数量及其结构。一个人可以只拥有这三种形式的资本当中的某一种,也可以同时拥有其中的两种甚至三种;在同时拥有其中两种甚至三种资本的人当中,又存在着资本结构即所拥有的诸种资本在比例方面的差别。由于不同的资本在不同的场域中可能具有不同的效力,因此,我们在考察一个人所拥有的资本实力时,既要考虑他所拥有的资本总量,又要考虑他拥有的

---

[1] 布尔迪厄、华康德:《反思社会学导引》,第124页。

资本结构。处在同一场域且所拥有的资本总量相同的两个行动者,如果他们拥有的资本结构不同,其实力进而所处的位置也是不同的。布迪厄写道:"拥有相同总量资本的两个人,可能在她们的位置和她们的立场上都相去甚远,因为一个人可能拥有大量经济资本而缺乏文化资本,而另一个人可能无甚经济资本,文化资产方面却十分丰足。"而一个场域的结构状况就取决于场域中各个位置占据者的实力(资本数量及其结构)对比状况。布迪厄用游戏场的比喻来对此进行说明。他说:"无论什么时候,都是游戏者之间力量关系的状况在决定某个场域的结构。在我们的眼里,游戏者的形象就好像是面对一大堆不同颜色的符号标志,每一种颜色都对应一种她所拥有的特定资本,与此相应的是她在游戏中的相对力量,她在游戏空间中的位置,以及她对游戏所采取的策略性取向。"[1]

一般来说,场域中各个位置的占据者的资本总量及其结构总是有区别的。由于这种差别,每个场域都构成了一种阶级结构:拥有相同资本数量及结构的人处于大体相同的阶级位置,拥有不同资本数量及结构的人则处于不同的阶级位置。因此,所谓阶级,也可以定义为因拥有的资本数量及结构大体相同而处于相同社会位置的那些人的集合。这个阶级定义,既不同于经典马克思主义的阶级定义,也不同于汤普森一类新马克思主义者的阶级定义:前者认为阶级是一种客观的存在,是基于一种客观的因素,即人们在经济资本占有方面的差异而形成的;后者则认为阶级更多的是一种主观的存在,只有当阶级成员具有了明确的阶级意识时"阶级"才算"形成"了。布迪厄则表示,阶级是一种客观的存在,不应该把"客观阶级"和"被动员的阶级"相混淆:前者是以一些客观属性为基础形成的,后者则是指以客观属性方面的一致为出发点,为了进行以改变客观阶级状况为目标的斗争而聚集在一起的全体行动者。但是,作为一种客观存在的阶级并非只是以经济资本占有方面的差异为基础形成的,而是以形式多样的资本占有方面的差异为基础形成的。布迪

---

[1] 参见布尔迪厄、华康德:《反思社会学导引》,第124—125页。

厄说："应该构建作为全体行动者的客观阶级，全体行动者被置于一致的生存条件中，一致的生存条件施加一致的影响并产生能够引起相似实践的一致的配置系统，而且全体行动者拥有一系列共同的属性，被客观化的、有时在法律上受保障的属性（比如财产或权力的拥有）或如阶级习性（特别是分类模式系统）那样的被归并的属性。"[1]

再次，场域也是一个利益争夺的空间。布迪厄说："作为包含各种隐而未发的力量和正在活动的力量的空间，场域同时也是一个争夺的空间，这些争夺旨在维续或变革场域中这些力量的构型。"[2] 场域并非结构功能主义所认为的那样，是一种按照预定的程序和目标自动运转的机器，也不是社会系统理论认为的那样，是以共有功能、内在统合和自我调控为特征的系统之产物，而是一种充斥着各种力量之间的相互斗争并随着斗争的结果而发生改变的空间。"学校体系、国家、教会、政治党派或协会，都不是什么'机器'，而是场域。在一个场域中，各种行动者和机构根据构成游戏空间的常规和规则（与此同时，在一定形势下，他们也对这些规则本身争斗不休）以不同的强度，因此也就具有不同的成功概率，不断地争来斗去，旨在把持作为游戏关键的那些特定产物。那些在某个既定场域中占支配地位的人有能力让场域以一种对他们有利的方式运作，不过，他们必须始终不懈地应付被支配者（以'政治'方式或其他方式出现）的行为反抗、权利诉求和言语争辩。"[3] 每一个不同的场域都确定了某种特殊的利益，如货币收入、各种形式的权力、社会声望等，作为自己成员所追求的目标[4]；场域中的每一个成员也都以自己所拥有的资本力量为基础，通过投入一定量的相应资本，以及特定行动策

---

[1] 布尔迪厄（布迪厄）：《区分：判断力的社会批判》上册，刘晖译，商务印书馆，2015年，第169页。
[2] 布尔迪厄、华康德：《反思社会学导引》，第128页。
[3] 同上书，第128—129页。同结构功能主义所说的"社会机器"或系统理论所说的"社会系统"之间的另一个差别是，场域不是由一些固定不变的部分和要素组成的、具有确定边界的封闭性存在，每一个场域都是一个潜在的、开放的空间，其边界是动态的、由场域内部各种力量之间的斗争来确定的。
[4] 这些利益不仅具有场域特殊性（是在特定场域中建构起来的），而且具有历史特殊性（是在特定场域的特定历史阶段建构起来的），因而不存在什么超历史的、普遍适用于所有场域的利益类型。参见上书，第145—146页。

略的运用来满足自己的利益诉求。"场域是力量关系——不仅仅是意义关系——和旨在改变场域的斗争关系的地方,因此也是无休止的变革的地方。在场域的某个既定状态下可以被觉察的协调统合,场域表面上对共同功能的取向实际上肇始于冲突和竞争,而并非结构内在固有的自我发展的结果。"[1]

布迪厄认为,行动者个人的习性正是在其所处的场域中被形塑出来的。所谓习性是社会历史条件的产物,其实主要是行动者所处场域的产物。换句话说,场域是行动者同宏观社会经济条件之间一个关键性的中介变量。宏观的社会经济条件,只有通过场域的作用才能对行动者的习性的形塑发挥影响。对处于特定场域的行动者来说,场域之外更为宏观的那些外在的经济、政治、社会与文化因素,并不是直接对行动者施加影响,而是只有以场域的特有形式和力量作为中介环节,本身经过了场域之特有形式和力量的形塑,才能进一步作用到行动者身上。并且,一个场域越具有自主性,该场域将自身逻辑强加于外来因素的力量就越强,上述这一点就越明显。所以,行动者及其习性都是场域的产物。"个人就像电子一样,是场域的产物:在某种意义上来说,他是场域作用的产物。某个知识分子,某位艺术家,他们之所以以如此这般的方式存在,仅仅是因为有一个知识分子场域或艺术场域存在。"[2]"正是我们对这些行动者置身并形成于其中的场域本身的知识,使我们能够更好地把握他们特立独行的根源,把握他们的观点或(在一个场域中的)位置的根源。……他们对世界(以及场域本身)的特有观念正是从这种观点或位置中构建出来的。"行动者的行动既非由自身的主观意识所决定,亦非由场域之外那些宏观的社会历史因素所决定,而是由在特定场域中形塑出来的习性所决定。这是布迪厄试图通过场域概念加以揭示的一个基本观念。这一观念提醒我们,社会科学的研究对象既非个人,也非被视为整体的宏观"社会",而是场域。场域才是基本性的,必须作为研究的

---

[1] 布尔迪厄、华康德:《反思社会学导引》,第130页。
[2] 同上书,第133页。

焦点。[1]

布迪厄指出，对场域进行分析包括或涉及三个必不可少的环节。首先，必须分析与权力场域相对的场域位置。虽然各个场域都有程度不同的相对自主性，都是按照自己的结构和逻辑运作的，但各个场域之间也存在着程度不同的相互作用。例如，在现时代，经济场域和权力场域对其他一些场域就有巨大的影响力，一些常常被人们认为具有高度自主性的场域（如科学、艺术等）其实深受它们的影响。忽略了这种影响，我们就可能无法恰当地理解这些场域的真实运作机制。[2] 其次，必须勾画出行动者或机构所占据的位置之间的客观关系结构。正是这种客观关系结构，导致和决定着行动者为争夺场域特有的合法权威而展开的斗争，以及各个行动者（各个位置的占据者）在斗争中所采取的策略。最后，必须分析行动者的习性或"性情倾向系统"。如上所述，虽然行动者是通过将一定类型的社会历史条件予以内化的方式获得这些习性或性情倾向系统的，但促使这些习性成形的社会历史轨迹主要存在于特定场域之中。客观位置的空间与主观立场的空间之间虽然并不完全一致，但一般情况下，客观位置的空间对主观立场的空间总是起到支配作用。因此，通过对习性的分析，我们就可以对特定场域和特定习性之间的联系作出具体的描述和理解。通过这三个方面的分析，我们就不仅可以比较好地理解行动者的习性—行动和场域之间的关系，也可以更好地理解由许多场域构成的整个大社会世界的运作。

四、实践的逻辑

在《区隔》一书中，布迪厄曾经将自己的实践社会学理论概括为以下公式：（习性）（资本）+ 场域 = 实践。[3] 但综上所述，笔者觉得将布迪

---

[1] 布尔迪厄、华康德：《反思社会学导引》，第134页。
[2] 在《艺术的法则》《国家精英》《科学的社会用途》等著作中，布迪厄针对经济或权力场域对科学、艺术、教育等场域的影响进行了细致的描述和分析。
[3] 布尔迪厄：《区分：判断力的社会批判》上册，第169页。

厄实践社会学理论的核心思想用图 4-1 来加以概括可能更为适当：

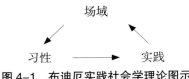

图 4-1　布迪厄实践社会学理论图示

用文字来表述图 4-1 的内容就是：习性引导实践—实践再生产 / 建构场域—场域塑造习性—习性引导实践……如此循环往复，生生不已。而在对这整个循环链条所作的理解中，最为关键之处就是布迪厄对实践及实践逻辑的独特理解。

强调社会生活是由实践建构的，突出实践在认识和建构世界（包括社会世界）中的作用，这一点并非布迪厄的创造。在他之前，已经有很多人看到了实践对于我们理解、认识和建构世界的重要作用。比如，马克思就明确宣称要从实践方面去理解世界，因为社会生活本质上是实践的。马克思之后的诸多马克思主义者，例如，葛兰西、卢卡奇、科尔施、霍克海默、列宁、毛泽东等，也都强调从实践的角度来理解人们的认识过程和社会过程。布迪厄自己也反复声明他对实践的重视是受到了马克思的影响。在《实践理论大纲》中，布迪厄直接引用了马克思在《关于费尔巴哈的提纲》中一段著名的话："从前的一切唯物主义（包括费尔巴哈的唯物主义）的主要缺点是：对对象、现实、感性，只是从客体的或者直观的形式去理解，而不是把它们当做感性的人的活动，当做实践去理解，不是从主体方面去理解。因此，和唯物主义相反，唯心主义却把能动的方面抽象地发展了，当然，唯心主义是不知道现实的、感性的活动本身的。"[1] 在《实践感》一书中，布迪厄再次对马克思的这一思

---

[1]　布尔迪厄：《实践理论大纲》，高振华、李思宇译，中国人民大学出版社，2017 年，第 185 页。所引马克思著作文本依人民出版社《马克思恩格斯文集》第一卷进行了修订，见马克思：《关于费尔巴哈的提纲》，《马克思恩格斯文集》第一卷，人民出版社，2009 年，第 499 页。

想进行了间接引证。[1]尽管如此，布迪厄对实践的理解确实具有相当程度的创新性。换句话说，布迪厄对实践过程的理解与此前诸多同样突出实践之作用的马克思主义者对实践的理解大相径庭。

布迪厄对实践过程之理解的独特性，就在于他突出强调了"实践感"在实践过程中的独特作用，否定了以往诸多思想家对理论/意识在实践过程中的作用的强调。马克思之后的许多马克思主义者，如上面列举的葛兰西、卢卡奇、科尔施、霍克海默、列宁、毛泽东等，虽然也继承了马克思关于从实践方面去理解世界的观点，虽然也是把实践视为一种不同于思维活动的身体化运作，但他们无一例外都把实践理解为在人的意识指引下的身体化运作。和这些人不同，布迪厄则坚定地反对对实践的这种意识化理解，明确地主张实践是一种非意识化的在习性引导下展开的行动。正是这种独特的实践观，为布迪厄对实践逻辑的独特阐释奠定了基础。

在布迪厄看来，实践逻辑——人们在实践中所遵循的逻辑，如果说确有这样一种逻辑的话——是一种与理论逻辑或话语逻辑完全不同的逻辑。与理论逻辑或话语逻辑相比，实践逻辑的基本特征就是它的非连贯性（非总体性）和非严密性（模糊性）。

布迪厄指出，实践过程具有非总体性、非同时性的特征。实践是一种在时间中逐渐展开的不可逆且不确定的历时性过程。由于时间的一维性或不可逆性，对于行动者来说，实践总是具有一种紧迫性。所谓"时间不等人""机不可失，时不再来"说的都是这个意思。行动者必须尽快对自己的行动策略作出选择。同时，时间还具有不确定性，这使得行动者不可能对实践过程的长远甚至短期之未来情境作出准确的预测，从而使得行动者在对行动策略进行抉择时不能获得确切的依据。因此，在实践过程中，行动者通常在习性的引导下，根据当下直接感知到的现实来对实践所涉事物及自己行动的后果进行预测，以此为基础来确定自己的

---

[1] 布迪厄：《实践感》，第79页。

行动抉择。由此，对处于实践过程中的行动者而言，实践过程呈现出一种非总体性、非同时性的状态。处于实践过程中的行动者不可能像在事后对行动者的实践过程进行科学研究的学者们那样，对实践过程的前前后后有一个总体性和同时性的掌握。布迪厄说："实践在时间中展开，具有会被同化所破坏的全部关联性特征，比如不可逆转性；实践的时间结构，亦即节奏、速度、尤其是方向，构成了它的意义。"[1]与此相反，在事后将某个或某些行动者的实践作为自己研究对象的研究者那里，他们只是作为观察者而非实践者而与被研究的实践发生关联。他们通过自己的科学研究所看到的时间并不是行动者在实践中实际经历的时间。通过他们的科学研究，本来在时间中逐渐展开的、非连贯的、非同时性、非总体性的实践过程，被综合、总结成为一个连贯的、完整的并可以同时呈现于人们面前的过程。因此，和处于实践过程中的行动者不同，对于研究者来说，他们对所研究的实践过程的各个部分、各个阶段、各个环节、各个方面似乎都了如指掌，有着完整和充分的把握。相对处于实践过程中的行动者而言，他们有更多的机会和更好的条件来看到实践过程前后部分、阶段、环节、方面之间可能存在的相互关系或逻辑矛盾。但对于处于实践过程中的行动者来说，这些矛盾有可能是他们体验不到因而也就是不存在的。

布迪厄用作为科学研究成果形式之一的综合示意图来对此加以说明。他认为，综合示意图的"科学有效性当归因于它所产生的同时化效应，因为它以一种颇费时间的工作为代价，最终使人们能在同一时刻看到仅在连续过程中存在的事实，从而展现一些很难察觉的关系（以及矛盾）"[2]。例如，布迪厄曾经根据田野调查资料制作过一种卡比利亚人的历法示意图。在这种历法示意图中，卡比利亚人在访谈中所提供的不同历法模式，譬如"隆冬/伏暑""咸苦期/辛辣期""吉祥期/解禁期""绿周/黄周/白周/干周"等，被综合在一起构成一个抽象的、综合性的卡

---

[1] 布迪厄：《实践感》，第 126 页。
[2] 同上书，第 127 页。

比利亚人历法示意图。通过这种历法示意图，人们似乎可以对卡比利亚人的历法模式及其相互之间的关系等获得一种完整的了解。但在实际生活中，卡比利亚人只是根据不同的情境需要来使用不同的历法模式。这种综合性的历法模式以及不同模式之间的关系等问题在卡比利亚人的实践中实际并不存在，它只是研究人员通过科学研究建构出来的一种实践的"理论赝像"。[1] 布迪厄写道："实践'本质上是个线性系列'，同话语一样，'基于其构成方式，迫使我们借助一个线性的符号系列，依次表达精神同时地和按照不同顺序感知的或应该感知的关系'；与实践相反，示意图或科学图解，比如'一览表、树形图、历史地图册、行列对查表'，按库尔诺的说法，使我们能够'多多少少有效地利用表面空间以表现在话语链中难以厘清的系统性关系和联系。'"[2]"实践有一种逻辑，一种不是逻辑的逻辑，这样才不至于过多地要求实践给出它所不能给出的逻辑，从而避免强行向实践索取某种不连贯性，或把一种牵强的连贯性强加给它。"[3]

实践过程的非总体性、非同时性特征也造成了实践逻辑的非严密性（模糊性、多元性）特征。由于对实践者来说，实践过程是一种非总体性、非同时性的过程，不同时空情境下的实践过程并不能像科研人员所制作的示意图那样完整、同时地呈现在实践者面前，因此，实践者对于实践过程的前后阶段、环节之间的关系以及所涉及的各个方面、各种事物之间的关系也不可能同时有一种完整、系统的把握。这就使得实践者在实践过程中始终只能按照习性的指引，根据现实的情境需要和条件对情境作出反应，包括对情境所涉各方面、事物之间的关系加以理解和判断。这也就难免使得实践者在不同情境中对于同一事物作出从逻辑的角度来看可能不同甚至相互矛盾的界定，导致一种在概念界定和关系判断方面以非严密性（模糊性、多元性）为特征的实践逻辑的出现。例如，

---

[1] 布迪厄：《实践感》，第318页。
[2] 同上书，第129页。
[3] 同上书，第133页。

"男/女"这一图式在不同实践场域中可能会有不同的应用。在某一种情境中,"人们从外部,从男人的观点,也就是说通过与外部世界的对比来理解住宅时,住宅在总体上被规定为女性的、潮湿的,等等"。但在另一种不同的情境中,"当住宅不再根据与宇宙同外延的实践活动来把握,而被当作一个独立域,当作——特别是在冬季——使用的场所时,它可以划分为一个男属女性部分和一个女属女性部分"。[1] 对于"前面/后面"这一图式的运用也是如此。在某种情境中,"后面"是人们丢弃不要的东西(如霉运、噩运、魔鬼)的地方;但在另一些情境中,"后面"又是与"里面""女性""夫妻生活""隐秘"等含义联系在一起,从而也是与"后随的东西""拖在地上的东西""拖裙""吉祥物""好运"等含义联系在一起。不仅同一图式在不同情境中可以有不同应用,而且一些图式会由于其表面上的相似性而在实践中被等同地加以应用。例如,人们可能把"平淡""平庸""乏味"当作对等词,或者把"满""关""内""下"视为同义词。根据这种近似和模糊逻辑,使用这些词语构成的"诸生成图式在实践中可以互相置换,故此它们只能生成一些系统的、但具有近似和模糊严密性的产物,而这种严密性自然经不住逻辑批判的检验"[2]。

在一些仪式实践中,人们也往往运用一种缺乏确定标准的类比法来对事物及其相互之间的关系进行一种不确定的抽象。这种不确定的抽象"排除了从哪一方面把握参照对象(形状、颜色、功能,等等)这一苏格拉底式问题,从而无须在每一种情况下都要就所考虑的方面规定一个选择标准,更无须始终不断地恪守这一标准。由于诸关系项(比如太阳和月亮)所依据的对立原则没有确定,且常常规约为一种简单的对立关系,所以类比在对立关系之间建立起一种等同关系(男人∶女人∷太阳∶月亮),而这些对立关系本身是不确定的和复因决定的(热∶冷∷男性∶女性∷昼∶夜∷等等),这样就启动了与另一些生成图式不同的生成图式,这另一些生成图式能够生成这种或那种不同的、

---

[1] 布迪厄:《实践感》,第 135 页。
[2] 同上。

可以接纳这个或那个有关项的相同关系（男人：女人：：东：西，或者太阳：月亮：：干：湿）"。这种不确定的抽象是以关系项之间的总体相似为基础来思考事物之间关系的。这种把握事物之间关系的方式"从不明确地和系统地局限于那些由它联系在一起的项的一个方面，而是每次都把每一个方面当作单一的整体，尽可能地利用这一点，即两个'事实'决不会在各个方面都相似，而总是在某个方面相似，起码也是间接地相似"。[1] 布迪厄认为，由于人们对实践活动的把握只能依次完成，且相同图式的不同运用在实践领域中很少会相遇，因此人们对于不同情境下的这些各不相同甚至相互对立的含义难以注意到。他写道："对实践活动的渐次把握只能依次完成，从而使人们注意不到逻辑学家说的'领域混淆'，后者是把相同的图式高度经济地却又必然是近似地应用于不同逻辑域所致。对于应用生成模式所带来的相继产物，没有人想到要把它们记录下来，并系统地加以核对：这些离散的和自足的单位具有直接的透明性，这不仅归因于在这些单位中被具体化的图式，而且归因于在实践关系中根据这同一些图式加以领悟的情境。逻辑经济学不要求人们调动多于实践所需要的逻辑性，因此这个或那个类别据以构成的话语域可以是不言明的。因为在每一种情况下，它都是在与情境的实践关系中并按照这一关系被隐含地规定的。鉴于对相同图式的两种互相矛盾的应用在实践域（而不是话语域）中极少可能相遇，所以在不同实践域中，同一事物可以有不同的事物作为互补，故能根据不同的域获得不同的甚至对立的属性。"[2] 尽管如此，这些在不同实践域中得到不同应用的生成图式又总是具有一定的一致性。例如，对"男/女"区分图式或者"前面/后面"区分图式的应用在不同实践域中即便有所不同甚至对立，但这些不同的实践应用总是以这些图式为基础的，每一次的实践应用也总是再生产了它所应用的这一图式（以及这一图式得以形成的社会结构）。因此，布迪厄说："与各个不同实践域对应的意义域是自我封闭的，故不受逻

---

[1] 布迪厄：《实践感》，第136页。
[2] 同上书，第134—135页。

辑的系统化控制，但在客观上又与一个生成原则体系的所有其他松散的系统性产物相一致，而这些生成原则在彼此千差万别的实践域中发挥作用，并在实践中得到整合。"[1]

布迪厄总结说："实践逻辑是自在逻辑，既无有意识的反思又无逻辑的控制。实践逻辑概念是一种逻辑项矛盾，它无视逻辑的逻辑。这种自相矛盾的逻辑是任何实践的逻辑，更确切地说，是任何实践感的逻辑：实践离不开所涉及的事物，它完全注重于现时，注重于它在现时中发现的、表现为客观性的实践功能，因此它排斥反省（亦即返回过去），无视左右它的各项原则，无视它所包含的，且只有使其发挥作用，亦即使其在时间中展开才能发现的种种可能性。"[2]"任何实践逻辑，只能在行为中，亦即在时间运动中被领悟，时间运动致使该逻辑分解，从而将其掩盖起来，给分析者提出一个难题，而这个难题只有在一种关于理论逻辑和实践逻辑的理论中找到答案。"[3] 实践逻辑所具有的这些特点，使得人们很难用一种学术性的理论逻辑去把握它，因为"学术构建要把握实践逻辑的原则，就只有使这些原则改变性质：反思性阐述把实践序列转变为表象序列，把根据一个被客观地构建为需求（'需要做'的事）结构的空间来定向的行为转变成在一个连续和同质空间里进行的可逆运作"[4]。而这样一来，就不可避免地使实践逻辑发生扭曲。当然，这并不是说，我们就不可以去对实践的逻辑进行学术性的理论研究，因为"若要阐明实践活动和作品的实际连贯性"，大概只有通过学术性研究所构建的一些"生成模型和示意图"才有可能（否则学术研究就没有意义了）；而只是意味着，当我们这样做时，我们必须同时明白，"这些理论性书写游戏一旦被解释，就会使实践逻辑变形"。[5] 这是科研人员在尝试对实践逻辑从理论上加以把握时无法消除的一个矛盾或者悖论。

---

[1] 布迪厄：《实践感》，第135页。
[2] 同上书，第143页。
[3] 同上书，第144页。
[4] 同上书，第141页。
[5] 同上书，第145页。

结　语

综上所述，布迪厄实践社会学理论的基本特征是：强调社会大世界是由诸多社会小世界即"场域"构成的；"场域"是由人们的实践活动构建起来的；"实践"则是在非意识性的"习性"的引导下展开的；而"习性"又是由"场域"所塑造的。在"场域""实践""习性"之间存在着无休止的相互作用，从而使得各种"场域"及由"场域"集合成的"社会"大世界不断再生产出来。布迪厄对场域（社会）—习性—实践之间关系的阐述，使我们对实践、对实践和社会之间的关系获得了一种新的认识，了解到传统实践观、行动观以及建立在这种传统实践观、行动观基础之上的各种社会科学理论的可能局限。这或许是布迪厄实践社会学理论最重要的贡献。布迪厄试图以这种方式来消解他所谓"社会物理学"和"社会现象学"之间的对立，实现这两种理论立场的综合。尽管可能存在着这样或那样的不足，但大体上我们还是可以说布迪厄在某种程度上完成了自己的工作。据此，我们应该且可以将其置于本书所称"互构论"社会学理论范畴来加以理解。

第五章　吉登斯的结构化理论

吉登斯是当今负有盛名的西方社会学理论家之一，他所提出的"结构化理论"在西方社会学界有着重要影响，不仅是当代西方社会学理论中以理论综合为宗旨的重要尝试之一，也是当今在西方学界流行的"实践社会学"的重要源头之一。审视吉登斯的结构化理论，可以看到，无论是与其他诸种以理论综合为目标的社会学理论相比，还是与布迪厄的"实践理论"相比，吉登斯的结构化理论都确有一些独特之处，为我们理解个人—社会或行动—结构之间的关系提供了一些富有启示的新见解。但吉登斯的结构化理论也不可避免地存在着一些难以克服的局限，值得我们认真加以反思。本章拟对此作一简要阐释。[1]

一、对社会理论研究领域中二元对立状况的批评

结构化理论的重要目标之一，就是克服西方社会理论研究领域

---

[1] 和许多重要思想家一样，吉登斯的结构化理论也经历了一个逐渐形成的过程。在这一过程中，吉登斯的思想前后也有过一些重要变化。例如，《社会学方法的新规则——一种对解释社会学的建设性批判》一书中所表述的一些思想与吉登斯后来的一些著述如《社会理论的核心问题》《社会的构成——结构化理论纲要》等书中的思想就有一些差别。但正如吉登斯自己所表述的那样，《社会的构成——结构化理论纲要》一书是对其结构化理论的总结。作者希望通过该书来对结构化理论进行一次深入、缜密的系统阐述。因此，本章将主要以该书为依据来讨论吉登斯的"结构化理论"，而忽略吉登斯在其他著述中对该理论所作的相关叙述。

中长期存在的二元对立状况。这种二元对立，在吉登斯的《社会的构成——结构化理论纲要》（以下简称《社会的构成》）一书中，被表述为社会理论研究中"自然主义/客体主义"立场同"解释学"立场之间的对立。吉登斯认为这两种立场都有自己的片面性。

在《社会的构成》一书中，吉登斯开宗明义地写道："要想初步阐述结构化理论的主要概念，较为有效的办法是从某些分野谈起。这些分野的一面是功能主义（包括系统理论）和结构主义，另一面则是解释学以及各种形式的'解释社会学'。"吉登斯认为，功能主义和结构主义之间虽然有着一些明显的差异，但两者也存在着显著的共同之处。这个显著的共同之处就是，两者在社会本体论和认识论方面都偏向"自然主义/客体主义"的立场，即它们"都特别强调，社会整体相对其个体组成部分（即那些构成它的行动者，人类主体）而言，具有至高无上的地位"，主张和自然现象一样，社会/结构也是一种不仅独立于/外在于行动者的主观意识，而且还凌驾于行动者之上、对行动者具有强大制约性的客观实在。与此相反，遵循解释学传统的那些社会理论家则认为，社会世界与物质世界之间有着巨大差别：物质世界受与人无关的因果关系的支配，而且只能从外部加以观察和领会，而对于人的行为以及由人的行为构成的社会世界来说，具有首要地位的则是行动与意义，只有通过对行动者自身赋予行动的那些意义的诠释才能够加以理解和把握。"结构"也好，"制约"也好，都不具有类似的重要价值。"解释学集中体现了结构主义所一贯强烈反对的那种'人本主义'。在解释学的思想观念中，比如在狄尔泰那里，主体与社会客体对象之间的鸿沟被强化到了极致。"[1]换言之，"如果说，各种解释社会学的确以主体的某种霸主地位作为自身的基础，那么功能主义和结构主

---

[1] 参见吉登斯：《社会的构成——结构化理论纲要》，李康、李猛译，中国人民大学出版社，2016年，第1页。

义所提倡的,则是社会客体的某种霸主地位"[1]。

吉登斯说,他"之所以要提出结构化理论,其基本目标之一就在于终结这些建立霸主体制的努力"[2]。这两种建立霸主体制的理论努力之所以应该被终结,就在于它们在处理社会理论中最主要的问题,即"个人"与"社会"或"行动"与"结构"之间关系的问题时,双双陷入了理论上的二元对立:或者让社会/结构凌驾于人的行动之上,用社会/结构对个人/行动的外在制约性质来否认个人/行动的主体性/能动性;或者用后者来否定前者,将后者说成现实中的唯一实在。吉登斯指出,这两种理论立场都不可能帮助我们恰当地去描述和理解社会现实。要想达到对社会现实的恰当理解,就必须放弃这两种对立的片面理论。

吉登斯克服功能主义/结构主义与解释学(及客体主义与主体主义)之间二元对立的主要思路,就是把上述"个人"与"社会"或"行动"与"结构"之间的"二元论"重新建构为一种"结构二重性"。[3]这种"结构二重性"理论承认社会并不是主体个人的创造物,但又拒绝陷入结构社会学的泥淖;它试图以一种特殊的方式将功能主义/结构主义与解释学(及客体主义与主体主义)双方观点的一些合理部分综合起来,形成一种描述和理解社会现实的新思路。用吉登斯自己的概括来说,这种新思路的基本观点是:"社会科学研究的基本领域既不是个体行动者的经验,也不是任何形式的社会总体的存在,而是在时空向度上得到有序安排的各种社会实践。人类的社会活动与自然界里某些自我再生的物种一样,都具有循环往复的特性,也就是说,它们虽然不是由社会行动者一手塑成,但却持续不断地由他们一再创造出来。社会行动者正是通过这种反复创造社会实践的途径,来表现作为行动者的自身;同时,行动者们还借助这些活动,在活动过程中再生产出使它们得以发生的前提条

---

[1] 吉登斯:《社会的构成——结构化理论纲要》,第2页。
[2] 同上。
[3] 同上书,引言,第9页。

件。"[1]吉登斯将自己的这一套理论称为"结构化理论"。

依照笔者的理解,吉登斯"结构化理论"的基本观点可以简要概括为以下两点:

第一,正如解释社会学家所说的那样,不存在一种像生物有机体的骨骼系统那样或像建筑物的构架那样外在于个人行动者的"社会系统"或"社会结构",在现实生活中实际存在着的只是社会行动者的社会行动或实践而已;所谓"社会"或者"结构",不过是"在时空向度上得到有序安排"并由行动者持续不断地再创造出来,因而具有循环往复特性的"各种社会实践",它们不是外在于而是内在于行动者的行动。

第二,这些具有循环往复特性和在时空方面得到有序安排的社会实践,虽然并非外在于而是内在于行动者的行动,但对于行动者而言却同时具有使动和制约两方面的作用;因此,对于被它们反复组织起来的实践来说,它们同时是后者的中介和结果。

以下我们来对吉登斯的"结构化理论"作一些更具体的阐述。

二、"结构化理论"的行动理论

如上所述,吉登斯"结构化理论"的第一个重要观点是,不存在一种像生物有机体的骨骼系统那样或像建筑物的构架那样外在于个人行动者的"社会系统"或"社会结构",在现实生活中实际存在着的只不过是"在时空向度上得到有序安排"并由行动者持续不断地再创造出来,因而具有循环往复特性的"各种社会实践"(或"行动")而已。乍一看,这一观点与韦伯一类解释社会学家的观点如出一辙。然而,吉登斯指出,虽然在强调不存在外在于个人行动的社会系统或社会结构、存在的只是安排有序并循环往复的各种行动或实践这一点上,结构化理论与解释社会学之间确实有着一致性,但是,在如何理解个人行动及其能动作用方面,"结构化理论"与各类解释社会学之间却有着非常大的差别。

---

[1] 吉登斯:《社会的构成——结构化理论纲要》,第2页。

一般说来，几乎所有的解释社会学家在解释个人行动时，都是把个人行动解释为一种在自我意识引导下进行的有明确意图的活动。"所谓成为人类中的一员，就是成为一个有目的的行动者，他们的活动自有其理由，如果被问及，也都能在话语层次上阐述这些理由（包括对此撒谎）。"[1] 吉登斯对这种关于个人行动的解释表示反对。吉登斯认为，这样来解释行动者的行动可能会失于简单。他提出，行动者的行动包括三个方面，即行动的反思性监控、行动的理性化和行动的动机激发过程。所谓行动，就是由这三个方面构成的一系列过程。但对这三个方面的理解都不能受"自我意识"学说的影响。

首先，行动的反思性监控是指行动者在行动中始终对自己的行动保持着监控这一特征。吉登斯明确指出，不能把行动者对自身行动及情境的反思性监控理解为对自身行动过程和情境的"自我意识"。因为人的行动并非由一系列单个分离的意图、理由或动机组成，而是作为一种"绵延之流"而存在。对这种绵延不断的"行动流"所作的监控，不可能时时刻刻都是有明确的自我意识的，而更经常的只是日常行动的一种"惯有特性"。因此，"我们应该把'反思性'理解为持续发生的社会生活流受到监控的特征，而不仅仅是'自我意识'"[2]。此外，这种反思性监控"不仅涉及个体自身的行为，还涉及他人的行为。也就是说，行动者不仅始终监控着自己的活动流，还期望他人也如此监控着自身。他们还以例行方式监控着自己所进入情境的社会特性与物理特性"[3]。

行动的反思性监控是以行动的理性化为基础的。行动的理性化是指，行动"作为过程的'意向性'"[4]，或"行动者对自身活动的根据始终保持'理论性的理解'"[5]。但这种"意向性"或"理论性的理解"在多数情况下也只是"例行性"的，"人们以理所当然的方式在行动中完成

---

[1] 吉登斯：《社会的构成——结构化理论纲要》，第3页。
[2] 同上。
[3] 同上书，第5页。
[4] 同上书，第3页。
[5] 同上书，第5页。

它"[1]。因此，行动的理性化特征并不意味着行动者对行为的各个具体部分都能够以话语的形式给出理由，更不等于以话语形式详细地阐明这类理由的能力，而只是意味着当其他人问及行动者时，后者一般总能对自己的大部分作为作出解释。但在多数情况下，人们并不会去询问他人行动的意图或理由，"除非行为的某些方面很明显令人费解"；而"如果其他个体所从事的活动，对于他作为成员所从属的群体和文化而言，不过是循例而行的话，那我们通常就不会询问他为何如此"。[2] 此外，吉登斯还指出，即使出于特殊的原因，在我们询问了行动者的意图或理由之后，我们也要注意，"行动者就其所为以话语形式给出的理由，可能不同于真正体现在这些行动者行为流中的行动的理性化"[3]。

行动的动机是指激发某一行动的需要。和反思性监控与理性化过程有所不同，动机激发过程并不与行动的连续过程联系在一起。由于"在绝大多数情况下，动机提供的是通盘的计划或方案，即舒茨所谓的'筹划'。并在这种'筹划'中逐步完成一系列行为"，因此，"只有在较不寻常的背景中，在以某种形式偏离于惯例的情境下，动机才可能直接作用于行动"。至于我们的日常行为，则很少出自动机的直接激发。不过，和反思性监控与理性化过程类似的是，人们的行动动机也并非像解释社会学家讲的那样是"有意识"的。和韦伯的看法有所不同，吉登斯将有意识的行动"意图和理由"与行动"动机"区分开来，他指出"尽管说具有资格能力的行动者几乎总是可以用话语形式，就自己之所为给出自己的意图和理由，但他们并不总是能够说清楚动机"。[4] 但这也并不意味着人们的行动动机往往是无意识的（就像弗洛伊德所讲的那样）。在吉登斯看来，在通常情况下，人们的行动动机既非"有意识"[5]的，也非"无意识"的，而是以"实践意识"的形式存在的。

---

[1] 吉登斯：《社会的构成——结构化理论纲要》，第3页。
[2] 同上书，第5页。
[3] 同上书，第4页。
[4] 同上书，第6页。
[5] 这里的"有意识"指的是"话语意识"。详见后文关于话语意识、实践意识和无意识之间区别的叙述。

事实上，所谓"实践意识"，正是吉登斯结构化理论的关键要素之一。吉登斯明确提出，"对于结构化理论而言，实践意识的观念至关重要"[1]。"实践意识是结构化理论的根本特征。"[2] "以实践意识为基础的例行化概念是结构化理论的关键所在。"[3]

弗洛伊德曾经将人的精神活动划分为"超我—自我—本我"三个层次，吉登斯认为弗洛伊德的这种划分存在着拟人化和模糊不清等缺点，建议予以放弃。[4] 与此不同，吉登斯将人的精神活动区分为"话语意识—实践意识—无意识（基本安全系统）"三个层次。吉登斯曾经以不同的方式对这三个层次之间的区别作过一些解释。例如，吉登斯在一个地方指出，"话语意识和实践意识之间不存在什么固定界限，两者之间的区别不过是在于，什么是可以被言说的，什么又是只管去做的"。而"在话语意识和无意识之间，还是存在着主要以压抑为核心的障碍"。[5] 再如，吉登斯在另一个地方详细讨论了"有意识"/"无意识"两词的三种含义：在第一种含义中，"意识"指的是一般意义上的"感觉"或"知觉"能力，"有意识"即是指能够感觉或知觉到来自周围环境的刺激，"无意识"则是指失去了这种感觉/知觉能力；在第二种含义中，"意识"指的是一般意义上的反思性监控能力或"实践意识"，"有意识"即指对某物/某现象"有所意识"，"无意识"则是指"无所意识"（而非"失去知觉"）；在第三种含义中，"意识"则指话语表达能力（或"话语意识"），即行动者有能力合乎逻辑地表述自己的活动及理由，"无意识"则指缺乏这种话语表达能力。吉登斯在此处强调，第三种意义上的"无意识"才是弗洛伊德理论中的"无意识"概念。再有，吉登斯在某个地方又认为，话语意识/实践意识/无意识都应该被视为行动者在行动过程中以记忆为基础的、对过去经验的三种"心理唤回机制"。其中，"话语意识蕴含了那

---

[1] 吉登斯：《社会的构成——结构化理论纲要》，第6页。
[2] 吉登斯：《社会理论的核心问题》，郭忠华、徐法寅译，上海译文出版社，2015年，第3页。
[3] 吉登斯：《社会的构成——结构化理论纲要》，第56页。
[4] 参见上书，第38—47页。
[5] 同上书，第6页。

些行动者有能力给出言辞表达的唤回形式";实践意识则包含了这样一种唤回形式,"行动者在行动的绵延中可以把握到它们,但却不能表述他们对此'知晓'了些什么";"而无意识指的则是这样一些唤回方式:行动者不能直接地把握到它们,因为存在某种否定性的'障碍',使这些唤回形式无法直接融入行为的反思性监控过程,尤其是无法融入话语意识。这里所说的'障碍'有两种彼此相关的起源:首先,婴儿最早期的经验……由于此时的婴儿尚未获得有所分化的语言能力,所以这些经验很有可能就此停留在话语意识的'界域之外';其次,无意识包含了某些压抑,阻碍着话语建构"。[1] 综合这几个地方的说明,我们可以看到,在吉登斯这里,话语意识指的是行动者以话语形式来表述自己的行动过程及理由的能力,实践意识是行动者以非话语或例行化形式监控自己行动过程的能力,无意识则是行动者无法用语言表述的那些心理活动和机制。话语意识和实践意识之间的界限可以变化,但无意识却不能进入话语或实践意识。

参照吉登斯前面的论述,我们可以领悟到,在吉登斯看来,尽管人类个体的行动具有反思性监控、理性化和动机激发三个方面,但在大多数情况下,这三个方面其实都是发生在实践意识层面上的过程,而非发生在话语意识层面上的过程。换句话说,行动的这三个方面其实都是高度例行化的,而非像其他解释社会学家说的那样总是在特定明确意图或意识的引导下进行的。因此,单纯从具有明确意图或意识的角度去理解和说明个体行动及其能动作用,显然是不适当的。[2]

那么,个体行动的能动作用又在哪里体现出来呢?吉登斯指出,人们经常假定只能通过行动的意图来界定人的能动作用,"也就是说,对于

---

[1] 吉登斯:《社会的构成——结构化理论纲要》,第45页。
[2] 和《社会的构成——结构化理论纲要》一书中的论述不同,在稍早一些出版的《社会学方法的新规则——一种对解释社会学的建设性批判》一书中,吉登斯明确表达了对"语言"(此处所谓"话语意识")的重视,认为"必须深刻地理解语言在实践中的重要性,语言是使实践成为可能的媒介"。参见吉登斯:《社会学方法的新规则——一种对解释社会学的建设性批判》,田佑中、刘江涛译,社会科学文献出版社,2003年,第46页。

被作为行动考虑的某个行为部分来说，无论其实施者是谁，他肯定是有意为之的，如若不然，这里的行为就只是针对外界刺激的反应"[1]。吉登斯认为，虽然对于有些行为（如自杀）来说，除非行动者有意为之否则它们的确不可能发生，但对于大多数行为来说，有意为之并非其必然特征。例如，某人回家打开电灯而惊走了入室的窃贼，打开电灯虽属有意为之的行为，但惊走窃贼却是一个非有意为之的"意外后果"（但这个意外后果也确是由此人的行为所致）。吉登斯认为，能动作用并不应仅仅指人们在做事情时所具有的意图，而是应该首先指他们做这些事情的能力。"能动作用涉及个人充当实施者的那些事件，即在行为既有顺序的任一阶段，个人都可以用不同的方式来行事。倘若这个人不曾介入，所发生的事或许就不会发生。""许多事情并不是我有意去做的，或者也并不是我想要这么做的，可却都是由我造成的，不管怎么说，我的确是做了。"[2]因此，我们必须把行动者的"所做"与行动者的"所欲"（或者说所行之事的意图特征）区分开来。"能动作用"指的是"做"的本身。吉登斯以这样一种方式进一步划清了自己与解释社会学等主观主义社会学之间在对行动及其能动作用之理解方面的界限。

三、"结构化理论"的结构理论

吉登斯指出，行动的"例行化"特征不仅意味着行动并非总是在特定明确意图或意识的引导下进行的，而且还意味着行动本身并非一种完全独立于/外在于"结构"的纯粹个体性质的东西，而是始终处于"结构化"状态。作为"结构化理论"的核心概念，"结构化"一词其实就意味着，既不存在外在于个人行动的"社会结构"，也不存在外在于"社会结构"的个人行动。所谓"结构二重性"指的就是"结构"所具有的这样一种特征，即"结构"（规则和资源）既是"以社会行动的生产和再生产

---

[1] 吉登斯：《社会的构成——结构化理论纲要》，第7页。
[2] 同上书，第8页。

为根基"，同时也是"系统再生产的媒介"。为了阐明这一点，吉登斯进一步说明了结构化理论的结构观。

吉登斯首先批评了传统功能主义/结构主义的结构观。吉登斯认为，功能主义对"结构"一词的阐释没能最好地适应社会理论的需要。"在功能主义者眼里，其实也是绝大多数社会研究者眼里，通常是把'结构'理解为社会关系或社会现象的某种'模式化'。他们经常幼稚地借助视觉图像来理解结构，认为结构类似于某种有机体的骨骼系统或曰形态，或是某个建筑物的构架。主体和社会客体对象的二元论与这种观念有着紧密的联系：这里的'结构'似乎'外在于'人的行动，成了不依赖其他力量而构成的主体的自由创造所遭受的制约的来源。"相比而言，结构主义的"结构"概念要更有意思一些。在这里，结构指的"不是在场的某种模式化，而是在场与不在场的相互交织"，"得从表面的呈现形式中推断出潜在的符码"。但它也有自己的问题——"结构究竟指的是在某一固定范围内一系列可以允许的转换的生成框架，还是指左右这一生成框架的转换规则，这个问题在结构主义思想传统中总是含糊不清"。[1] 吉登斯认为"结构"应该指的是后者（和资源），但又认为"转换规则"一词容易产生误导，因此他最终提出："在社会研究里，结构指的是使社会系统中的时空'束集'（binding）在一起的那些结构化特性，正是这些特性，使得千差万别的时空跨度中存在着相当类似的社会实践，并赋予它们以'系统性'的形式。"结构其实只是一种"虚拟秩序"，因为作为被再生产出来的社会系统并不具有（功能主义/结构主义设想的那样一些）"结构"，而只不过是体现出一种"结构性特性"而已。这样一些被理解为"结构性特性"的结构并不外在于人们的实践，而只是以具体方式出现在实践中，"并作为记忆痕迹，导引着具有认知能力的人类行动者的行为"。[2]

在具体内容上，"结构"在吉登斯这里主要指行动者赖以使行动具有"结构化"特性的那些"规则"和"资源"。在对规则的理解方面，人们

---

[1] 吉登斯：《社会的构成——结构化理论纲要》，第15页。
[2] 同上书，第16页。

往往把那些明确以言辞或文字表达出来的法律条令、科层规章、游戏规则等视为"规则"的典型形式，进而将这些形式的"规则"所具有的一些特点如外在性、形式化、约束性等视为"规则"的典型特征。吉登斯指出，对规则所作的这种理解是不恰当的。吉登斯认为，社会生活中的"规则"其实主要指的是"在社会实践的实施及再生产活动中运用的技术或可加以一般化的程序"[1]。那些以法律条令、科层规章和游戏规则等言辞表述形式出现的形式化规则并不是规则本身，而只是对规则的法则化解释。吉登斯列举以下几种涉及规则意涵的情况来对此加以说明[2]：

（1）国际象棋中将杀的规则如下……

（2）公式：$a_n = n^2 + n - 1$

（3）张三照例每天清晨 6 点起床

（4）全体工人必须照章于上午 8 时上班

在这几种情况中，第三种情况涉及的只是个人的习惯。习惯虽然是一种例行活动，但本身并非规则。第二种情况涉及的似乎也只是一个数学公式，与我们讲的社会"规则"完全无关。只有第一种情况和第四种情况涉及被明确表述出来的两种不同行动规则：前者涉及的是一种构成性的规则（因为正是将杀规则使国际象棋作为一种游戏得以进行），后者涉及的则是一种管制性规则。但吉登斯指出，构成性和管制性其实是所有规则共有的两方面特性，而非规则的两种类型。例如，在上述两种情况下，对于下棋的人来说，将杀规则也具有管制性；对于工业管理体制来说，上下班方面的时间规定也是使其得以构成的主要因素。吉登斯认为，正是第二种情况最适合用来作为结构化理论中所谓"规则"一词的示例。第二种情况列举的公式来源于维特根斯坦著作中列举的一个数学游戏：先由一个人写下一串数字，然后由第二个人根据这些顺序排列的

---

[1] 吉登斯：《社会的构成——结构化理论纲要》，第 20 页。
[2] 同上书，第 17—18 页。

数字推出公式。这些公式究竟是什么呢？吉登斯揭示，这些公式就是一些"可加以一般化的程序"。"之所以说它可加以一般化，是因为它适用于一系列情境和场合；而说它是某种程序，则是因为它提供了一种将既有序列接续的方法。"[1]这和语言规则非常相似：语言规则也是一种人们在日常生活实践中可根据一套方法来加以运用的一般化程序。作为一种在实践中可加以运用的一般化程序，它们有两个最基本的特点：首先，它们（规则）的存续依赖行动者对它的自觉意识（不过这种自觉意识首先体现为实践意识而非话语意识）。"对社会规则的自觉意识（它首先体现为实践意识）……正是人类行动者的显著特征。"没有行动者首先以自身实践意识体现出来的这种对规则的自觉意识，这些规则就不成其为规则。其次，这些规则又只是在一般性而非具体细节层面上，以舒茨所说的"类型化图式"形式引导着人们的行动。吉登斯指出："有关程序的知识，或者对'实施'社会活动的技术的掌握，本质上都是方法性的。也就是说，这样的知识并没有明确规定行动者可能遇到的所有具体情境，它也不可能做到这一点。正相反，它所提供的是就范围不确定的社会情境做出反应和施加影响的一般化能力。"[2]概言之，作为"结构"指涉之一的"规则"并非完全外在于/独立于个体行动者行动过程的一种实在，而是高度依存于行动者的自觉意识（首先又是实践意识）、依存于行动者在具体实践过程中对它所作的理解和发挥的一种存在。

以上面论述为基础，吉登斯将结构化理论所谓"规则"的主要特点用如下图式加以表示：

$$
\begin{array}{cccc}
深层的 & 默契的 & 非正式的 & 约束力弱的 \\
\vdots & \vdots & \vdots & \vdots \\
浅层的 & 话语的 & 形式化的 & 约束力强的
\end{array}
$$

在上述图式中，所谓"深层的"规则，指的是那些在日常生活的

---

[1] 吉登斯：《社会的构成——结构化理论纲要》，第19页。
[2] 同上书，第20页。

"结构化"过程中不断被运用的公式,如语言规则或谈话过程中的话轮规则。这些规则虽然琐碎,但对社会生活却有着深刻的影响。相比而言,像法则化的法律一类的抽象规则只能算是"浅层的"规则,它们对社会生活的影响表面上看似乎很深刻,其实非常浅显。在日常生活中,行动者只是以默契的方式来把握社会生活中的绝大多数规则,而在话语层次上对一项规则进行概括表述,其实已是在对这些规则进行解释。法律规则是一种不仅在话语层次上得以形式化而且还以正式规则形式出现的规则,但日常实践中的诸多规则却多是非正式的。最后,就约束力而言,正式的法律规则具有较强的约束力,那些非正式的规则对行动的约束力则相对较弱。

除了"规则"之外,结构化理论所说的"结构"还包括"资源"。资源可分为两种类型,一是"配置性资源",指对物体、商品或物质现象产生控制的能力;二是"权威性资源",指对人或行动者产生控制的各类转换能力。[1] 和规则不同,这些资源(尤其是配置性资源)看上去具有"规则"所不具有的某种"物质性"或"真实存在感"。但吉登斯认为,它们的这种"物质性"并不能左右以下事实,即只有当诸如此类的现象融入结构化过程时,它们才成为结构化理论所说的那种意义上的"资源"。换言之,配置性资源和权威性资源,或者用我们更为熟悉的话语来说,物质资源和行动者的行动能力,正是行动的两个基本要素:行动过程就是行动者运用自己的行动能力和某些物质资源作为手段去达成某种行动目标的过程,而"规则"就是使得这些过程具有"例行化"或"结构化"特征的基本要素。由于在结构化理论中,"结构"不外乎是行动过程所具有的"例行化"或"结构化"特征,或者反过来说,"结构"就是具有"例行化"或"结构化"特征的那些行动,而行动者的行动能力、物质资

---

[1] 吉登斯:《社会的构成——结构化理论纲要》,第30页。吉登斯在这里的用词令人困惑。按照他的用词,"资源"指的是人们对物质或行动者的"控制能力",但他在同一段落紧接着又说:"有些类型的配置性资源(例如原材料、土地等等)可能看起来像是具有某种'真实存在'。"在后面这句话中,配置性"资源"似乎并非"控制能力",而是物质性的原材料、土地等本身。人们不禁要问:"资源"到底是指原材料、土地、人身这些物质性的东西本身,还是指对这些东西的"控制能力"?

源和相应的"规则"正是使这些行动得以实现的基本要素,因此,"规则"和"资源"也就被吉登斯表述为"结构"的两个基本方面。

此外,吉登斯还认为,社会结构包含三个维度:表意结构、支配结构与合法化结构。在社会结构的总体时空中伸延度最大的那些实践活动,则可以称之为"制度"。与结构的三个维度相应,社会系统在制度方面则包含四个领域:符号秩序/话语型态、政治制度、经济制度和法律制度。其中与支配结构对应的是政治制度和经济制度两个制度领域,因为支配包含两种亚类型,即政治支配和经济支配。这些结构维度/制度领域之间是相互依赖、相互影响的。就每一结构/制度领域而言,它一方面从自身为其他两种结构/制度提供支持,但另一方面也受到其他两种结构/制度的影响,以其他两种结构/制度的存在为前提。例如,就表意结构而言,虽然它从符号秩序/话语型态方面为支配结构和合法化结构提供支持,但另一方面也受到后两者的影响,以后两者的存在为前提。

四、"个人"/"行动"和"社会"/"结构"之间的相互建构

尽管个人与社会(或行动与结构)不过是人们社会实践的"一体两面",但它们之间的关系仍然可以从两个方面来加以认识。一方面,社会及结构是通过个人行动而不断得以构成或再生产出来的;另一方面,社会及结构又不仅是使个人行动得以可能的中介,而且还以不同的方式对个人行动起到一定的制约作用。

第一,社会/结构是通过个人/行动而不断得以构成或再生产出来的。吉登斯指出,虽然较大规模集合体或社会的持续存在并不以某一个人的活动为依据,但如果所有的行动者都销声匿迹,那么这类集合体或社会也就不复存在了。他又说,"考察社会系统的结构化过程,意味着探讨诸如此类的系统在互动中被反复生产出来的方式。这些系统的基础,是处于具体情境中的行动者可认知的活动。……在结构二重性观点看来,社会系统的结构性特征对于它们循环反复组织起来的实践来说,既

是后者的中介,又是它的结果"[1]。

从理论上说,社会/结构的再生产过程至少包括两个层次:一个是两个或两个以上的行动者共同在场的情境下之日常接触的构成和维持,另一个则是跨越共同在场情境的、更大时空范围内社会系统的构成和维持。这两个层次在许多社会学家那里常常被称为社会生活的"微观"和"宏观"层次。吉登斯反对使用这两个概念,他认为:第一,"这两个术语相互之间经常截然对立,似乎意味着我们必须在二者之中做出非此即彼的选择,非得把其中一个看作在某一方面比另一方面更为根本的视角"。第二,"即使在这两种视角之间没有什么相互冲突的地方,也往往会形成一种颇为不妥的分工",认为"微观社会学"主要关注的是"自由行动者"的各种活动,而"对自由活动施加限制的那些结构性约束"则是"宏观社会学"的分析对象。[2] 从结构化理论的立场出发,吉登斯认为这两种做法都是不可接受的。为了规避这两种不良后果,吉登斯建议使用另外两个概念即"社会整合"和"系统整合"来取而代之。

参照戈夫曼的用法,吉登斯对"共同在场"这个术语作了如下界定:"共同在场是以身体在感知和沟通方面的各种手段为基础的。一旦行动者'感到他们是如此地接近,以至于自己正在做的一切,包括对他人的体验,都足以被他人感知到,他人也足以感知到自己这种被感知的感觉'",这种情境就可以称为"共同在场"。[3] 吉登斯指出,戈夫曼对行动者共同在场情境下的日常接触过程进行了非常细致的分析。根据戈夫曼的研究,共同在场情境下的日常接触可以分为"聚集"和"社会场合"两种类型。所谓"聚集",指的是共同在场条件下由两个以上的人组成的人群。"聚集意味着须在共同在场中,并通过共同在场,完成对行为交互的反思性监控。聚集中亲密无间、协调一致的情境特征对这种监控过程

---

[1] 吉登斯:《社会的构成——结构化理论纲要》,第 23 页。
[2] 参见上书,第 132 页。
[3] 同上书,第 63 页。

起到了决定性作用。"[1] 聚集可能非常松散（如路遇时相互打个招呼），也可能发生在形式化程度更强的情境中。如果是后者，就被称为"社会场合"。"社会场合"一般具有相当明确的时空界限，为人际互动提供了"结构形成中的社会情境"，其中很有可能发生众多聚集。这些聚集"形成，消散，又再次形成，而个中的行为模式又往往被视为合乎礼节的，（经常还是）官方正式或刻意而为的"。上班、聚会、舞会、体育赛会等都是社会场合的一些例子。"一块物质空间有可能同时充当好几个社会场合的发生地点或场所，其中每一个都包含好几起聚集。"[2]

无论聚集是否发生在社会场合中，又都可以进一步区分为两种主要形式：一是非关注性互动（无焦点式互动），二是关注性互动（焦点式互动）。在前者中，互动各方的关注程度相对较低，互动发生的"唯一的前提是他们在某一特定情境中的共同在场"；在后者中，互动各方的关注程度则相对较高，互动各方通过持续不断地交错利用面部表情和声音来协调自己的活动。日常生活中的每一次接触都是一个单位的关注性互动。这种日常接触是贯穿社会互动的主线，正是它将一系列与他人的互动安排入日常活动的循环。[3]

吉登斯强调，日常接触一般总是作为例行活动发生的。日常接触的例行化特征可以从时间和空间两方面体现出来。首先，从时间方面看，日常接触具有序列化特征。日常接触是按照先后次序被纳入日常生活的序列的。日常接触的序列化至少包括两个方面的内容。一是时间上的起始和终结，"绝大多数社会场合都采用某种形式化提示手段，以暗示其起始与终结，这一点是仪式性场合的共同特征，无论是传统文化，还是当代社会特有的各种较为世俗化的社会场合，在这方面殊无二致"[4]。二是活动的轮次。如谈话过程中发言的轮次。其次，从空间方面看，日常接触

---

[1] 吉登斯：《社会的构成——结构化理论纲要》，第 66 页。
[2] 同上书，第 67 页。
[3] 同上。
[4] 同上书，第 69 页。

具有区域化特征。日常接触的区域化特征也包括两方面的内容：它一方面指各个身体在面对面交往区域内外彼此相对的位置安排（如互动参与者彼此相隔的距离），另一方面则是指对日常接触本身的序列性或轮次性的空间安排（如法庭审理好几个案子时，与时间上安排靠后的案件相关的涉事人也被安排等候在靠边的房间或区域内）。社会互动主要就是以这样一些具有序列化和区域化特征的日常接触为主线而构成的。

跨越共同在场情境的、存在于更大时空范围内的社会系统正是由散布在时空之中的大量日常接触维续的。社会生活中诸多类型的日常接触虽然断断续续但却总是会例行发生。它们总是会逐渐消失在时空之中，又能在不同的时空领域里持续不断地重新构成。随着时间的"逝去"和空间的"隐遁"，在场和不在场交织在一起，形成了时空范围更为广大的社会系统。

第二，虽然社会/结构是通过个人/行动而不断得以构成或再生产出来的，但社会及结构其实也是个人行动得以可能的中介。换句话说，个人的行动或互动之所以能够不断地以例行化的方式生成，正是借助社会结构为中介来实现的。在某种意义上，我们也可以说，正是社会结构构成了例行化的个人行动与互动。没有社会结构在行动或互动过程中所起的构成作用，就不可能存在例行化的行动或互动。

这里的关键正在于吉登斯对个人行动和互动的理解。如上所述，在吉登斯这里，社会及其结构是通过高度例行化的个人行动或互动而非任何一类个人行动及互动再生产出来的。行动或互动的例行化特征对于社会实践之"结构化"特征的形成具有关键的作用。如果以日常接触为主线的个人行动与互动缺乏这种例行化特征，那么，社会实践的"结构化"特征也就无从谈起。

但是，以日常接触为主线的个人行动或互动为什么能够普遍和始终具有例行化特征呢？从吉登斯的相关论述来看，以日常接触为主线的个人行动或互动之所以能够普遍和始终具有例行化特征，主要原因就在于个人的行动或互动其实始终是借社会结构为中介来进行的。

吉登斯指出，日常接触的例行化特征其实总是以行动者主要借助实践意识来展开反思性监控的能力为基础的，而行动者对自己和他人的行动进行反思性监控的（实践意识层面上的）目的，就是使互动各方的行动尽可能符合社会交往的各种常规。吉登斯以戈夫曼等人的大量研究成果为例，试图说明在日常接触过程中，互动各方一方面总是以高度的机警对自己的身体，包括手势、身体运动和姿态进行着反思性监控，使之尽可能不偏离常规；另一方面则对互动过程本身进行协调，使之符合常规。而如前所述，这些常规正是吉登斯结构化理论中所谓"结构"的基本内容。因此，所谓不偏离常规，也就是不偏离"结构"的"要求"。当然，对此不能作出类似结构功能主义的理解，仿佛这种"结构要求"是由"结构"自身向行动者提出的，而应按照结构化理论的精神理解为是由行动者向自身提出的。按照这种理解，这些"例行常规以传统、习俗或习惯为基础，但我们绝不能就此假定这些现象属于不言自明的东西，以为它们只不过是些'不假思索'地重复进行的行为方式。相反，戈夫曼（以及常人方法学）有助于我们认识到，绝大多数社会活动的例行化特征，都需要由那些在自己的日常行为中维持这些特征的人持续不断地'打造'"[1]。"在互动的生产和再生产过程中，行动者施展出令人眩目的丰富技能，借此实现并维持了得体的交往、信任或本体性安全的普遍存在。身体运动和表情方面的细枝末节甚至比谈话轮次还要琐碎，但在规范的调节下对这些东西的控制正是上述技能的首要基础。'精神有毛病'的人普遍缺乏或放弃了这种能力，身体与言辞方面偶尔的疏忽或闪失也体现出这一点。"[2] "实践意识包括知晓某些规则和策略，日常社会生活正是通过这些规则和策略，得以在广泛的时空范围内构成和再构成。"[3]行动者主要借助实践意识来对行动和互动过程展开的反思性监控，正是日常接触的例行化特征得以维持的重要因素，它一方面体现了行动者在

---

[1] 吉登斯：《社会的构成——结构化理论纲要》，第80页。
[2] 同上书，第73页。
[3] 同上书，第84页。

日常接触过程中所具有的能动性,但另一方面也体现出"结构"对行动和互动所具有的构成作用。"结构"正是以这样一种方式渗透在行动和互动过程中,成为行动和互动得以不断再生产出来的前提条件。没有"结构"因素的这种介入,具有例行化特征的行动和互动就不可能形成和得以维持。正是在这个意义上,吉登斯认为"结构"具有一种"使动性"(enabling),即使行动和互动得以可能的属性。

需要注意的是,行动者在行动和互动过程中所援引用来构成例行化日常接触的那些"常规"并不仅限于非正式的规则,也包括各种更为正式的、制度化的规则。在《社会的构成》一书的后面部分,为了说明结构二重性理论如何摆脱了结构二元论的缺陷,吉登斯引用了一段法庭互动的录音记录来说明一种日常接触如何与制度化的规则相联系,从而在再生产出日常接触的同时,也再生产出相应的社会制度。这一互动发生在一位法官、一名公设辩护人和一位地方检察官之间。他们之间的交谈围绕着如何给一个罪犯量刑这一话题展开。这个罪犯面对二级盗窃的指控且已经表示服罪。这段交谈的内容如下:

> 辩护人:法官大人,我方请求当庭判决,放弃保释。
> 法官:他有什么犯罪记录?
> 辩护人:他曾经有一次酗酒,一次盗窃机动车的大盗窃罪。没有什么严重的罪行。这次只不过是商店扒窃。他进 K-Mark 连锁超市时确实有盗窃意图,但实际上我们发现的只是一次轻微盗窃罪。
> 法官:他拿了什么东西?
> 辩护人:他什么也没拿。
> 法官:对当庭宣判有什么反对意见吗?
> 检察官:没有。
> 法官:他已经关押多少天了?
> 辩护人:83 天。
> 法官:根据刑法第 17 款,这是一项轻微犯罪,判决入狱 90 天,

在县监狱服刑，但要扣除已经羁押的天数。[1]

吉登斯分析说，从这个例子中，我们完全可以看到，看起来琐屑的一段交流是如何以一种深刻的方式和社会制度的再生产联系在一起的。"在交替进行的谈话中，只有当谈话各方（和读者）都默契地求助于刑事司法体制的制度特征，他们才能够把每一个谈话轮次都看作蕴含意义的。"[2]

吉登斯认为，日常接触在时空上的常规性或例行性正体现出社会系统的制度化特征。正是这种例行化特征将日常接触与社会再生产乃至更具"固定性"的制度维持联系起来，使日常接触成为社会和制度再生产的基本环节。在吉登斯看来，"日常接触的例行化过程具有重大意义，将转瞬即逝的日常接触与社会再生产相维系，并就此将前者与表面上具有'固定性'的制度相维系"[3]。"结构化理论关注的是人的社会关系中超越具体时空的'秩序'，而要阐明这种超越过程，例行化过程是不可或缺的一个因素。"[4]

社会结构不仅对个人行动和互动具有使动性，而且具有制约性。自涂尔干以来的结构社会学家都坚持认为，社会的结构性特征使得社会及其结构对个体行动存在着制约性，有人据此批评吉登斯的结构化理论虽然凸显了结构的使动性，使人们意识到结构是如何包含在行动的生成过程之中的，但却忽略了结构的制约性，使人们看不出社会现象能够通过什么方式维持自己相对个体活动而言的"外在性"。[5]针对这一批评，吉登斯进行了专门的澄清。

吉登斯说，结构化理论突出结构的使动性并不是要贬低结构的制约作用，而只是想要指出：一方面，"制约"并不是"结构"的唯一特征；

---

[1] 吉登斯：《社会的构成——结构化理论纲要》，第310页。
[2] 同上书，第311页。
[3] 同上书，第67页。
[4] 同上书，第81页。
[5] 同上书，第160页。

另一方面，对"制约"本身的理解也不能限于涂尔干等结构社会学家所作出的那种理解。

吉登斯认为，在现实的社会生活中，行动者的行动实际上可能受到三种不同性质的"约束"，即"物质性约束"、"负面约束"和"结构性约束"。如下所示：[1]

物质性约束	负面约束	结构性约束
源于物质世界特性及身体生理特性的约束	源于某些行动者对其他行动者惩罚性反应的约束	源于行动的情境性，即结构性特征相对于处于具体情境中的行动者而言的"既定"性的约束

"物质性约束"指的是由人的身体与物质环境的有关特征给行动者的行动选择带来的限制。身体在空间上的不可分性、生命在时间上的有限性，以及行动者所处情境在时空方面的"容量"限制，还有人体在感觉能力和沟通能力方面的局限等，都体现出这种限制。

"负面约束"（权力约束）指的是人们借助权力手段来对他人行动的选择施加的限制。这种约束的形式是多样的，从直接采用强力或暴力进行强制，或以之相威胁，到温和地表达异议等。其实，在现实生活中，直接进行强制的情况是很少出现的，多数情况下负面（权力）约束都是借助强制以外的其他形式来实现。

"结构性约束"则指的是由社会系统所具有的无法改变的结构性特征给个体行动者的行动选择带来的限制。这种限制可能具体源于以下几个方面：第一，社会的先在性（社会在任一时刻都先在于它的每一个体成员）以某种方式限制了其个体成员所具有的可能性；第二，社会的跨时空特性给具体情境中的个体行动者施加的限制。社会的这种结构性特征，使得社会相对于个体行动者而言显得具有一种不以后者意志为转移的"客观性"。

---

[1] 吉登斯：《社会的构成——结构化理论纲要》，第 167 页。

吉登斯认为，对于上述所有三种形式的"制约性"，都不能简单地只视其为"制约性"。从结构化理论的角度来看，它们其实同时也意味着或包含着"使动性"："形形色色的约束也以不同方式成为各种促动。它们在限制或拒绝某种行动可能性的同时，也有助于开启另外一些行动可能性。"[1] 例如，身体的生理特征及其行动的物质环境对于个体行动来说就不仅仅具有制约性，而是兼具使动性，因为它们在限制行动选择的同时也赋予行动者某些行动的可能性。"权力约束"对于行使权力的一方来说显然也是具有使动性的。最后，社会的结构性特征也兼具制约性和使动性：资本主义生产关系既对劳资双方的行动选择施加了限制，但它同时也是使劳资双方的某种行动成为可能的基本条件。由此可见，对于个体行动而言，"结构总是同时具有约束性和使动性"[2]。社会结构对个人行动的构成作用，正是由于前者兼具的这双重属性。

结　语

综上所述，我们可以看到，无论是与"功能主义/结构主义社会学"或"解释社会学"这样一些单纯强调社会现实之"客观性"或"主观性"的社会学理论相比，还是与新功能主义、理性选择理论等以理论综合为宗旨的社会学理论相比，吉登斯的结构化理论都确实具有自己独特的风格：与"功能主义/结构主义社会学"或"解释社会学"相比，吉登斯的结构化理论成功地超越了"结构—主体""社会—个人""客观—主观"之间的二元对立，完成了让这些对立的双方在理论上重新联结起来的努力，成为社会学理论研究领域中以"互构论"为旗帜的典范之一。而与新功能主义、新冲突理论、后布鲁默主义、理性选择理论、交往行动理论等同样以理论综合为宗旨的"互构论"理论相比，吉登斯的结构化理论又具有一个十分明显的特点，即不仅试图在理论上超越上述种种

---

[1] 吉登斯：《社会的构成——结构化理论纲要》，第 165 页。
[2] 同上书，第 23 页。

二元对立，而且在这样做的时候，还努力重塑人们对"行动"和"结构"的理解，尤其是重塑人们对"行动"的理解，其最突出的体现就是对行动之"实践意识"的强调。就此而言，吉登斯的结构化理论与布迪厄的实践理论实有异曲同工之处。

众所周知，作为"实践社会学"的奠基人，布迪厄突出强调了"实践感"或"实践理性"在人的实践过程中所具有的关键作用，认为人的实践行为既不像社会物理学家所说的那样是由独立存在于个人之外的客观因素（结构、规则等）决定的，也不像社会现象学家所说的那样是由人的主观意识所引导的，而是由一种既非属于客观因素又不完全属于纯粹主观意识的东西，即"习性"所引导的。在实践过程中，行动者赖以为据的往往就是自习性中生成的"实践感"或"实践信念"。这种"实践感"或"实践信念"不是一种意识状态，也不是一种心理状态，而是一种身体状态。或者说，作为一种习得的知识结晶，它不是被储存在意识或心里，而是被储存在身体里。当与使习性得以生成的情境相同的情境出现时，这种情境就会激活这种身体化的实践知识，使之成为行动的指南。可以说，在强调行动并非主要或首要是由能明确意识到的"意识"（吉登斯称之为"话语意识"）来引导，而主要或首要是由一种处于"有意识"与"无意识"之间的"实践意识"来引导这一点上，吉登斯对人之行动过程的描述与布迪厄高度一致。他们二者之间的区别主要在于：第一，吉登斯在强调"实践意识"对行动之引导作用的同时，并未完全排除"话语意识"对于行动的引导作用。这体现在两个方面：一是吉登斯明确说过"实践意识"和"话语意识"之间的界限是模糊的，二者之间可以相互渗透和相互转化；二是吉登斯在说到"实践意识"对于行动之引导作用时，总是不忘在前面加上"首先是"一类的字样，而布迪厄则很少作出这样的说明。因此，和布迪厄相比，吉登斯对"实践意识"的强调要稍弱。第二，在吉登斯这里，"实践意识"在很大程度上仍是被时空范围更为广大的（在"结构化"理论所赋予"结构"这个词的含义上来说的）"社会结构"所形塑的，而非行动者所处的某个特定社会情境所形塑的——正因为如此，比较广大时空范围内的"例行化"或"结构化"过程才得以发生和维持。与此不同，在布迪厄那里，"实践感"是由习性生成，而习性则是由行动者所处的"社会小世界"即有特定社会结构的"场域"形塑而成，而非直接由时空范围更为广大的"社会大世界"形塑而成。尽管如此，我们还是可以说，和布迪厄的"实践社会学"一样，对"实践意识"的强调构成了吉登斯结构化理论的基石，或者正如吉登斯自己所说，是其结构化理论的"关键要素"或"关键所在"。因为，第一，倘若没有"实践意识"这一概念，吉登斯就难以去阐释一种不同于"解释社会学"的行动概念，以及相应的关于人之能动性的概念（认为人的能动作用不在于其"所思"或"所欲"而只在于其"所为"）。第二，同样，倘若没有"实践意识"这一要素，吉登斯也难以去阐释一种不同于"功能主义/结构主义社会学"的"结构"概念，因为如果人的行动主要或首要不是由"实践意识"所引导，而是像"解释社会学"所说的那样是由个人的主观意识所引导，那么，由于主观意识所具有的高度偶然性、易变性，结构化理论所描述的行动之"例行化"特征就难以得到充分的说明，"社会结构"就要么只能像功能主义/结构主义所描述的那样成为一种外在于/独立于行动者之行动的存在，要么只能像"解释社会学"所描述的那样成为一种对行动者的行动不具制约作用的"虚名"。只有借助"实践意识"这一要素，才能既（在改变了"人之能动作用"概念含义的前提下）保留"解释社会学"对人之能动性的强调，并像"解释社会学"那样将"社会结构"还原为人的行动，否定"社会结构"是一种外在于行动者之行动的独立实在，又能保留"功能主义/结构主义社会学"对社会结构和社会秩序的强调，并像"功能主义/结构主义社会学"那样描述和分析"社会结构"对行动者之行动的制约作用，从而完成对"功能主义/结构主义社会学"和"解释社会学"的综合与超越。

应该说，吉登斯借助"实践意识"所完成的这一理论综合，不仅对于我们理解"功能主义/结构主义社会学"和"解释社会学"之间的关系，而且对于我们理解现实生活中"结构—主体""社会—个人""客观—主观"之间的关系，确有相当的启发性。和布迪厄的"实践社会学"理论一样，它让我们看到了"实践意识"在行动者的行动和社会结构/秩序形成过程中的重要作用，使我们得以对行动者的行动和社会结构/秩序的形成产生一种新的理解。

第六章　哈贝马斯的交往行动理论

哈贝马斯是当代世界最有影响的思想家之一,也是当今世界有影响力的思想家中少数明确坚持马克思主义或"批判理论"立场的思想家之一。作为法兰克福学派第二代的领军人物,他一方面从"批判理论"的立场出发,坚持对当代资本主义社会进行批判性的分析和诊断,为人类解放寻找可行的道路;另一方面又试图超越传统马克思主义或批判理论的理论视域,从涂尔干、韦伯、米德、舒茨、帕森斯等人的可能被霍克海默等第一代批判理论家斥为"资产阶级理论"或"传统理论"的那些理论传统中汲取理论营养,将它们中的合理元素引进批判理论,在新的社会历史条件下重建马克思主义的"历史唯物主义"或"批判理论",为批判理论提供一种更为坚实的理论基础。"交往行动理论"就是哈贝马斯上述努力的最终理论结晶。从本书采用的概念框架来看,哈贝马斯的"交往行动理论"既是属于马克思主义的理论传统,又是属于互构论的重要范例,是一种马克思主义的互构论,或互构论的马克思主义。以下试析之。

一、古典马克思主义和早期批判理论的局限

众所周知,除了最早的几篇论文外,哈贝马斯早期学术研究当中第一部产生了重大影响的作品是《公共领域的结构转型》一书。在这部作

品中，哈贝马斯以具体的史料为依据，以英国、法国、德国为范例，对所谓"资产阶级公共领域"的结构转型进行了深入细致的描述和分析，指出在资本主义社会的早期阶段，存在着一个由知识群体和以新兴市民阶级为核心的城市居民[1]通过自由参与、平等交往构成的"公共领域"，这个公共领域借助公共舆论的力量对国家的权力及其运作发生影响，对后者进行监督。随着资本主义从自由阶段发展到组织化阶段，国家和市场的力量开始侵入公共领域，通过对舆论的操纵改变了公共舆论的结构和功能，使之从对国家权力的监督力量变成了为国家和市场利益服务的工具。表面上看，哈贝马斯在此书中所讨论的主题与霍克海默、阿多诺等法兰克福学派第一代代表人物关于资本主义意识形态及文化批判的研究传统是一致的。但实际上，我们可以看到，与霍克海默、阿多诺等人相比，哈贝马斯所关注的焦点发生了微妙的变化，即从对个人主观意识层面的关注转移到了对"以交谈为核心"的公共交往层面的关注。正是这样一种研究焦点上的变化，拓宽了哈贝马斯的理论视野，使哈贝马斯逐渐注意到了交往关系及生活世界这一重要的研究领域，看到了交往关系及生活世界在社会生活和历史进程中的基础性作用，意识到了包括古典马克思主义、霍克海默和阿多诺等人的"批判理论"，以及韦伯、帕森斯等西方社会学家的社会理论所具有的局限，为哈贝马斯交往行动理论的构建提供了初始的契机。

作为法兰克福学派或"批判理论"第二代的主要代表人物，坚持对资本主义社会进行理论批判和实践改造这一马克思主义的立场，是哈贝马斯不变的选择。但是，如上所述，正是在对当代资本主义社会现实展开具体研究的过程中，哈贝马斯逐渐意识到无论是古典马克思主义理论还是霍克海默、阿多诺等法兰克福学派第一代学者的"批判理论"都存在着一定的局限。古典马克思主义的基本特征是强调社会发展是一个由"生产力决定生产关系""经济基础决定上层建筑""社会存在决定社

---

[1] 按哈贝马斯的表述则是"主要由学者群以及城市居民和市民阶级"。见哈贝马斯：《公共领域的结构转型》，1990年版序言，曹卫东等译，学林出版社，1999年，第3页。

会意识"等客观规律支配的自然历史过程,这种客观主义的社会历史理论不仅难以回答为什么马克思关于社会主义革命将首先在发达资本主义国家爆发的预言未能实现这一问题,而且难以用来对当今资本主义社会现实进行描述和分析。例如,在《在哲学和科学之间:作为批判的马克思主义》一文中,哈贝马斯认为在用于对当代资本主义社会进行描述和分析时,传统马克思主义就面临着以下难题:(1)传统马克思主义认为国家属于上层建筑,市民社会属于经济基础,是后者的状况决定着前者的状况。哈贝马斯认为,在自由资本主义时期,国家和市民社会确是相互分离的,因此上述论断可能是适用的。但在组织化资本主义时期,国家和市民社会两者之间相互分离的局面已被两者之间相互联结的局面所替代,这一论断的适当性就值得怀疑了。(2)传统马克思主义倾向于从经济领域去寻求人民群众的劳动和生活陷于"异化"状况的根源和社会解放的动力,但在当今发达资本主义社会中,不仅人民群众的生活水准已经大幅提高,而且直接的权力统治关系也已经被无意识的技术操纵所取代,因此,单纯从经济层面已经难以揭示社会解放的动力了。(3)在上述情况下,曾经被传统马克思主义确认为未来社会主义革命执行人的"无产阶级"看起来消失了。在当今发达资本主义社会的工人阶级中已经难以发现阶级意识,尤其是革命性的阶级意识;任何革命理论都不再能够发现自己可以诉求的对象。(4)苏联社会体制的崛起迫使资本主义社会进行制度性改革,一方面提高自身的组织化程度,另一方面加强对自身的约束,形成了一种具有较强自我调整能力的"新资本主义"。在这种情况下,苏式社会主义道路显得只是发展中国家用来缩短工业化过程的一种方法,而远非一条实现社会解放的道路。这也使得传统马克思主义或者与马克思主义相关的许多系统讨论陷入困境。[1]这几个难题对于大众接受马克思主义构成了严重的障碍。在《作为"意识形态"的技术与科学》一文中,哈贝马斯也认为19世纪后期以来发达资本主义国家出现的

---

[1] J. Habermas, "Between Philosophy and Science: Marxism as Critique," in J.Habermas, *Theory and Practice*, Heinemann Educational Books, 1974, pp.195-198.

两种趋势——国家干预活动增强和科学技术成为第一生产力——对马克思主义的诸多关键范畴，如经济基础、上层建筑、意识形态、阶级斗争等及相关的理论原理构成了严峻的挑战。[1]因此，对古典马克思主义社会理论——历史唯物主义理论进行重建具有相当的必要性和紧迫性。

当然，哈贝马斯并非马克思之后的马克思主义者中意识到需要对马克思主义社会理论进行重构的第一人。在他之前，包括卢卡奇以及霍克海默、阿多诺、马尔库塞等法兰克福学派学者在内的许多西方马克思主义者已经从自己的立场出发在这方面进行了一定的尝试。这些马克思主义者试图在坚持马克思主义基本原理的前提下，通过突出强调无产阶级"阶级意识"一类意识因素在社会历史进程中的重要作用、强调主客体之间辩证法的方式来补充马克思主义社会理论，提升马克思主义社会理论的理论解释和实践指导能力。卢卡奇、葛兰西、霍克海默、阿多诺、马尔库塞等人都以不同的方式指出，发达资本主义国家之所以没有能够像马克思预言的那样爆发以社会主义社会来代替资本主义社会的革命，主要原因就在于发达资本主义社会形成了一整套行之有效的经济、社会、政治和文化机制（文化领导权、文化工业、科学技术的广泛运用等）来形塑包括无产阶级在内的社会群体的意识状况，使之逐渐丧失了爆发社会主义革命所必需的阶级意识、革命意识或批判意识。但是，哈贝马斯认为，这种突出无产阶级之阶级意识的社会历史作用的理论立场，在用于描述和解释当代资本主义社会现实时同样会遇到一些问题，导出一些错误判断。例如，在《单向度的人》一书中，马尔库塞曾经认为在当代发达资本主义国家中，科学与技术的高度发展和广泛运用在满足个人的各种需要的过程中，也剥夺了人的独立思想、自主性以及反对派存在的权利，使社会成了单向度的社会，使生活在其中的人成了完全失去批判能力的"单向度的人"。科学与技术因而由解放的力量成了解放的桎梏，成了维护资产阶级统治或使之合法化的重要力量。科学技术越发

---

[1] 哈贝马斯：《作为"意识形态"的技术与科学》，李黎、郭官义译，学林出版社，1999年，第58—71页。

达,个人打破这种统治的可能性就越小。在《作为"意识形态"的技术与科学》一文中,哈贝马斯对马尔库塞的此类观点进行了批判。哈贝马斯指出,在当今发达资本主义国家中科学技术已经成为第一生产力;作为第一生产力,科学技术的发展给人们带来了生活水平大幅提高、阶级差异及对抗逐渐消失等利益;虽然这些发展的结果也构成了当今发达资本主义国家中资产阶级实施统治的合法性基础,但这种合法性不是通过资产阶级自上而下进行灌输取得,而是通过人民群众自发形成的满足和忠诚取得的;科学技术的发展虽然也发挥着使人们安于现状、惰于思考社会问题的作用,但并没有像传统意识形态那样压抑和奴役人的功能。因此,从科学技术的发展消除了人的阶级意识或革命意识、批判意识这一点来补充、修正马克思主义,既不符合事实也不能为社会批判和人类解放找到正确的方向。在《交往行动理论》等著作中,哈贝马斯反复指出,单纯从人的主观意识这种"意识哲学"的角度来考察和批判资本主义社会,就只能像韦伯、卢卡奇等人那样看到发达资本主义社会中人们的主观意识日益"工具理性化"或"物化"的现象或趋势,从而看不到人类解放的任何希望。

以其始自《公共领域的结构转型》一书关于交往关系的研究为基础,在逐步深入的探究过程中,哈贝马斯发现,以强调社会历史自然客观性为特征的古典马克思主义和以强调主客体辩证法为特征的当代"西方马克思主义"之所以会遭遇上述难题,共同原因就在于它们都忽略了对交往关系的研究。因此,哈贝马斯认为必须以对交往关系的研究为基础重构马克思主义或批判理论。

以对交往关系的研究为基础来重构马克思主义或批判理论的努力,事实上贯穿了哈贝马斯的整个学术生涯。无论是在其早期的《理论与实践》《作为"意识形态"的技术与科学》《认识与兴趣》《社会科学的逻辑》《晚期资本主义的合法性问题》《重建历史唯物主义》《交往与社会进化》等著作中,还是在后来的《交往行动理论》以及《现代性的哲学话语》《在事实与规范之间》《道德意识和沟通行动》等著作中,我们都可以看到这种努力。尽管如此,哈贝马斯的思想并非一成不变。虽然"以对交往关系的研究为基础来重构马克思主义或批判理论"的基本思路和理论目标始终未变,但从具体内容方面来看,若以《交往行动理论》为界,其所构造的理论框架在其前后期的著述中还是有所变化。毋庸置疑,对于哈贝马斯来说,其后期著述中明确以"交往行动理论"命名的那些论述应该是更好地代表了他自认为比较成熟的思想;对于我们这些无意追溯哈贝马斯思想演变轨迹的一般读者来说,应当也是如此。因此,本章后面将主要以《交往行动理论》等后期著作中的相关论述为依据,结合其他著作中的相关论述,来对哈贝马斯的"交往行动理论"作一简要叙述。

二、交往行动概念

在《交往行动理论》一书中,哈贝马斯论述的一个重要特点就是,试图以其对交往关系的研究为基础,通过对社会学领域原来处于对立状态的行动理论与系统理论的全新综合,来实现对马克思主义或批判理论的重建。[1] 这一特点也通过《交往行动理论》一书三个相关的主题体现出来。按照哈贝马斯自己在该书第一版序言中的陈述,这三个主题是:第一,阐明一种被称为"交往理性"的概念;第二,阐述一种由"生活世界"和"系统"两个层次构成的"社会"概念,借此将以前对社会世界的这两个层次分别予以关注的两种理论范式联系起来;第三,以上述两个主题的讨论为基础阐述一种全新的现代性理论,以此对现代社会的主

---

[1] 从社会学这种属于"传统理论"的知识领域中汲取思想养分,这在霍克海默等第一代法兰克福批判理论家那里是不被允许的。但在《认识与兴趣》一书中,这种将所有的理论知识简单地划分为"传统理论"和"批判理论"并用后者来排斥和取代前者的做法,就已经遭到了哈贝马斯的摒弃。在这本书中,哈贝马斯将认识与人类的兴趣(interest,也可译为"利益""旨趣"等)相联系,提出了存在三种人类认识兴趣/科学理论类型的学说。三种认识兴趣即"技术的认识兴趣""实践的认识兴趣""解放的认识兴趣",与三种认识兴趣对应,则有三种科学理论即"经验—分析的科学理论""历史—诠释的科学理论""批判的科学理论"。三种科学理论分别对应和满足了人类的三种认识兴趣,因此各有自己的价值和合理性。这一学说为哈贝马斯从被古典马克思主义者斥为"资产阶级科学理论"或被霍克海默等人斥为"传统理论"的那些理论中汲取思想养分提供了必要的理论依据。

要弊病进行一种新的解释。[1] 以下我们就大体以这三个主题为序来对哈贝马斯的交往行动理论作一概要梳理。

在《交往行动理论》的第一卷"理性与社会的理性化"中,哈贝马斯集中讨论了上述第一个主题,其核心内容是对交往行动和交往理性的说明。

在哈贝马斯之前,诸多社会学家如韦伯、涂尔干、米德、帕森斯等都从不同角度提出了一些不尽相同的关于行动的理论概念,在哲学和其他社会科学领域中人们也以不同方式使用过大量有关行动的概念。哈贝马斯在汲取、总结这些行动概念的基础上,结合自己对交往关系的关注,提出了自己的行动概念。哈贝马斯认为,社会科学中各种看似有所不同的行动概念通过分析可以归结为四种不同的行动概念或模式,也就是目的(策略)行动(teleological action)、规范约束行动(normatively regulated action)、戏剧行动(dramaturgical action)和交往行动(communicative action)。

所谓目的(策略)行动,指的是这样一种行动,"通过在一定情况下使用有效的手段和恰当的方法,行动者实现了一定的目的,或进入了一个理想的状态"[2]。这一行动概念是自亚里士多德以来西方哲学中行动理论关注的焦点。这一行动概念的核心是,在不同行动可能性之间作出决定,以及目的的实现、最大化原则的指引和以对情境的解释为基础。如果一个以目的行动为取向的行动者在制定决策时,将至少一个其他同样具有目的行动倾向的行动者对决策的期待纳入自己的考量,那么,目的行动模式就扩展成为策略行动模式(strategic action model)。这种行动模式经常被人们用功利主义的术语来加以解释。按照这种解释,行动者被设想为是从一种效用最大化的立场来对手段和目的进行计算与选择的。这种行动模式的确立主要归功于经济学家对理性选择理论的论证,以及

---

[1] 哈贝马斯:《交往行为理论》第一卷,曹卫东译,上海人民出版社,2004年,第一版序言,第4页。本书将哈贝马斯提出的"communicative action"翻译为交往行动,引文也据此作相应修改,下同。
[2] 同上书,第83页。

冯·诺伊曼（John Von Neumann）和摩根斯坦（Oskar Morgenstern）等人对博弈论的论证。它为经济学、社会学和社会心理学中的决策论和博弈论奠定了基础。

所谓规范约束行动，是指处在一个具有共同价值取向的社会群体中的成员，在某个给定的、具备规范运用前提的情境条件下，受特定行为规范指引的行动。因此，规范约束行动涉及的不是孤立的个体，而是社会群体的成员。规范是一个社会群体中共识的体现。每个群体都有一定的有效规范，群体的所有成员都期待共同履行这些规范。这种期待和预测某种事件时产生的期待不同，后者是一种认知意义上的期待，前者则只是一种规范意义上的期待，即所有群体成员都有权利期待其他成员的行为符合群体的规范。这种行动模式的确立主要归功于社会学家涂尔干和帕森斯。它是社会学角色理论的基础。

所谓戏剧行动，是指一个与他人处于互动过程中的行动者，出于让对方对自己有一个自己期待对方形成的印象的目的，而在对方面前表现自己的那样一些行动。因此，戏剧行动涉及的既非孤立的个人，也非单纯的群体成员，而是互动的参与者。在互动过程中，行动者为了使被视为观众的其他互动参与者对自己产生自己期待的印象，有选择地对自己的主体性加以遮蔽或呈现。行动者能够这样做，是因为只有行动者本人才有特殊的途径和能力进入自己的主观领域——观点、思想、立场、情感等，因而他可以利用这种特殊优势来控制他人接近自己主观世界的方式和范围，以此来左右与他人的互动过程。这种行动模式的流行主要归功于社会学家戈夫曼。但哈贝马斯认为，至他撰写《交往行动理论》一书时，这种行动模式主要是被现象学家用来对互动过程进行描述，尚未发展成一种具有普遍意义的理论命题。

所谓交往行动，则是指至少两个具有言语和行动能力的行动主体之间，为通过协商一致、形成共识来协调双方行动、建立相互关系，而（借助言说或其他手段）寻求对行动情境及各自的行动计划达成理解的那些行动。从外在形式上看，要将交往行动与上述三种行动类型区分开来似乎并不容易，因为上述三种行动（策略行动、规范约束行动和戏剧行动）也可能表现为行动者之间的交往。将交往行动与上述三种行动类型区分开的关键要素是，它们各自的出发点非常不同。例如，目的行动可能会和社会互动联系起来，策略行动本身就是社会行动，但它们的出发点都是：行动者主要关注的是实现自己的目的。在目的（策略）行动中，"行动者选择他认为适合于一定语境的手段，并把其他可以预见的行动后果当作是目的的辅助条件加以算计。所谓达到目的，就是行动者所希望的状态在世界中出现了，而这种状态在一定语境中是计算的结果"。规范约束行动的出发点是维护和再生产规范性共识，戏剧行动的出发点是向观众表达行动者自我的主观世界。与此不同，交往行动的出发点则是通过交往过程来对行动者的行动加以协调。在交往行动中，行动者可能也会追求自己的目的，也要遵循特定的行动规范，也要表达自己的主观世界，但他们不是以实现目的、遵循规范、表达自我而是以协调各自的行动作为交往过程的出发点。因此，如果行动者不是单纯出于实现目的、遵循规范、表达自我的目的来进行交往，而是出于对行动者要实现的目的、要遵循的规范、要表达的自我加以协调的目的来进行交往，我们就把这种交往称为交往行动。例如，"如果参与者的行动计划不是通过各自的斤斤计较，而是通过相互沟通获得协调，那么，我们就说这是一种交往行动。在交往行动中，参与者主要关注的不是自己的目的；他们也追求自己的目的，但遵守这样的前提，即他们在沟通确定的语境中对他们的行动计划加以协调。因此，通过协商来确定语境，这是交往行动所需要的解释工作的重要组成部分"。[1]哈贝马斯认为，交往行动概念之所以能够获得这种与上述三种行动类型相同的范式意义，主要归功于米德和加芬克尔这样一些社会心理学家。

哈贝马斯还指出，在交往行动模式中，语言具有一种特殊的地位。哈贝马斯说："在交往行动理论中，语言沟通作为协调行动的机制，成为

---

[1] 哈贝马斯：《交往行为理论》第一卷，第273页。

了关注的焦点。"[1]而"沟通是具有言语和行动能力的主体之间取得一致的过程"[2]。与上述交往行动和其他三种行动类型之间的关系相似,虽然其他三种行动类型(策略行动、规范约束行动和戏剧行动)也要以语言作为媒介,但语言在它们当中的作用与在交往行动中的作用非常不同:目的行动将语言当作行动者达成目的的手段之一,追求自身目的的行动者通过言语相互影响以促使对方形成或接受符合己方利益的见解或意图;规范约束行动将语言视为传承文化价值、再生产规范性共识的媒介;戏剧行动将语言视为行动者自我表现的工具。与此不同,交往行动则将语言视为一种协调行动以达成全面沟通的媒介。前面三种行动类型只是分别揭示了语言的一种功能,即以言表意、建立人际关系和表达自我,只有交往行动才将语言的这三种功能全面加以揭示。

哈贝马斯不仅将各种行动概念归结为上述四种类型,而且还尝试以其从波普尔那里继承并予以发展的"三个世界"理论为依据,为这种行动类型学确立一个本体论基础,进而对这一类型学中各种行动概念的合理性进行论证。

英国科学哲学家波普尔曾经提出过一个著名的"三个世界"理论。这一理论认为:"我们可以区分出三种不同的世界或宇宙:第一世界是物理对象或物理状况的世界;第二世界是意识状况或精神状况的世界;第三世界是客观思想的世界,特别是科学思想、文学思想以及艺术作品的世界。"[3]哈贝马斯对波普尔的三个世界理论作了如下诠释:"世界就是客观存在的总体性;而所谓客观存在,则可以用真实命题的形式加以确定。从这样一种一般的世界概念出发,波普尔通过事态的存在方式,把第一世界、第二世界以及第三世界区别了开来。由于各自分属的世界不同,客观存在也就具有各自独特的存在方式:它们分别是物理对象和

---

[1] 哈贝马斯:《交往行为理论》第一卷,第 261 页。
[2] 同上书,第 274 页。
[3] 转引自上书,第 75 页。

事件、内心状况以及符号结构的内涵和意义。"[1] 现象学社会学家贾维（I. C. Jarvie）将波普尔的三个世界理论运用到社会学研究中来，用波普尔的"第三世界"概念来描述和解释社会关系和社会机制。受贾维的启发，在对波普尔和贾维的理论观点进行了一番批判和修正之后，哈贝马斯提出了自己的三个世界学说，认为可以把我们人类所处的世界划分为客观世界、社会世界和主观世界三个世界，并以此为基础对行动分类模型中各类型的基本特征及其合理性进行了分析和论证。

哈贝马斯认为，目的（策略）行动概念预设了一个行动者与一个实际存在的客观世界之间的关系。这个客观世界被定义为由各种事态（states of affairs）组成的总体，这些事态或者一直存在，或者刚刚出现，或者是经人类有目的行动的介入而将会出现。目的行动模式为行动者提供了一种"认知—意志丛结"（cognitive-volitional complex），使行动者一方面得以通过感知这一中介形成对于实际存在的各种事态的信念，另一方面能够发展出各种将期望的事态变成现实的意图。通过这些信念和意图，行动者与客观世界形成两种理性关系（rational relation）：一是认知关系，二是意向关系。之所以称这两种关系为"理性"关系，是因为它们可以从两个不同方向获得评价。对于认知关系，可以考察行动者是否能够成功地使其信念与客观世界中实际存在的事态相一致；对于意向关系，则可以考察行动者是否能够成功地使客观世界中实际存在的事态与其愿望和意图相一致。在这两种场合，行动者都可以形成某种表达，而他人可以用恰当（fit）或不恰当（misfit）来对这些表达进行评价：行动者表达出来的信念可能真实也可能错误，他按特定意图对客观世界进行的干预可能成功也可能失败。因此，人们便可以用真实性或现实性这两个标准来对这两种表达，从而对行动者（目的／策略）行动的合理性进行判断。

规范约束行动则是以行动者与两个世界之间的关系，即与客观世界和社会世界之间的关系为前提的。作为角色扮演主体之一的行动者及其

---

[1] 哈贝马斯：《交往行为理论》第一卷，第76页。

他相互之间可以采取规范性互动的行动者都是社会世界的成员。客观世界是由实际存在的各种事态构成的，社会世界则是由实际存在的各种人际互动赖以为基的规范性内容构成（所有承认相应规范的效力并受其约束的行动者都属于同一个社会世界）。不能将规范的"实际存在"与事态的"实际存在"混为一谈。"q 被要求"与"要求 q"的含义不是一回事。前者只是陈述一个"社会"事实，后者则是提出了一种具体的规范性要求。判断前者是否适当的标准是真实性，判断后者是否适当的标准则是规范意义上的有效性，即这一具体规范必须在一定范围内被行动者接受因而具有有效性。"一个规范实际存在着，则意味着：它所提出的有效性要求得到了有关人的承认，而这种主体间性的承认奠定了规范的社会有效性基础。……这样，（社会）成员之间就可以期待，各自在一定情况下都把普遍适用的规范价值当作自己的行动指南。"[1] 因此，规范约束行动的出发点是：行动者能够将行动情境中的客观内容与规范内容，也即行动的"条件和手段"与行动的"价值"区分开来。对于前者，行动者可以采取一种合乎实际的立场；对于后者，行动者需要采取一种合乎规范的立场。与行动者同两个世界之间的关系相应，规范约束行动不仅为行动者提供了一种"认知丛结"，而且提供了一种"动机丛结"，即行动者可以借助规范及其体现的价值来形成社会成员共同认可的正当行为动机。借助规范约束行动，行动者也可以通过两条路线来与社会世界建立起关系。沿着其中一条路线会出现以下问题：行动者的动机和行动与实际存在的规范之间是一致的还是偏离的？沿着另一条路线，则会遇到这样的问题：实际存在的规范本身是否体现出了一些价值，从而把相关行动者普遍关心的问题表达了出来，进而使规范获得所有行动者的认可？由此，人们一方面可以通过与现存规范之间是否一致来判断（规范约束）行动的正确性，另一方面可以通过是否被所有人认可来判断规范的合法性。

---

[1] 哈贝马斯：《交往行为理论》第一卷，第 88 页。

与规范约束行动类似，戏剧行动也是以行动者与两个世界之间的关系为前提的。但这里的两个世界不是客观世界和社会世界，而是行动者"内心世界"和由客观世界、社会世界共同构成的"外在世界"（在这里，行动者对社会世界采取了不同于他在规范约束行动模式下的那种合乎规范的立场，而是像他在对待客观世界时一样采取一种"合乎实际"或客观化的立场，即仅仅将社会世界作为一种客观的社会事实加以关注）。行动者的内心世界即行动者的主观世界，它是由行动者的主观经验构成的总体。相比他人，行动者在进入自己主观世界方面具有优先性。对于自己的主观经验，行动者可以随意地让它们在观众面前呈现出来，而且要让观众承认他所表达的情感、愿望等主观经验是主观的东西，前提是观众必须相信他的表达。戏剧行动的出发点也是行动者能够将主观世界与外部世界隔离开来。面对外部世界，他只能采取客观化立场；对于内心世界，他则采取一种自我表现的立场。行动者由此与其主观世界建立起一种关系。对于这种关系，出现的是这样的问题：行动者是不是在适当的时刻真诚地表达了他所拥有的经验？他是不是言出心声，还是他所表达出来的经验只是伪装出来的？由此人们便可以以行动者自我表现的真诚性为标准来对行动者戏剧行动的合理性加以评判。

　　与上述行动类型相比，交往行动同时以行动者与客观世界、社会世界和主观世界三个世界的关系为前提。在其他三种行动类型中，三个世界要么单独出现，要么成双出现，但在交往行动中，行动者则需与这三个世界同时发生关系。"在沟通过程中，言语者和听众同时从它们的生活世界出发，与客观世界、社会世界以及主观世界发生关联，以求进入一个共同的语境。"[1]"言语者把三个世界概念整合成一个系统，并把这个系统一同设定为一个可以用于达成沟通的解释框架。"[2] 在交往行动中，一个追求沟通的行动者必须和它的表达一起提出三种有效性要求，即其陈述的命题及其前提具有真实性（涉及行动者与客观世界之间的关系）、言

---

[1] 哈贝马斯：《交往行为理论》第一卷，第95页。
[2] 同上书，第99页。

语行为及其规范具有正确性（涉及行动者与社会世界之间的关系）、主观经验的表达具有真诚性（涉及行动者与主观世界之间的关系）。借助这三种有效性要求，我们就可以判断正在开展的交往行动是否具有合理性。哈贝马斯用以下假想的例子来说明这一点："教授在课堂上向一位学生发出了要求：'请您给我拿一杯水。'"如果这个学生不认为教授的这项要求是一种命令，而只是从沟通的立场出发完成的一个言语行为，那么，"这个学生原则上可以从三个角度对教授的请求加以拒绝。他可以对表达的规范正确性提出质疑：'不，您不能把我当作是您的助手。'或者，他可以对表达的主观真诚性提出质疑：'不，您实际上是想让我在其他学生面前出丑。'或者，他可以对现实条件加以质疑：'不，最近的水管都很远，我根本无法在下课之前赶回来。'第一种情况质疑的是教授的行为在一定的规范语境中所具有的正确性；第二种情况质疑的是教授是否言出心声，因为他想达致的是一定的以言取效的效果；在第三种情况下，质疑的对象则是教授在一定的情境下必须设定其真实性的陈述。"哈贝马斯认为，对上述例子的分析"适用于一切以沟通为取向的言语行为。在交往行动关系中，言语行为永远都可以根据三个角度中的一个加以否定：言语者在规范语境中为他的行为（乃至为规范本身）所提出的正确性要求；言语者为表达他所特有的主观经历所提出的真诚性要求；最后还有，言语者在表达命题（以及唯名化命题内涵的现实条件）时所提出的真实性要求"。[1]

三、"生活世界"和"系统"

交往行动不能在真空中发生。交往行动首先必须发生在特定的生活世界中，并以特定生活世界为知识背景。哈贝马斯写道："交往行动的活动场所是交往参与者所依靠的生活世界。"[2] 因此，要理解交往行动，还

---

[1] 参见哈贝马斯：《交往行为理论》第一卷，第291—292页。
[2] 同上书，第318页。

必须理解生活世界。"在生活世界中,交往参与者相互之间就一些事情达成共识,只有转向关注作为语境的生活世界,我们才能变换视角,从而揭示出行动理论与社会理论之间的内在联系:社会概念必须与生活世界概念联系在一起,而生活世界概念又与交往行动概念形成互补关系。"[1]

"生活世界"概念是一个来源于胡塞尔后期现象学的概念。但哈贝马斯的生活世界概念和胡塞尔的概念相比有一些不同之处。胡塞尔的生活世界概念是以其意识哲学为基础,主要指的是一种先验的意识结构,这种意识结构为人们的认识和理解活动提供前提条件。哈贝马斯的生活世界概念则是以其交往行动理论为基础,指的是交往行动的参与者共同分享的意义世界,这种共享的意义世界为行动者的交往活动提供了必要的共享知识和情境定义,从而使交往得以正常展开。哈贝马斯写道:"交往行动的主体总是在生活世界的视野里达成共识。他们的生活世界是由诸多背景观念构成的,这些背景观念或多或少存在着不同,但永远不会存在什么疑难。这样一种生活世界背景是明确参与者设定其情境的源泉。"[2]任何一种交往行动总是发生在具体的情境中,而交往过程得以正常进行的前提就是:对于交往过程发生于其中的情境,交往参与者拥有为充分满足相互理解的需要而共同认可的情境定义。正是这样一些必要的情境定义构成了交往行动的背景知识。如果这种前提不存在,那么交往参与者就必须设法把它创造出来。

哈贝马斯举下述例子来对此加以说明:一名老建筑工人让一个年轻的新同事去取早餐用的啤酒,并要求他在几分钟内就赶回来。这必须以下情况为前提:就年轻的新同事及可以听见老工人说话之距离范围内的其他同事来说,对于交往过程发生于其中的情境有着共同认可的界定。这个共同认可的情境定义就是:现在是第二次早餐时间;早餐喝啤酒是建筑工人的一种习惯;老同事派遣新同事去取啤酒,这也符合建筑部门工人之间的非正式行动规范;距离工地步行(或驾车)几分钟路程

---

[1] 哈贝马斯:《交往行为理论》第一卷,第320页。
[2] 同上书,第69页。

的附近有酒馆,并且每天一早就开门;等等。如果有人对于这一情境定义发出质疑,如:为什么要有第二次早餐?早餐为什么一定喝啤酒?或者被派遣的年轻同事质疑:凭什么你自己不去取啤酒?或凭什么派我去?或者有人提出距离工地最近的酒馆也要十几分钟才能往返,等等,那么,那位老工人发起的交往行动就不能正常进行。这时交往参与者就必须通过进一步的沟通来对某个或某些行动者的情境定义进行修改,使之与其他人的情境定义协调一致。例如,质疑为什么要有第二次早餐,或早餐为什么要喝啤酒,或为什么老工人自己不去而让新同事去取酒的人,被告知这些都是建筑工人的惯例,从而放弃自己的质疑;或者提出最近的酒馆距离也很远的人,受到了反质疑从而改变了自己的看法;等等。直至交往参与者获得了共同认可的必要情境定义,老工人计划发起的交往行动才可能正常进行。可见,共同的情境定义是交往行动得以正常进行的基本前提,而共同的情境定义就来自交往行动的参与者所共同拥有的生活世界。

参照胡塞尔、舒茨等人的相关论述,哈贝马斯认为,对于交往行动的参与者来说,生活世界具有以下特点:

首先,生活世界具有一种前反思的性质。对于交往过程的参与者来说,生活世界始终是作为一种先验的、前反思性质的背景知识而存在,它本身是一种隐含的、由于未被人们明确意识到而具有确定无疑性质的东西。哈贝马斯说:"对于交往参与者来说,生活世界仅仅表现为前反思形式的基本立场和朴素形式的技巧。"[1]"生活世界以自身的自明性的形态显现出来,致使交往着的行为者是如此信赖地直觉地以这种形态进行活动,从未考虑到它们有成为问题的可能性。"[2] 在交往行动中,对于卷入交往过程的那些人来说,生活世界始终是作为某种理所当然的、习以为常的知识而存在,始终表现为一个交往参与者可以从中汲取的大量不可动摇之信念的储存库。

---

[1] 哈贝马斯:《交往行为理论》第一卷,第318页。
[2] 转引自艾四林:《哈贝马斯论"生活世界"》,《求是学刊》1995年第5期,第6页。

其次，生活世界具有主体间性。对于交往过程的参与者来说，上述生活世界所具有的理所当然、不容置疑的先验性质来源于生活世界的主体间性。借舒茨的说法，哈贝马斯指出生活世界从一开始就不是行动者的私人世界，而是交往行动参与者共同享有的意义世界。当一个行动者对交往行动发生于其中的情境作出某种特定解释时，他确信这种解释并非只属于他个人，而是同时也为其他的交往行动参与者所分享。并且，交往行动的参与者相信他们共享的生活世界将始终是可靠和有效的。

再次，生活世界具有总体性。虽然其进入交往行动的具体内容可以随着交往主题的变化而变化，只有生活世界中与当下主题相关的那些有限片段才被带入以相互理解为取向的行动脉络，且当生活世界中的某些相关内容进入特定情境之后，就会失去它的这种背景性质，成为人们可以作为一件事实、作为一项规范性的内容或者作为一种情感、愿望等加以质疑的焦点，但是，生活世界作为一个整体其界限却是不可超越的。"交往行动参与者始终是在其生活世界的视野里运动，他们无法走出这一视野。"[1]

"生活世界"不同于前面讲的三个"世界"（客观世界、社会世界和主观世界）。后者是我们在交往过程中言谈所及的对象世界，前者则是以语言符号形式呈现出来的我们关于三个"世界"的知识库存，是我们谈论对象"世界"的交往行动赖以发生的背景知识。前者对于交往行动的参与者来说是前反思性的，后者则是反思性的。哈贝马斯曾明确指出它们之间的区别："言说者和听者可以对他们言语的所指进行斟酌以便将其与某种客观的、规范的或主观的东西相联系。相反，对于生活世界则不允许有类似的做法。……作为解释者，他们与其言说行动都属于生活世界，他们不能像他们指涉事实、规范和经验那样指涉生活世界中的某种东西。"他们所能做的就是"从他们共同的生活世界出发，就客观的、

---

[1] J. Habermas, *The Theory of Communicative Action*, Volume 2, trans. by T. McCarthy, Beacon Press, 1987, p.126.

社会的和主观的世界中的某物达成一种理解"。[1]

作为以语言符号形式呈现出来的我们关于三个"世界"的知识库存，生活世界在内容结构上也由三个部分组成，即文化、社会和人格。哈贝马斯说："我用'文化'这个术语来指称这样一些知识储存，当交往参与者试图对世界上的某种事物达成理解时，他们就从这些知识储存中获取（对这些事物的）解释。我用'社会'这个术语来指称一些合法的秩序，交往参与者通过这些合法的秩序来调节他们在社会团体中的成员资格，并由此巩固社会团结。我以'人格'这个术语来理解使一个主体能够言说和行动，即使一个主体处在一个能够参与达成理解的过程并因此评估自身认同的位置的资格或能力。"[2]在交往过程中，交往行动的参与者必须同时调用生活世界中这三个方面的背景知识来作为交往行动的前提。

生活世界是交往行动得以进行的背景和前提，但与此同时，生活世界也正是通过以语言为媒介的交往行动才得以不断地维持或再生产（而不是像舒茨所构想的那样，作为单个行动者主观经验的反映在行动者的主观意识内部维持和成长）。通过对文化传统、社会规范和人格资质的调用，交往行动实际上同时具有促进相互理解、协调行动合作和实现个人的社会化三种功能。正如哈贝马斯说的那样："在与他人就共处的情境达成理解的过程中，互动参与者也就处于他们同时加以利用和更新的文化传统之中；在通过承认那些可批判的有效宣称这种方式来协调行动的过程中，他们也就同时依赖于各自在社会团体中的成员资格并强化了这些团体的社会整合；通过参与同具有资质的那些个体的互动，成长中的儿童也就内化了其所在社会团体的价值取向并由此获得一般化的行动能力。"反过来，这三种功能又同时服务于生活世界三个方面内容的再生产。"在相互理解的功能方面，交往行动服务于文化知识的传承和更新；在协调合作的功能方面，交往行动服务于社会整合和社会团结的确立；最后，在社会化功能方面，交往行动服务于人格认同的形成。生活世界

---

[1] J. Habermas, *The Theory of Communicative Action*, Volume 2, p.126.
[2] Ibid., p.138.

的符号结构就是通过有效知识的维持、社会团结的稳定和负责任的行动者的社会化这样一些途径再生产出来的。再生产过程将新的情境与生活世界的既定状况联系起来；……作为生活世界的结构因素，文化、社会和人格就是与文化再生产、社会整合和社会化过程相应的。"[1]

不过，上述关于生活世界再生产的描述有点过于简单。实际上，文化再生产并非只是再生产了生活世界中的"文化"因素，社会整合并非只是再生产了生活世界里的"社会"因素，社会化也并非只是再生产了生活世界里的"人格"因素。生活世界再生产过程的三个方面对于生活世界所包含的三种结构因素的维持都有贡献。例如，在再生产出"文化"因素（一套公认的解释模式）的同时，通过对社会规范之"合法性"、对"社会化模式及目标"的确认，文化再生产对"社会"和"人格"的再生产其实也作出了贡献；在再生产出合法有序的人际关系的同时，通过强化行动者的职责意识和社会成员资质，"社会整合"对"文化"和"人格"的再生产也作出了贡献；最后，在再生产出个人资质的同时，通过对个人解释性成就和合乎规范之行为动机的维护，"社会化"对"文化"和"社会"的再生产同样也有贡献。而如果上述再生产过程失败，那么就会导致韦伯、涂尔干、弗洛伊德等以往的思想家所描述的生活意义丧失、社会失范和精神疾病以及其他一些危机现象出现。[2]

如前所述，交往行动的出发点是要通过交往过程来对行动者的行动加以协调。但在社会生活中，人们用来协调成员之间行动的途径并不限于交往行动。除了交往行动之外，人们也可以通过其他途径来对行动加以协调。哈贝马斯说："然而，事实上，人们目标取向的行动并不仅仅通过达致相互理解的过程来协调，而且也通过功能联结这种不仅非他们有意为之甚至都不为他们在日常生活中所感知的方式来协调。在资本主

---

[1] J. Habermas, *The Theory of Communicative Action*, Volume 2, p.137. 哈贝马斯认为，已有的社会学理论家，无论是涂尔干、舒茨还是米德等，都没有对生活世界进行完整的描述和分析。涂尔干分析了生活世界的"社会"部分，舒茨分析了生活世界的"文化"部分，米德则分析了生活世界的"人格"部分。因此，他们对生活世界的分析都是不完整的，更不能像哈贝马斯那样去分析这三个部分之间的复杂关系。
[2] Ibid., pp.142-143.

义社会中，市场就是这种用于对合作过程进行非规范性调节（norm-free regulation）的最重要范例。市场属于通过行动结果相互交织来稳定非意图行动之间联结的系统机制之一，而相互理解的机制则被用来使参与者的行动取向协调一致。"因此，哈贝马斯借用他人的概念，建议对"社会整合"和"系统整合"这两个概念加以区分："前者确定行动取向，后者则实现行动取向。在前一种情况下，行动系统是通过共识的形成来加以整合的，无论这些共识是借助规范来保证的还是借助沟通来达致的；在后一种情况下，行动系统则是通过对个体决策的非规范性操控而非其主观意志的协调一致来加以整合的。"哈贝马斯认为，如果我们将"社会的整合"（integration of society）理解为"社会整合"（social integration），那么，我们就选择了一种特殊的想象或建构社会的概念策略，这种策略以交往行动为出发点，并将社会构建为"生活世界"。如果我们将"社会的整合"理解为"系统整合"（system integration），那么我们就选择了另一种特殊的想象或建构社会的概念策略，这种策略将社会呈现为一种自我调控的"系统"。如此，我们便会有两种不同的理解社会的概念策略，而"社会理论的基本问题就是如何以一种令人满意的方式来将我们用'系统'和'生活世界'两个术语标示的两种概念策略联结起来"。[1]

哈贝马斯认为，"系统"和"生活世界"这两个术语实际上表述了社会的两个层面。如果我们只选择其中的一个，我们就不能获得对社会及其变迁过程的完整理解。如果只选择"系统"这一术语，我们就会只关注上述被称为"系统整合"的那一方面；反之，如果只选择"生活世界"这一术语，我们就会只关注上述被称为"社会整合"的那一方面。因此，哈贝马斯提出，要将这两种想象或建构社会的概念策略结合起来，采用"系统—生活世界"的双层框架来分析社会现实。他明确地说："生活世界和系统这两个范式都很重要，问题在于如何把它们联系起

---

[1] J. Habermas, *The Theory of Communicative Action*, Volume 2, pp.150-151.

来。就生活世界而言，我们所讨论的主题是社会的规范结构（价值和制度）。我们依靠社会整合的功能（用帕森斯的话说就是：整合与模式维持），来分析事件和现状，此时，系统的非规范因素是制约条件。从系统的角度来看，我们所要讨论的主题是控制机制和偶然性范围的扩张。我们依靠系统整合功能（用帕森斯的话说就是：适应与目标达成），来分析事件和现状，此时，理想价值是数据。如果我们把社会系统理解为生活世界，就会忽略控制问题；如果我们把社会理解为系统，就不会考虑到这样一个事实，即社会的现实性在于，虽然得到公认但往往是虚拟的有效性要求是实际存在的。"[1]

哈贝马斯的"系统"概念主要来自帕森斯，指的是由于行动结果或功能之间的相互依赖而形成的联结。但哈贝马斯的系统模型和帕森斯的系统模型有较大不同。帕森斯曾经先后提出两个不同的"系统"模型。第一个是在其《社会系统》一书中提出来的。按照这个模型，社会系统是由三个子系统即文化子系统、社会子系统和人格子系统所构成的行动系统的组成部分之一。在这个由三个子系统构成的行动系统中，文化子系统所包含的价值模式为行动取向提供原材料，社会子系统通过规范的形式将这些材料转变为合法的角色期待，人格子系统则借助社会化过程将这些价值观及角色期待内化到行动者的人格当中去。帕森斯试图以这种方式来说明行动是文化、社会和人格三种力量共同作用的产物。第二个"系统"模型是在《行动理论研究报告》《经济与社会》等著作中提出的。这一模型的主要特点之一是在上一模型的结构中增加了一个"有机体"子系统，从而构造了一个由四个子系统组成的系统行动模型，其中每一个子系统都执行一个特殊功能（适应、目标达成、整合和模式维持四种功能），社会子系统主要执行系统整合功能。主要特点之二是这个模型是一个嵌套模型：不仅行动系统由四个子系统构成，而且四个子系统又可以层层解析为由履行同样四种功能的四个子系统构成。例如，社会

---

[1] 哈贝马斯：《合法化危机》，刘北成、曹卫东译，上海人民出版社，2009年，第6页。

子系统就又可以进一步解析为经济（履行适应功能）、政治（履行目标达成功能）、社会共同体（或社群，履行整合功能）和文化制度（履行模式维持功能）四个子子系统。众所周知，帕森斯的系统理论原本也是以实现个体行动与社会系统两个层次的联结为宗旨的，但哈贝马斯认为，在帕森斯先后提出的这两个行动系统模型中，生活世界的结构要素都被处理成一般行动系统的子系统。这样，我们原本借助"生活世界"概念可以看到的那些"社会"意涵就消失了。由于缺乏生活世界及与之相连的交往行动概念，社会被视为一种由诸多完全自主的个体行动者的行动直接集合而成的"系统"，帕森斯就忽略了通过语言来进行面对面互动的交往过程，因而始终难以甚至无法回答个体行动者主观行动取向之间如何协调一致这一问题。与帕森斯不同，哈贝马斯的"系统"模型在构成上主要包括帕森斯第二个模型中社会子系统中的经济和政治两个子子系统，至于文化、社会（规范）和人格（以及相应的"社会整合"机制）则从"系统"概念中分离出来被归入"生活世界"，成为哈贝马斯"系统—生活世界"两层次社会模型中与"系统"并列的另一个层次。哈贝马斯认为，只有这样才不至于像帕森斯那样用"系统"来吞没"生活世界"，从而陷入无法真正实现"行动"与"系统"之间联结的困境。

在哈贝马斯这里，"系统"与"生活世界"有以下区别：

第一，"生活世界"主要是一个通过交往行动来再生产包括文化、社会规范和人格在内的符号知识或观念的领域，"系统"则主要是一个通过目的/工具行动来再生产"生活世界"赖以存在的物质条件的领域。简言之，前者负责的是符号再生产，后者负责的则是物质再生产。

第二，"生活世界"是交往行动者作为交往活动的参与者从其内部视角来理解社会生活时所获得的社会景观，"系统"则是目的/工具行动者作为一个社会活动的观察者从其外部视角来观察社会生活时所获得的社会景观。

第三，"生活世界"是行动者为协调各方行动而开展的交往行动的前提和结果，"系统"则不是也无须以行动者行动上的协调一致为前提和结果，因为系统的运作已经超越或脱离了（行动者为协调行动而展开的）交往行动可以直接作用的范围。系统是通过对行动者决策过程及其后果的操控来对行动者之间的行动进行协调的。

四、生活世界的殖民化及其重建

韦伯将社会现代化理解为一个社会生活不断理性化的过程。哈贝马斯接受韦伯的这一论断，但是，哈贝马斯认为韦伯所讲的"理性化"在含义上过于狭隘，仅仅限于"目的/工具行动的理性化"以及由"目的/工具行动的理性化"导致的社会（经济、政治等）制度层面的理性化，而忽略了理性化的其他方面。从他的交往行动理论出发，哈贝别马斯指出，社会生活的理性化在行动层面上至少包括交往行动的理性化和目的/工具行动的理性化两个维度，而在社会层面上则相应地包括生活世界的理性化和系统的理性化这两个维度。只有将这两个维度结合起来，我们才能更好地描述和分析社会的现代化进程。

我们先来看生活世界的理性化。哈贝马斯从三个方面去描述生活世界的理性化进程。

首先是生活世界结构上的分化。哈贝马斯将社会变迁理解为一种进化过程，进而将社会进化理解为一种二阶的分化过程（a second-order process of differentiation）：一方面是生活世界和系统内部的分化，另一方面则是这两个领域的相互分离。我们首先来看生活世界内部结构的分化。生活世界的结构分化是指生活世界的三个组成部分即文化、社会和人格逐渐分化开来，成为相对对立的三个领域这样一个过程。在传统社会中，生活世界的这三部分内容是融合在一起、彼此不分的，统一在某种神话世界观里，并不像当今社会里生活世界的三个部分各自相对独立。在神话世界观中，不仅由文化体现的自然世界与由规范体现的社会世界相混淆（社会是自然化的社会，自然也是社会化的自然），而且外在的客观世界与内在的主观世界也是混为一体，缺乏明确的界限。只有在漫长的历史进程中，生活世界三部分的内容才逐渐分化开来，形成泾渭分明的三个世界。按照哈贝马斯的描述，这三部分逐渐分化的结果是：社会规范及其制度的形成日益从传统文化的控制下解脱出来，社会秩序的形成及其合法性的取得主要依赖规范设置和论证方面的一些形式化程序；人格也从对传统文化和社会规范一类外在权威的顺从中脱离出来，逐渐形成了一种可以通过自我控制来持续加以稳定的高度抽象的自我认同；由于社会和人格的相对独立，文化对社会和人格的控制不仅有所减弱，而且其更新状况日益依赖个人的批判精神和创新能力，并由此日渐具有反思性和处于一种持续改进的状态。显然，所有这些变化都只有在人们的日常交往实践不再是基于（由以神话世界观为核心的文化传统提供的）各种规范性共识，而是基于交往参与者之间的协商解释过程时才有可能。它们标志着交往行动内含的理性潜力的释放。

其次是生活世界形式和内容之间的分化。自然世界与社会世界的分化，同时也意味着语言与世界二者之间的分化。而语言与世界二者之间的分化，又进一步促成了生活世界形式和内容之间的分化。在神话世界观里，人们很难把某个语言表达的符号基础、语义学内容与其所指区分开来，由语言建构起来的世界观与世界秩序本身混为一体，以至于无法看出前者是对后者的解释，是一种容易出错因而可以加以批判性检验的解释。随着自然世界与社会世界、客观世界与主观世界日益分化，人们才逐渐意识到语言与其所表现的世界之间的区别，意识到语言表达的一般形式与其特殊内容之间的区别。这种形式与内容之间的分化在生活世界的三个方面都有所体现。在文化方面，个体认同所依赖的核心传统与依然同神话世界观紧密交织在一起的那些具体内容分离开来，收缩为一些形式化的要素，如世界概念、交往预设、论证程序、抽象化的基本价值等。在社会方面，从它们在原始社会中密切依赖的特殊关系中形成了一些一般性的原则和程序。在现代社会，这类一般性的法律秩序和道德原则越来越少地与各种具体生活形式相适应。在人格方面，在社会化过程中获得的认知结构也日益与具体的文化知识内容相分离。

最后是符号再生产的反思性日趋增强。与生活世界的结构分化相适应，出现了各种再生产过程的功能特化。在现代社会，形成了专业地处理文化传承、社会整合、儿童教养这些特殊任务的行动系统。处理认知任务的现代科学、与特殊训练相联系的现代法律系统以及现代艺术的自主性质都对基督教传统文化的准自然性质产生了破坏作用；现代政治意愿和商谈意愿借以形成的民主形式则以类似的方式影响了传统合法统治的准自然性质；现代儿童教育过程中日渐增长的各类教学法，则使一种摆脱了教会和家庭专横命令的形式化教育系统的形成成为可能。这些都意味着生活世界（文化、社会、人格）再生产过程之反思性的不断提升。

哈贝马斯指出，正是生活世界理性化的上述三个方面为交往行动的理性化提供了前提条件。

首先，只有当物理世界与社会世界作为两种不同的思维对象被区分开来后，作为从一定目的出发对客观环境进行工具性介入的目的行动，与作为人际关系之建立和协调过程的交往行动两者之间的区别才得以确立，对待实存的客观世界的立场及视角与对待社会世界的立场及视角两者之间的区别才得以确立，自然现象之间的因果秩序与社会现象之间的规范秩序两者之间的区别才得以确立，因而，最终，交往行动语言表达所涉及的与不同世界关系方面的有效性要求之间的区别才得以确立。在神话世界观当中，语言表达的不同有效性要求，如命题的真实性、规范的正确性和表现的真诚性等，根本没有分化开来，不可避免地阻碍了人们从不同的方面对表达的有效性或合理性加以检验。

其次，只有当生活世界之形式和内容分化开来之后，一种为所有人共享的形式化的世界概念及相关的假定才得以形成，我们才能获得某种作为交往行动之前提的共享的背景预设，才能对交往行动中的各项有效性要求加以批判性检验。因为进行这种检验的基础就是一种形式化的世界概念，"它们假定，所有观察者都能够识别出来的世界，或所有成员共同分享的世界具有一种摆脱了一切具体内容的抽象形式"。提出有效性要求的行动者，必须放弃从内容上预先对语言与现实、交往媒介与交往内容之间的关系作出判断；语言世界观的内容必须同假定的世界秩序本身分离开来；只有这样，才能认识到对自然世界和社会世界的解释、意见和评价是不断变化着的。神话世界观由于不仅把自然与社会混淆，而且把语言与世界混淆，"结果就是，世界概念充满了教条主义的客观内容，而没有了合理的立场以及对这种立场的批判"。[1]

再次，符号再生产日趋增强的反思性也是交往行动理性化的一个重要前提。在前现代社会中，社会成员高度依赖神话世界观或基督教一类的宗教传统来解释自然世界、规范集体行动和确定自身认同，这也使得人们不可能形成一种依不同有效性要求来对自然知识、社会规范和主观表现进行批判性检验的文化传统，从而阻碍了人们按照合理性要求来开展交往行动。只有在一个具有高度反思性的生活世界里，以对各种有效性宣称进行批判性检验为特征的理性化交往行动才得以可能。

综合起来看，生活世界理性化的结果，是使得人们的思想和行动日益摆脱传统宗教文化和外在权威的约束，日益趋于通过理性的沟通过程来协调社会生活，从而使得交往行动日趋理性化。生活世界理性化的结果，一方面给人们增添了自主思考、理性交往的负担，但另一方面也为人们通过理性化的思考和交往来不断改善人类处境创造了前提。然而，一个令人困惑的问题是：为什么在以理性化为特征的现代社会里，会出现韦伯所描述的那种意义和自由双重丧失的情况？哈贝马斯认为，为了回答这个问题，我们就必须转向探索社会理性化的另一个层面，即系统的理性化。

如上所述，生活世界的理性化主要是构成生活世界的三个组成部分之间、生活世界的形式和内容之间不断分化，以及符号再生产的反思性不断增强的过程。与此不同，系统的理性化则是构成系统的两个组成部分（行政子系统和经济子系统）依次从生活世界中分离出来，逐渐形成一个相对生活世界的制度系统的过程。按照社会学家的惯例，哈贝马斯

---

[1] 哈贝马斯：《交往行为理论》第一卷，第51页。

将从古至今人类社会的演变过程视为一个先后经历部落社会、传统社会（或以国家形式组织起来的社会）、现代社会三大发展阶段的进化过程，并借鉴系统理论的视角，认为这些发展阶段是以新的系统复杂性水平和相应（系统）整合机制的出现为标志的。哈贝马斯详细地描述和分析了系统形成的机制和过程。

在古代部落社会，系统与生活世界乃是合为一体的。在那里，以语言为中介、以社会规范为指引的互动直接构成了基础性的社会结构。由许多家庭依据世袭的血统关系而构成的亲属系统形成了某种总体性的制度，因此无论是符号的再生产还是物质的再生产都是在这种亲属系统中进行。亲属系统也确定了社会团结的界限，它将互动区分为与亲属进行的互动和与非亲属进行的互动两个领域，将不同的互动原则运用于不同的互动领域（当然，这种界限也并非完全刚性的）。亲属关系的规范则总是以某种宗教为基础，从宗教中获得其效力，因此亲属系统既是一种社会共同体，也是一种文化共同体。宗教性的神话世界观不仅模糊客观世界、社会世界和主观世界之间，解释和被解释物之间，以及以相互理解为取向的行动和以成功为取向的行动之间的界限，而且不允许行动参与者对它持有一种明确的批判态度。神话的所有内容几乎都支持着部落与其成员之间的认同。

尽管如此，部落社会还是为社会分化提供了一定的空间，而促使社会结构分化的主要动力来自物质再生产领域。社会结构的分化有两种基本方式。一种是水平的分化即分工，另一种则是垂直的分化即分层。部落社会首先可以通过内部分工或者加入其他更大社会单位（加盟）的途径来提升自己的复杂性水平。在古代社会，由于不同部落社会的结构和劳动产品都是相似的，因此，促成这种分工或加盟的动力必然是非经济的因素。实际上，促成这种分工或加盟的最初动力就是外婚制造成的部落间妇女交换。这种最初由妇女交换建立的交换关系之后逐渐扩大为一种包括更多交换对象（物品、价值物、服务、忠诚等）的持续性的互惠网络，从而促成了不同部落之间的联合，由此形成了涂尔干所谓的"环节分化"。[1] 哈贝马斯称这种还没有出现阶层分化的社会为"平等的部落社会"（egalitarian tribal society）。当部落社会中不同的世系集团基于出身、能力等获得了不同的声望和权力地位，从而促成了部落社会结构最初的垂直分化即权力分层（不过这种权力分层此时还不具有政治意义）时，部落社会就变成了"阶层部落社会"（hierarchical tribal society）。这种权力分层可以用来促成不同专门活动之间有组织的结合，从而扩大部落联合的范围。但在部落社会里，无论是由分工形成的交换机制还是由分层形成的权力机制，都只有在与亲属系统及宗教直接联系在一起时，才能发生作用。交换关系不仅依赖婚姻关系网，而且受到社会规范的制约；权力分化是以声望而非以对政治权力的占有为基础，且只在亲属系统内部沿着性别、代际和血统的维度发生。换言之，在部落社会中，系统整合与社会整合还没有发生分离。

然而，随着部落联盟范围的日益扩大，权力分层不再单纯以声望为基础而是以法律认可为基础时，原来依托亲属系统的社会权力就从亲属系统中脱离出来，转变为依托国家组织的政治权力。哈贝马斯将这种分层称为"政治分层"，将这一阶段的社会称为"政治分层的阶级社会"（politically stratified class society）。这时，系统整合与社会整合就不再缠绕在一起，而是分离开来。在围绕国家组织起来的社会里逐渐形成了商品市场，后者是凭借以货币为媒介的符号化一般交换关系来操控的。不过，在商品市场形成之初，它仍没有从政治秩序中脱离出来，因此货币媒介对于社会系统来说也还不具有结构形塑的效果。只有随着资本主义经济的进一步发展，才逐渐形成了一个与政治秩序相对分离的经济子系统，这一子系统反过来又迫使国家进行重组，从而导致了一个与其互补的行政子系统的形成。这两个子系统的结合，才最终形成了以帕森斯所谓"符号化一般交往媒介"为基础的社会系统，它使系统整合能够达到一种比传统阶级社会更高的水平，并将社会改造、重建为一种"经济构

---

[1] 此外，在非常有限的领域里存在着一些使用简单货币来进行的远距离的商品交换，但这些交换不具有形塑社会结构的意义。

造的阶级社会"（economically constituted class society）。

在上述变迁过程中，系统逐步从生活世界中分离出来：在部落社会，通过妇女交换和声望分层发生的功能性联结，还与亲属系统内现存的互动结构紧密相连，因而对生活世界的结构还不构成值得关注的影响。在政治分层的阶级社会，在原来的简单互动层次上出现了一种以国家为形式实现的新水平的功能联结，这种新水平的功能联结导致了一种新的社会关系，即整体与其部分之间的关系。这种关系构成了政治分层的阶级社会的核心。这种新水平的功能联结拥有一套需要被合法化的一般政治秩序，这套秩序只有通过让原有的宗教世界观具备意识形态功能而成为一种对阶级社会的虚幻解释才能进入生活世界。最后，在借助（货币和权力两种）一般媒介来进行交换的现代社会，出现了第三种水平的功能联结。这些联结从原来受规范约束的互动情境中脱离出来成为一种独立的子系统，从而对生活世界的同化能力构成了严重的挑战。它们凝聚成一种摆脱社会规范的"第二自然"，成为客观世界的一部分，成为一种物化的存在。在现代社会中，系统与生活世界的分离致使社会系统明显地超出了生活世界的视界，逸出了日常交往实践中的直觉知识范围，从此人们只有借助于18世纪以来兴起的、反直觉的社会科学知识才能够接近或把握它。[1]

系统从生活世界分离出来不仅造成一种摆脱社会规范的"第二自然"的存在，而且逐渐导致系统对生活世界"殖民"的现象。

系统与生活世界的分离在很大程度上是以生活世界内容和形式的分化为基础的。随着生活世界内容和形式日益分化，行动者的动机和价值取向也变得越来越一般化和形式化。帕森斯曾经将这种趋势称为"价值概化"（value generalization）。价值概化在互动层面上又引发了两种趋势：一方面，随着行动动机和价值取向日益概化，交往行动也日渐从具体和传统的规范性行动模式中脱离出来。这种分离渐渐将社会整合的负

---

[1] J. Habermas, *The Theory of Communicative Action*, Volume 2, p.173.

担从以宗教为基础的共识转移到以语言为基础的共识形成过程上。共识达成机制方面的这种转变又允许交往行动的结构以一种越来越纯粹的形式出现,从而为交往行动内含的理性潜力的释放创造了条件。但另一方面,交往行动从特定行动取向中的解脱也促进了成就(目的)取向的行动与理解取向的行动两者之间的分离,而这同时意味着两种行动协调机制的分离:在行动取向日益概化的基础上,形成了一种日益密集的、难以用以语言为基础的共识形成过程来加以协调的互动网络,这种互动网络必须以(语言共识之外的)其他的方式来加以协调。由此产生了两种新的协调手段即货币和权力,它们或者压缩或者取代了语言形式的相互理解。这两种新协调手段的产生意味着某些互动从生活世界情境中脱离出去:由于它们不仅简化语言交往,而且还用一种符号化的一般性量化评价机制来取代它,因此以达成相互理解为目的的互动过程始终嵌入其中的生活世界就失去了价值。对于这部分行动的协调过程来说,生活世界也就不再被需要了。被货币和权力机制挤掉的语言共识越多,由这两种交往媒介操控的互动在时间和空间方面形成的网络就越复杂,以至于最终无人能够理解或者对其负责。系统整合机制由此创造了其自身的、从生活世界脱离出来不受规范约束的社会结构。系统并没有将社会完全吞没,但却将人们的社会撕裂为两个领域,一个是构成生活世界的那些行动领域,另一个是独立于生活世界的那些行动领域。它们之间的关系不是两个整合层次之间的关系,而是通过相互对立的机制整合起来的行动领域之间的关系。在以系统机制整合起来的行动领域,通过语言交往以达成相互理解这类对于社会整合来说非常关键的机制部分地失去了作用,而成了其环境的一部分。

据此,哈贝马斯认为,我们可以大致地在系统和生活世界之间划出一条边界,一边是由经济和国家行政管理子系统组成的系统,另一边则是由(家庭、邻里、社团等构成的)私人领域和(私人和公民通过文化、报刊和大众传媒等共同构成的)公共领域组成的生活世界。从系统的视角来看,经济和国家行政管理两个子系统与生活世界中的私人领域和公共领域之间的关系也是一种交换关系。其中，经济子系统用工资交换私人的劳动力，用物品和服务来满足私人的消费要求；行政管理子系统则用组织成就来交换公众的纳税，用政治决策来交换公众的忠诚。毫无疑问，这些交换都是也只能是借助权力和货币这两种一般媒介来进行的：经济子系统以货币为媒介来与生活世界的私人领域交换劳动力和消费需求，行政管理子系统则以权力为媒介来与生活世界的公共领域交换税负和大众忠诚。由于经济和行政子系统只能通过货币和权力这两种媒介来与生活世界交换，因此，为了能够与经济和行政管理子系统进行交换，生活世界的各个领域就不得不使自己去适应货币和权力媒介的特点，让自己抽象化，使自己转变成经济和行政管理子系统的输入因子。例如，在前一种场合，为了能够与经济子系统交换工资收入，劳动力不得不按照后者的要求经历一个抽象化的过程，从原本具体形式的劳动转变为可以作为商品在市场上定价出售的抽象劳动；与此相似，使用价值方面的具体取向也必须转变为一定的需求偏好才能与消费品进行交换，公众意见和集体意志也必须转变为大众忠诚才能与政治领导相交换。哈贝马斯认为，这表明系统整合机制已经侵入那些过去只有在社会整合条件下才能履行其功能的行动领域，表明由经济和行政子系统构成的系统已经侵入了生活世界，使生活世界殖民化了——在前一种场合，私人的劳动和消费都不再受"新教伦理"一类日常社会伦理的影响，而是受市场规则和利益计算的影响；劳动者和消费者也分别转变为"没有思想的专家"（specialists without spirit）和"没有心肝的享乐主义者"（sensualists without heart）。在后一种场合，公众对国家的服从和政治忠诚也不再受相应伦理规范的指导，而是受权力的引导和制约；行政子系统的合法性不再是以公众的道德为基础，而是以权力和法律为基础。系统开始按照自己的内在逻辑来对生活世界施加影响。

哈贝马斯指出，发达资本主义社会中的诸多问题正是由生活世界的殖民化带来的。韦伯所说的"自由的丧失"现象，涉及的正是上述从私人生活方式向组织化的劳动关系转变、从共享的生活形式向法律化的官僚权威转变的过程所带来的强制这种情况；韦伯所说的"意义的丧失"现象，涉及的也正是上述社会伦理对经济行动和政治行为之约束力弱化或消失这种情况。哈贝马斯认为，在发达资本主义社会，这种生活世界殖民化的现象呈现了最为典型的状态。要消除这两种弊端，就必须消除生活世界的殖民化这一现象。在最低限度的情况下，要设法约束和限制系统对生活世界的侵入，让系统和生活世界相对独立、各尽其职；在理想的情况下，要让系统的运行建立在生活世界的基础之上，受到生活世界的制约（生活世界负责确定行动目的和方向，系统则负责执行）。而已经理性化了的生活世界本身则应该建立在理想交往情境下的交往行动基础之上，通过理想交往情境下的交往行动来不断再生产出自身。按照哈贝马斯的论述，这种理想交往情境具有以下特征：（1）每一个具有言语和行动能力的主体都被允许参加讨论。（2）每个人都被允许对任何主张提出质疑；每个人都被允许在讨论中提出任何主张；每个人都被允许表达他的态度、欲望和需求。（3）没有任何人会由于内部或外部的强制而被阻止行使上述两条所赋予他的权利。[1] 哈贝马斯相信，以这种理想交往情境下的交往行动所形成的共识为基础，我们就能够在保留系统理性化成就的基础上，消除生活世界殖民化所产生的弊病，从而享受到生活世界的理性化和系统的理性化两种理性化／现代化给我们带来的利益。

结　语

在本章的导引部分，我们曾经作出论断说：哈贝马斯的"交往行动理论"既属于马克思主义的理论传统，又是互构论的重要范例，是一种马克思主义的互构论或互构论的马克思主义。综上所述，我们可以看到，这一论断应该是成立的。当然，和其他互构论社会学派相比，哈贝马斯的交往行动理论对于个人和社会、行动和结构之间的关系有着更为

---

[1] J. Habermas, *Moral Consciousness and Communicative Action*, trans. by Lenhardt and Nicholson, MIT Press, 1990, p.89.

复杂的论述。为了说明之便,我们可以将哈贝马斯的相关论述简要图示如下:

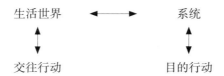

从本章的目的出发,我们在理解哈贝马斯的交往行动理论时,需要特别关注以下几个要点:

(1)虽然哈贝马斯将人类的行动划分为目的行动、规范约束行动、戏剧行动和交往行动等多种类型,但他最为关注的主要是目的行动和交往行动两大基本类型。这是两种不同的行动类型:前者主要是用来处理人与自然之间的关系,后者则主要是用来处理人和人之间的关系。不过,需要注意两点:首先,用来处理人和人之间的关系行动类型并不限于交往行动,规范约束行动和戏剧行动涉及的也是人和人之间的关系。其次,在现实生活中,目的行动也并非只是被用来处理人和自然之间的关系,也会被用来处理人和人之间的关系。哈贝马斯将这种用于人和人之间关系的目的行动称为"策略行动"。就我们所关注的行动与结构之间的关系这个主题来说,哈贝马斯的交往行动理论侧重讨论的主要是目的行动和交往行动这两类行动与社会结构之间的关系。

(2)哈贝马斯将社会世界划分为"生活世界"和"系统"两个层次,这两个层次的内涵与其他社会学家所谓的"微观"和"宏观"两个社会层次大体等同。按照哈贝马斯的论述,生活世界和系统之间既存在明确的区别(前者是符号世界,后者是物质世界;前者服务于交往行动、履行社会整合功能,后者服务于目的行动、履行系统整合功能;前者是从行动者的视角所看到的社会景观,后者是从观察者的外部视角所看到的社会景观;等等),也存在着明确的相互作用和相互建构关系(系统虽然从生活世界中逐渐分离出来成为一种"第二自然",但归根结底必须在生活世界中获得一定的根基;反过来,系统对于生活世界也具有不可否认的反作用:从积极的方面来说,系统所调节的物质再生产为生活世界提供物质基础;从消极方面来说,系统通过对生活世界的"殖民化"影响到生活世界乃至整个社会的发展)。由"系统"和"生活世界"共同组成的社会整体,其存在和发展状况由这两部分之间的相互作用、相互建构所决定。

(3)在理想的情况下,交往行动和目的行动这两类行动与生活世界和系统这两个社会层次之间也存在着一种对应关系。生活世界对应于交往行动:交往行动以生活世界为背景框架,同时也不断再生产出生活世界。系统则对应于目的行动:目的行动通过系统来加以调节,同时也不断再生产出系统。换言之,在生活世界和交往行动之间、系统和目的行动之间分别存在着相互建构的关系。但是在现实生活中,这种对应关系却有可能被打乱。所谓"生活世界的殖民化"就是这种对应关系被打乱的情景之一。在生活世界被系统殖民的情况下,系统跨越了自己的界限,通过对生活世界的"殖民"让自己的影响力从主要用来处理人与自然之间关系的目的行动领域跨越到了主要用来处理人际关系的交往行动领域。可以说,正是"系统"的这种越位造成了现代性的主要危机,消除这种越位现象正是哈贝马斯推荐给我们的现代性危机解决方案。

将哈贝马斯在《交往行动理论》一书中所阐述的现代化理论与波兰尼在《大转型》一书中所阐述的现代化理论作一番比较,我们可以看到,这两者之间其实有着相当的一致性:在哈贝马斯这里,现代性危机的主要原因是"系统"对"生活世界"的殖民;而在波兰尼那里,现代性危机的主要原因则是"市场经济体系"对"社会"的殖民。波兰尼提出的危机解决方案是要保卫"社会",而哈贝马斯提出的危机解决方案则是要保卫"生活世界"。区别主要在于:在波兰尼那里,对"社会"进行"殖民"的主要是"市场经济体系",而在哈贝马斯这里,对"生活世界"进行殖民的除了(市场)经济系统之外,还包括(官僚)行政系统(因此,对于哈贝马斯来说,波兰尼仍然没有完全摆脱"经济决定论"

的影响）；波兰尼所谓的"社会"是一个宏观—微观层次不分的笼统的社会概念，而哈贝马斯的"生活世界"则主要是通过与交往行动之间的相互作用建构出来的微观社会世界。当然，对哈贝马斯和波兰尼相关论述进一步仔细比较，或许能让我们发现两者之间更多的异同。但上述简要对比，已经可以让我们看到两者之间在理论旨趣和现实关怀方面的一致性。这对于我们理解哈贝马斯的交往行动理论来说，应该会有一定的助益。

第七章　乔纳森·特纳的社会学理论综合纲领

乔纳森·特纳是当代美国社会学理论研究领域的著名学者。虽然在原创性的社会学理论建构方面特纳似乎并无可以和我们前面讨论的那些社会学理论家相媲美的成就，但在对既有社会学理论的研究方面他还是取得了不俗的成果。20世纪80年代以来，特纳撰写了一系列相关著述，如《社会学理论的兴起》《社会学理论的结构》《社会分层：理论分析》《社会互动理论》《社会宏观动力学》《制度秩序》《面对面互动：个体间行为的社会学理论》《人类制度：社会进化理论》等。其中，《社会学理论的结构》一书出版发行了数个版次，集中体现了特纳自20世纪80年代以来对西方社会学各种既有理论进行研究分析后的见解。尤其在该书的第五版中，他专辟四章，对西方社会学理论研究领域中的一个核心问题，即宏观—微观之间的联结问题进行讨论和分析，试图为社会学理论的综合提供一个虽然简要但却较为完整的理论纲领。[1] 时隔二十年，特纳又撰写了三卷本巨著《社会学理论原理》(*Theoretical Principles of Sociology*) [2]，按照上述纲领对西方社会学理论的基本原理进行了系统论述，将这一理论纲领落到了实处。和我们前面各章讨论的综合性社会学理论相比，特纳提供的这个社会学理论综合纲领具有自身特色。鉴于此，在本章中，我们以其在《社会学

---

[1]　J. H. Turner, *The Structure of Sociological Theory*, 5th ed., Wadsworth Publishing House, 1990, pp.585-639.
[2]　J. H. Turner, *Theoretical Principles of Sociology*, vols.1-3, Springer, 2010-2012.

理论的结构》第五版中的相关论述为主，尝试对特纳提出的这个社会学理论综合纲领作一简要的转述和评论。

一、对既有社会学理论进行综合的必要性

《社会学理论的结构》一书前后至少出过七个版本。[1]凡读过该书的读者都知道，尽管该书不同版本所梳理的社会学理论流派前后有所不同，但特纳在对这些理论进行梳理时所抱持的理论立场和所欲达成的理论目标却始终如一。这一理论立场就是：社会学是一门本质上与自然科学一致的有关社会现实的科学，其最终目标是以在自然科学中已经得到证明的那些有效方法来对社会现实进行科学再现，获取有关社会现实的唯一真理，以帮助我们维护社会秩序、促进社会进步。理论目标则是：通过对现有社会学理论各个流派的基本成就进行梳理和整合，将它们概括成一个可以用来描述和解释社会现实各个方面的综合性一般社会学理论，结束社会学领域中派别林立的割据状态，实现社会学理论的统一，使之成为社会学家公认的研究范式。而设定这一理论目标的现实背景是：由于社会学研究领域中各种理论之间的对立，社会学作为一门科学的地位似乎正受到人们的质疑。因此，在坚持孔德建立一门关于社会的科学这一科学理想的基础上，对处于分裂和对立状态中的各种社会学理论进行整理和综合，将它们各自包含的合理内容重新加以表述，使之成为一套能够为所有社会学者加以采用的理论体系，不仅是出于理论总结和学科积累方面的需要，而且是出于维护社会学本身之科学地位、唤起人们对社会学作为一门有用科学之信心的需要。正如特纳在该书第四版中所说的那样："断言社会学理论尚处于思想的襁褓中，这一提法并不过分。可是，我对社会学理论的主要学派所作的评论将显示出：社会学在

---

[1] 其中，浙江人民出版社和天津人民出版社曾经于1987年、1988年分别出版过该书第四版的中译本，华夏出版社于2001年、2006年分别出版过该书第六版、第七版的中译本，北京大学出版社于2004年出版过该书第七版的英文影印本。

发展有关人类社会的有用知识上将具有巨大的发展潜力。"[1]

在《社会学理论的结构》一书第五版的相关章节中，特纳通过对默顿中层理论的批评来开启自己有关社会学理论综合纲领的论述。特纳指出，默顿曾经对帕森斯结构功能主义一类的社会学宏大理论进行过尖锐的批评。默顿认为，至少在他那一代社会学家工作和生活的时代，社会学家为建立一种社会学宏大理论所必须进行的各种基础性工作尚未完成，因此，社会学家应该尽量避免生出创造这种宏大理论的企图。正如爱因斯坦的理论体系不会在没有长期研究积累的基础上形成一样，社会学不得不耐心地等待自己的爱因斯坦，因为社会学尚未出现自己的开普勒，更何谈自己的牛顿、拉普拉斯、吉布斯、麦克斯韦或普朗克。默顿提出，在没有奠定坚实的基础之前，勉强建立起来的社会学理论实际上只是"以资料为一般取向，提出理论家必须予以考虑的各种变量类型，而不是这些变量之间关系的清楚而又能检验的陈述"[2]。像帕森斯结构功能主义之类的框架实际上不是理论，而是具有多种多样启发性、体系华美壮观但不结果实的哲学体系而已。不过，社会学家也不能仅满足于提出一些毫无理论含义的纯经验命题。为此，默顿提出了著名的"中层理论"策略，号召社会学家将注意力集中到既有一定的抽象程度但又与经验世界密切联系的各种中层理论的创造上来，如分层理论、城市化理论、犯罪理论等。

默顿的上述观点在社会学界获得了广泛的认同，然而，乔纳森·特纳却对此加以坚决的否定。在《社会学理论的结构》一书第五版中，特纳明确地批评默顿关于社会学还没有自己的爱因斯坦等巨人的说法，认为"无法想象出比这更为错误和弱智（debilitating）的陈述"。特纳诘问："像斯宾塞、马克思、涂尔干、米德、帕累托、韦伯、齐美尔以及其他一些人，如果他们不是我们领域中可以与物理学领域中的那些巨人相媲美的巨人，那么他们又是谁呢？"他说："我们已经看到了我们

---

[1] 乔纳森·特纳:《社会学理论的结构》，吴曲辉等译，浙江人民出版社，1987年，第38页。
[2] 同上书，第106页。

的牛顿、拉普拉斯、吉布斯、麦克斯韦或普朗克，但是我们还没有充分地认识到他们之所是。我们事实上含蓄地承认他们揭示了我们的'宇宙'——互动和社会组织——的许多基本命题，因为我们不断地阅读和再阅读他们的著作。那我们为什么要这么做？我的回答是：我们的'宇宙'的大多数基本命题都已经被那些巨匠洞见到了，他们中的每一位都在如何理解那些命题方面给了我们一种可靠的指引。的确，大多数当前的社会学理论都在跟随那些指引，并且试图进一步细化、延伸和调整早期大师的思想。"[1] 特纳指出，我们现在所需的，不是心虚怯弱和退缩到怀疑主义或者舒适的中层理论，而是要努力去综合当代社会学理论家在追随早期大师的基础上所取得的那些成就，使我们能够站在巨人的肩膀上并产生新的巨人。

那么，怎样来对当代社会学理论家的成就进行综合呢？特纳提出了他自己的基本理论纲领。特纳认为，我们的社会世界包括三个基本领域（层次或部分）：微观领域、宏观领域和中观领域。这三个领域指示了我们应该如何筹划我们努力的方向。特纳认为，尽管建立一个把说明和理解微观、宏观和中观各领域的模型与原理结合为一个单一的严密系统的理论框架是可能的，但就目前而言，似乎还是有点勉强。此外，既然在大多数先进的科学领域中这个任务都尚未完成，那么我们最好还是集中力量发展合理的微观、宏观和中观理论，而不要去强求三者在体系中的紧密结合。因此，特纳提出的理论综合纲领，实际上是一个较松散的理论框架。这个松散的理论框架包括微观社会学理论、宏观社会学理论和中观社会学理论三部分，但三者之间的逻辑联系却不太紧密。

二、微观社会学理论的综合性建构

特纳指出，我们社会世界的一部分是个人之间的互动所构成的，社会现实的这一部分代表了现实的微观水平。并且，正如我们所知，它是

---

[1] J. H. Turner, *The Structure of Sociological Theory*, p.586.

许多社会学理论——从韦伯和帕森斯的"社会行动"概念,经过卢曼的"互动系统"和各种交换理论到各种互动主义者的观点——所探讨的主题。因此,我们必须发展出一个有关社会现实在这个水平上之动态过程的理论模型和原理。特纳认为,在这项工作方面,我们有许多创造性的理论观点可供选择,如米德、舒茨、晚期涂尔干、卢曼、柯林斯、R. 特纳、戈夫曼、哈贝马斯等人的观点。

但是,我们应该怎样来组织这些思想,从而提出一个更为综合性的微观社会学理论呢?特纳说,他的意见是我们需要发展一种"敏化分析框架"(sensitizing analytical schemes)。这意味着对我们要概括的那些微观社会现象进行一般性分类。通过这样一种分析框架,我们便能理解微观社会现实的基本方面。特纳认为,我们可以将微观社会世界分成三个基本方面:(1)动机,或者促使个人与他人发生互动的那些力量;(2)互动,或者在面对面的境遇中将人们联结起来的那些信息发送与解释的过程;(3)结构,或者在一定的空间和时间中把互动组织起来的那些力量。对于这三个方面,特纳都提炼出了一些比较详细的看法。

(一)动机过程

行为动机问题始终是众多社会学理论重视的一个问题,特纳承认:"如果我们要理解微观社会世界,那么拥有一套能够揭示促使个人行动和互动的过程(尽管这些过程似乎有些神秘莫测)的概念、模式和命题就是必需的。"[1]但是,特纳强调,对于他来说,只有那些对互动有影响的动机陈述才是他所乐意关注的。特纳说,尽管有不少理论家都把"行动"作为社会学分析的基本单位,他却坚持认为社会学分析的基本单位应该是"互动"。因此,我们所要讨论的"动机",就仅仅是指促使人们去与他人开启互动和跨越时间把互动维持下去的那些力量,而不是促使人们开始行动的那些力量。

---

[1] J. H. Turner, *The Structure of Sociological Theory*, pp.592-593.

对互动之动机的追寻，把我们引到"需求"（need）这个概念面前。许多早期和当代的社会学家都曾假设一个存在于人类当中的基本"需求陈述"。例如，马林诺夫斯基列出了不同系统水平上的基本需求——生物的、心理的、社会的和文化的需求等；社会生物学假设人类存在着一种基因传递的需求或生存与适应的需求；交换理论家则沿用了行为主义和功利主义传统所认同的各种需求陈述；马克思主义者和许多冲突理论家，尤其是批判理论家，则认为人类存在着一种从统治和控制中解放出来的基本需求；互动理论家也与一定的需求概念相关联，如自我确认的需求、合作的需求、现实感的需求等。这样看来，似乎大多数理论家都能同意，人类互动产生与维持的动机正是存在于人类当中的种种需求。然而，特纳认为，从社会学的观点来看，这样的表述并不严格，应该说，只有那些通过互动才能得到满足的需求才是促成和维持互动过程的动机。也只有这些需求才是社会学所应该关注的对象。

根据这个标准，特纳从现有社会学理论所提供的各种需求目录中筛选出了"互动性需求陈述清单"。列在这个清单上的"互动性需求"包括以下诸种：

（1）对群体的需求。社会生物学家认为，人类具有社会性，因为只有在群体中他们才能获得最好的生存。具体地说，群体成员增加了传递他们基因的广泛适应性（inclusive fitness）。因此，在人类进化过程中，存在着对社会性的"选择"压力，或者说存在着成为"社会的"或"群体部分"的需求。柯林斯、戈夫曼以及大部分交换理论家和符号互动理论家都明确或含蓄地指出，人类有与他人进行互动、合作的需求。特纳据此认为，人类的一个基本需求就是感到自己成为正在进行的合作活动之一员或被包含进这类合作活动。人们无须高度稳定或经常性地处于团体之中（当然，有时也会有这种需求），但需要有一种"参与感"或"涉入感"。特纳把这种需求称为"群体包容"的需求。

（2）自我确认（self-confirmation）的需求。米德含蓄地表示，人们寻求一种能够提供确定的和惬意的自我印象的情境。当代的互动理论家则追随其后,认为推动人们开展互动的一个主要动机就是在正在参与的群体活动中进行自我确认的需求。特纳接受了这一看法,相信这确是人类事务中的一个中心动力,"因为,如果人们关于他们自己的印象是不确定的,他们就会感到若有所失,以及进入一些更为特殊的状态,如内疚、愤怒、羞怯、焦虑和臆想等,所有这些都会让个体产生一种被伤害的感觉"[1]。

(3)对符号和物质客体的需求。在一定程度上,简单的生存就能够产生这样一种需求:人类需要物质客体来维持他们的机体,而他们通常要借助群体来达到这种目的,这又促使他们珍视象征群体成员资格的那些符号,产生了对这些符号的需求。获得符号与物质客体的需求是促使人们展开互动的一个基本动机。

(4)对真实感(facticity)的需求。戈夫曼、加芬克尔都借用舒茨的思路,认为人们总是试图创造一种他们享有一个共同世界(包括主观世界与外部世界)的感觉。加芬克尔用"真实感"这一概念来描绘人们对于一个真实世界"就在那里"的感觉。戈夫曼、加芬克尔都认为这种维持真实表象的愿望指导着人们的互动。对戈夫曼来说,自我呈现、框架化、仪式化都是直接趋于创造促使参与互动的个人产生存在着一个共同的世界和现实的感觉(即使是种幻觉)。在加芬克尔看来,本土方法的使用也直接产生了一种共享世界的感觉。他们两人都相信,个体都欲努力维持共享现实感不出现裂痕。一旦出现了裂痕,人们会抱着极大的热情去修复它。此外,哈贝马斯也有类似的思想,认为个体总是被推动去创造一种他们都在做着该做的事情、遵守着相同的规则、同样诚实可信的感觉。可见,这种对真实感的需求也是人类的一个基本需求。

(5)对本体性安全的需求。吉登斯认为,人们总是企图维持一种对事物的信任感和可预见感,总是被激励着去感受安全,去相信事情就是它们显得所是的那个样子,因而具有可预见性。在吉登斯看来,这种

---

[1] J. H. Turner, *The Structure of Sociological Theory*, p.595.

"无意识的动机"动员了大量的能量并且解释了为什么人类总是试图避免社会秩序中的裂痕。特纳称这种需求为"本体性安全"需求。

特纳指出，社会学如果要想发展出一套更加适当的关于微观社会过程的理论，就必须对由上述几种标签所指示的力量作出更加详细的研究。再者，我们还需要了解那些动机是怎样对人们的思想和情感发生影响的。而更为根本的，则是要进一步努力去发现那些动机之间的相互关系，以及把它们与研究者可能认为同样具有决定性的其他一些动机力量联系起来。通过这些更进一步的研究工作，社会学就将获得一个能把我们引向一种更好的微观社会学理论的"需求"概念。特纳认为，对需求陈述的考察，对于企图实现宏观、微观过程联结的社会学家来说，具有十分重要的意义。

（二）互动过程

真实意义上的互动过程指的是人们相互之间阅读、解释各自发送或传递的符号信息，并使自己的行动建立于对他人举止（gesture）的依赖之上的这样一种过程（米德是这样来强调互动过程的第一人）。当然，这样的互动过程总是在上述各种动机力量的影响下发生的，并且，这些动机因素总是贯穿整个互动过程的始终。那么，社会学家迄今为止在从理论上对互动过程进行概括方面作过一些什么贡献呢？在自己的论述中，特纳将这些贡献归纳为三个方面。

1. 信息发送与解释的认知基础

从对既有微观社会学理论的考察中，我们可以得到的结论是：从理论上说，人们之间信息传递与解释的过程是相当复杂的。然而，在现实生活中，人们却在相当程度上轻易地实现着这种传递与解释。这似乎有点神秘难解。对这种神秘性的解答，部分地可以从米德的"心智"或"想象性预演"（imaginative rehearsal）概念，以及功利主义和某些交换理论的"理性计算"或"理性思考"概念中找到。这个答案就是：人们能够隐秘地思考和斟酌自己及他人的行动后果，运用这种对行动后果的预期来适当地安排他们的行为。人们大脑中内在具有的这种对行动适当性进行斟酌的能力，特纳称之为"斟酌能力"（deliberative capacity）。

但是，对于互动过程来说，只有纯粹的思考能力是远远不够的。许多社会理论家都提出了互动过程必须具备的其他一些认知基础。如舒茨的"手头知识库存"概念。手头知识库存给人们的思考提供了一个参考框架或取向，使人们可以用于理解和解释情境选择行为。吉登斯用"实践意识"和"话语意识"来标示类似的认识过程。加芬克尔则用"索引性"这个概念来表明，知识库存所允许的是"举止"和其他情境特征在一个特定语境中所具有的意义。在不同的情境中，同一种"举止"可能意味着不同的东西，而人们的知识库存则有助于人们分类整理那些复杂的事物，以及把他人和自己的举止置入语境中加以理解。

据此，特纳指出，人们之间信息发送和解释的过程一方面依赖人类斟酌、权衡、评价和预期的能力，另一方面则依赖人们援用有关设置和语境之正确信息的能力。没有这些能力，复杂的信息发送与传递过程就无法发生。

2. 信息发送与解释的自我确证基础

所有的互动主义理论都强调人类的大多数行为都包含一种自我呈现的因素。个人呈现自我的方式在很大程度上取决于个人所储存的关于如何恰当进行自我呈现的知识和个人在与他人进行沟通时有意识进行的思考。个人也储存了一些不同类型的自我参照系，以便能在不同的情境类型中加以应用。因此，信息流并不是单纯只受到个体在使用知识库存和进行思考等方面认识能力的影响，而且受到个人所建构的对自身的想象的影响。

3. 信息发送与传递的类型

当个人之间进行互动时，他们便挖掘各自的知识库，发现自我参照系，对情境加以思考等。当他们这样做时，就将关于他们自身和他们将做什么的信息发送出去，同时对他人发出的信息加以解释。这种双向的信息传递与解释过程沿着几个方面发生。

（1）角色扮演和角色创造。米德采用了"角色扮演"这个概念来解释社会互动的过程，戈夫曼和 R. 特纳则强调人们并不只是简单地扮演他人期望的角色，而且还通过协调管理自己的姿势来为自己创造出一种角色。J. 特纳则指出，对互动过程的完整分析必须以承认角色扮演和角色创造的双向过程对于互动来说都是基本的过程为起点。特纳认为，角色扮演使得个人能够领悟或理解他人的自我呈现，以及用来满足自我确证、本体安全、物质与符号调整、群体包容以及真实感等需求的角色选择；反之，角色创造则使个人有能力在一定的情境中为他们自己创造出一种特殊角色来满足自身需求。

（2）框架化（framing）。按照戈夫曼的说法，信息发送与解释中的一个重要环节是围绕着以一定的框架（frame）来对情境进行分析的过程展开的。这种将情境纳入特定"框架"的过程，类似于符号互动主义者所说的"情境定义"过程。借助"框架"概念，戈夫曼试图强调行动者对所处情境（包括与情境相关的特定规范、情境的特征、行动者的特征以及其他事物）进行认识或加以定义的重要性，也就是说，人们在能有效地进行角色扮演和角色创造之前，必须首先确定一种"情境框架"，以便自己能知道当下是在什么地方以及应该如何进行表演，并从自己的手头知识库存中提取相应的知识。

（3）舞台管理。戈夫曼以及柯林斯、吉登斯等人都曾指出，信息发送与解释过程包括人们之间通过对物理空间、客体、区位划分及相对位置的调度和使用，相互通报有关自我、角色、框架以及情境中其他关键方面的信息。特纳把这个复杂的相关过程称为"舞台设置"（staging）。因为它们涉及个人在特定情境中使用舞台（包括可及的空间、道具和位置等）以及在舞台上如何运动和确定自己位置的方法。作为一种舞台管理过程，互动的一个关键方面就是对各种"舞台提示"进行阅读和解释，并在同一时间内选定适当的舞台道具、位置和运动来传递自己的意向。在这一过程中，人们也要运用有关不同情境下各种舞台提示之意义的知识储存来解释他人的行为和建立自己的行为及自我呈现准则。

（4）仪式化。涂尔干、戈夫曼及柯林斯、吉登斯等人都曾指出仪式对人类互动所具有的重要意义。人们所发送和解释的大多数内容都依赖信息序列的常规化（stereotyped）。在人际关系水平上，正是通过仪式化，人们才得以开启、关闭、修整和组织他们的互动。我们每个人都在经常地寻找和阅读仪式化的信息和姿势，以便知道眼前正在发生什么、下一步将要发生什么，以及互动过程中将会发生什么变化。特纳把这个过程称为"仪式化"，并认为"所有其他的互动过程，如角色创造和扮演、框架化、自我呈现以及舞台管理等，都依赖人与人间相关仪式的有效使用"[1]。

（5）宣称（claiming）。戈夫曼曾经暗示互动中的一个关键过程是人们试图相互表明（以及从他人那里获得确认）进行互动的诚意和所遵规范的恰当性。哈贝马斯则用"有效宣称"一词来扩充这个思想。哈贝马斯认为，有效的沟通与讨论依赖个人在表达意愿的真诚性、手段的有效性和规范的恰当性等方面的宣称，参与沟通的其他人可以对这种宣称提出质疑，迫使表达者重新提出或者改变自己的宣称。哈贝马斯认为，通过这种宣称或反驳的过程，一种更为开放、更为理想的人际沟通模式就会出现。

但是，特纳感到哈贝马斯的这种理想沟通模式只不过是种乌托邦而已。他认为，与其相信人们会像哈贝马斯所要求的那样完全开诚布公地进行沟通，不如相信舒茨和戈夫曼所说的人们在互动中所产生的现实感和一致感主要依赖"他人将会真诚地沟通、使用最有效的手段、按照适当的规范来行动"这样一种假定。因此，当一个人发出将作出某种宣称的暗示时，处于听众位置的他人则将随之与其进行交谈。只要那些暗示大致说来没有超出行动准则的范围，特纳就称之为"宣称"，并认为对这种含蓄性"宣称"的确信，不仅对组织互动而且对满足各种需求（尤其是对本体性安全和真实感的需求）来说都具有至关重要的意义。

---

[1] J. H. Turner, *The Structure of Sociological Theory*, p.600.

（6）审核（accounting）。正如舒茨、戈夫曼、加芬克尔等人所承认的那样，个人是带着一种与他人共享内外世界的假定进入互动情境的。但这种假定也常常是含蓄和无意识的。人们在互动中的大多数行为正是要传达（以及从他人那里找到）他们分享一个共同世界的感觉。人们利用各种精巧的用语和姿势来维持存在着一个真实"世界"以及"我们享有相同的主观状态"这样一种描述或预设，本土方法学以及其他一些理论对于人们在这方面所使用的各种技巧作过很好的描述。特纳将人们在互动中利用各种语言和姿势来维持"共享世界"感的过程称为"审核"。

特纳认为，尽管人们可以对以上所列各个环节进行补充或删减，但现有社会学理论传统所指出的这些方面基本上描述了人们在信息传递与解释过程中的行为。信息传递与解释就是围绕着这些环节或方面来展开的。因此，我们的理论目标应是更精细地概括它们，指出它们是如何相互关联的，并把它们与动机过程（或专门的需求陈述）相联结，以及了解它们是怎样在时间与空间中使互动过程有序化。

（三）结构化过程

人们如何在空间和时间中组织和维持他们之间的互动过程？这就是互动过程的结构化问题，也是对微观互动过程进行社会学研究的主要课题之一。通过对既有相关理论的梳理，特纳归纳出可以用来对微观互动过程加以结构化的几个关键过程。

1. 类型化（categorization）

在对韦伯理论所作的批评中，舒茨第一个清楚地概括了将个人及情境加以类型化处理的意义。他采用"类型化"这个术语来表示，个人把一个他者归于某个理想类型，并据此来调整自己的行为反应这样一种倾向。类型化使个人能够更容易地对情境作出反应。除了舒茨之外，其他一些社会学理论家也得出了类似的结论，如韦伯的行动类型范畴、帕森斯大致相似的行动类型学等。戈夫曼和柯林斯也强调了类型化的重要性，并围绕工作—实践的、礼仪的、社会考虑（social consideration）的程度等建立起他们的互动类型学。

特纳认为，如果考虑到舒茨对亲密程度（范围从作为一个典型类型的人到唯一亲近的人）的关注，并将其与戈夫曼和柯林斯的类型学相结合，那么就能得到一个十分接近人们在互动中所用类型的类型学模型。按照这个模型，人们主要从以下两个方面将情境类型化：第一，亲密接近的水平；第二，工作—实践的、礼仪的、社会竞争的相对数量。人们越能够清楚地把一种情境归入这两个方面，他就越能够轻易地开启、关闭、恢复或维持互动中的信息交流，更轻易地在空间中组织人们的互动过程和使它有序化。一句话，类型化有利于结构化。

2. 区域化（regionalization）

戈夫曼曾经讨论过舞台表演的过程，吉登斯、柯林斯也有过相仿的论述。这提醒我们去发展一种关于互动的生态学和人口统计学。在人们的知识储存库中，存有一些能够帮助人们理解在不同情境中物理空间、物质客体、区域划分、参与者数量、个体运动和行动者位置所具意义的信息。当人们发展出一套可以用来对空间、客体、区划、数量和运动加以理解和解释的框架时，它们就已经对情境进行了区域化。而当一种情境被区域化之后，它也就更容易被结构化，因为个人现在能清楚地传递他预备发出的信息和响应他人发出的信息。

3. 规范化（normalization）

尽管规范始终是社会学的中心概念，无论哪个理论流派（功能主义、互动理论、交换理论、结构理论、冲突理论等）都包含规范性强制的思想，然而，"规范"一词的声誉似乎并不好。特纳提出，造成这种矛盾的原因主要在于功能主义和角色理论对其所作的解释。这种解释视规范为一种清楚明白、毫无歧义、隶属于每个人和每个社会位置的东西。而戈夫曼、布鲁默、吉登斯等人对规范的理解则有助于解决这种矛盾。戈夫曼认为，规范虽然使社会行为有序化，但它们却并非使互动结构化的唯一力量。布鲁默提出，规范是个体在互动中组织他们的反应时所注意到的"客体"之一。吉登斯的结构化理论则主张，规范是被创造出来和应用于情境之中的，规范只是知识库存中有关适当的权利与义务的资料集合和用于解释变化着的情境类型的框架。特纳对此加以总结说，只要一个互动过程准备被结构化，那么，它就必须在一定程度上被规范化，以使个体积累他们的知识库存及达成关于他们在特定情境下各自权利和义务的协议，产生可用于解释的理论框架和可用于解决或修补争端的程序。没有这样一种规范化过程，互动就难以被构建为一种跨时空的过程。

4. 仪式化（ritualization）

在使互动结构化的过程中，仪式有着巨大的意义。仪式能告诉我们有关互动过程开始、维持和结束的信息，并使互动能在随后的时间里相对容易地得到恢复。既然人们位于何处、如何运动、使用什么道具以及在什么地方等状态都伴随着一定的仪式，那么，仪式就是一种有助于将人们在空间中组织起来的因素。涂尔干是第一个认识到仪式在社会结构的维持过程中具有重要作用的社会学家，但只有戈夫曼看到了日常仪式对互动结构的重要意义。戈夫曼开启的道路得到了其他一些社会学家如柯林斯等的追随，在后者这里仪式被描述成了一种在互动过程中起着中心作用的力量。他们的基本看法是：当互动的开启、关闭、维持、恢复和修复环节能被仪式化时，互动跨时空范围的结构化就会变得相当容易；在一定程度上，标准的仪式指引着人们并告诉他们在什么时候以什么样的方式开展行动和互动。当在所有互动过程中都能使用标准的仪式时，它们就会变得更加顺畅，在更长久的时间和更大的空间范围内得到维持。

5. 程式化（routinization）

在确认程式（也译程序、惯例等）对人类事务所具有的意义方面，吉登斯一直是最具洞察力的一个人。早期社会学理论家如米德则用"习惯"这个词来表示相同的意思，即人们经常在相同的时间和地方做相同的事情。确实，大多数人类生活都是程式化的。特纳认为，在一定意义上，程式化是仪式化的对应物，因为它无须集中意义、唤起情感、强调事件，它使行动以一种非常雷同的方式不经思考地自动发生。当一种互动变得程式化时，它就更容易被结构化。程式的重要性只有在它被中断时才能被人们更充分地感受到。当程式遭到破坏时，人们的秩序感便发生动摇，他们被迫重新进行角色扮演、角色创造、框架化、审核、舞台化、宣称等一系列过程，以便重建互动。程式化不但能减轻人们的互动负荷，而且有助于满足一些基本需求（首先是本体性安全和真实感方面的需求）。未包含大量程式化行为的互动，就难以结构化为跨时空的过程，并且不易在随后的时间点上得到恢复。

6.资源转移的稳定化

所有的互动都包含资源在不同行动者之间的转移，这是一切交换理论的基本观点。一个行动者在一场互动中所做的大多数事情，如自我呈现、创造角色、框架分析、审核、评估和宣称等，都是为了通过交换从其他行动者那里获得对于自己来说价值相对较大、对后者来说价值相对较小的物质性或符号性的资源。特纳认为，一种互动要想结构化，资源交换的本质和交换率就必须稳定在这样一种状态：在这种状态下，每个参与者都能有一种获利感（他们的所得多于他们的所弃）。如果不能成功达到这种稳定，那么互动就会不断被不满、愤怒、挫折、紧张和重新谈判等因素打断，互动过程就需要常常重建。

总之，特纳概括说，当前的社会学描述和分析了一系列微观结构化过程。显然，这些过程都是相互联结的，例如，类型化可以被区域化所简化，反之亦然；规范化（如正义规范或公平交易规范）与资源转移的稳定化密切相关；程式化与区域化之间也是相互联结的；等等。不仅如此，这些过程既明确地与信息传递和解释的动态过程紧密联结，也与在互动过程中激励个人的相关动机力量相互联结，并且存在着许多反馈回路，例如程式化降低了对本体性安全的需求，资源转移的稳定化降低了对物质与符号报酬的需求，类型化使框架化变得更为容易，等等。一个精致的微观结构化理论应对它们之间的动态关系作出更深入的研究。

在结束对微观社会学理论部分的讨论时，特纳补充说，他开展这部分讨论的目标只在于表明一种一般层次上的微观社会过程理论在当前是能够被发展出来的。在这一方面，我们拥有许多理论先驱，我们在未来的任务就是吸取这些先驱的思想精华，确定各种相关概念的精确意义，指出那些概念是如何相互关联的，最终的结果将会使我们得到一个更加完善、更有价值的微观社会学理论。但是，特纳紧接着指出，尽管微观结构化的过程包括在跨时空范围内组织和维持个人之间面对面互动的过程，然而，微观结构化所包含的人员数量、领域范围或空间范围终究是有限的，因此，微观结构化过程与宏观结构化过程之间终究有着根本区别。我们经常看到一些社会学家倾向于把宏观结构仅仅视为微观互动过程的"链结"或"聚集"，主张将在对微观互动过程进行分析时所得到的一些概念和原理用来解释各种宏观结构。特纳对此表示反对，认为这是我们应该努力避免的一种"微观沙文主义"倾向。特纳指出，虽然宏观结构是由微观过程构成的，但这并不意味着对微观过程的概括可以简单地用来对大尺度时空范围内的社会过程进行描述和解释，正如细胞生理学的概念和原理不能直接用来对一个有机体的生理结构和过程进行解释一样。微观社会学的概念和原理只限于用来对微观社会过程进行描述和解释，我们不能指望这样一种理论能够解释所有的社会现实。我们必须意识到，它仅仅是一种关于微观互动过程的理论，并不适合用来对更大时空范围内的社会过程加以描述和解释。后者需要用一种新层次的理论来加以说明。这种理论就是宏观社会学理论。特纳由此转入对宏观社会学理论综合的考察。

三、宏观社会学理论的综合性建构

宏观社会过程是社会世界的另一个层次。宏观社会过程的特点是：第一，拥有较多的个体，其中大多数未处于面对面的互动之中；第二，覆盖较大的地理区域；第三，延续较长的时间。如上所述，特纳认为，宏观社会过程虽然是由微观社会过程构成的，但宏观社会过程有着自己独特的突生性质，这些性质不适于沿用有关微观社会过程的概念和理论来加以解释。它必须有自己独特的视野和解释框架，正如微观社会过程也有与宏观社会过程不同的独特性质，必须有自己独特的解释一样。但如同在构造微观社会学理论时我们可以把宏观社会过程暂时忽略不计一样，在构建宏观社会学理论时我们也可以暂时将那些使宏观社会过程成为可能的微观社会过程加以忽略。特纳指出，社会学理论越能接受这个事实，它就越能取得更多的理论成果。

在对宏观社会过程进行理论概括方面，我们也有大量先驱者的思想可供借鉴和利用，如孔德、涂尔干、斯宾塞、马克思、韦伯、齐美尔、帕森斯、卢曼，以及各种交换理论家和冲突理论家、结构理论家的著作。那么，我们怎样来对这些相关思想进行综合呢？

遵循斯宾塞、涂尔干等人的思路，沿用功能主义学派的词汇[1]，特纳将宏观社会过程划分为三个方面：第一，集中过程（assembling processes），或者说使个体或集体行动者（组织、族群、共同体等）在空间中长时段地集中在一起的过程；第二，分化过程（differentiating processes），或者说把人们划分为各种社会群体与类型的过程；第三，整合过程（integrating processes），即把分化了的不同行动者整合进一个综合的或系统性的整体的过程。我们的任务，就是要考察社会学先驱在分析与概括这三个过程方面做出了哪些贡献。以下我们跟随特纳的引导，对此逐一加以考察。

（一）集中过程

集中过程在斯宾塞、涂尔干等人的理论中已有涉及，在现代人类生态学中则是一个中心概念。与说明集中过程相关的变量主要有三：第一，影响聚集即行动者在空间中组织起来的那些力量；第二，人口的绝对规模及人口的增长率；第三，生产，即搜集环境资源，将其转换为商品和服务，并在人口中进行分配供其消费的因素。以下略作说明。

---

[1] 不过，特纳指出，他只是沿用功能主义学派的词汇，而非照搬功能主义的思想。

1. 聚集

许多学者如涂尔干、斯宾塞、当代社会生态学理论家以及柯林斯等,都曾指出可获得的空间数量、领土幅度、生态状况等对理解人类社会的组织来说是一些重要的甚至具有决定性意义的变量。一般来说,空间范围越小,并且它所容纳的自然屏障(山脉、河流、海洋等)、文化力量(语言、价值、信仰、宗教等)、社会形式(毗连的民族/国家、军事力量、不同的经济形式等)越多,则人口的聚集程度就可能越高。当然,如果人口规模很小且增长停滞,则各种自然屏障的影响就越是不重要(除非人们被限制在一个非常狭小的空间领域内)。然而,如果人口规模较大且处于不断增长之中,则那些自然屏障对于许多组织化过程来说就将成为具有决定性意义的因素。由此可见,人口的规模与增长率也是影响社会组织内部聚集过程的一个重要变量。

2. 规模和增长率

斯宾塞第一个认识到人口规模对理解一个社会的重要意义。人口规模越大,潜在的社会关系数量(涂尔干后来称之为"道德密度")就越大。此外,较大的人口规模也在如何生产充足的物资来维持他们的生存以及如何让众多人口展开社会合作并施以社会控制等方面提出了问题。与此类似,人口的增长也会带来相同的结果。人口增长的途径有三:通过内部人口的自然增长;通过外部人口的迁入;通过侵吞或征服其他人口而造成的人口合并。涂尔干和当代社会生态学强调第一种途径,斯宾塞、韦伯和现代地缘政治学则强调第二和第三种途径。所有这些过程都增加了生产、合作与控制方面的问题,然以第二和第三种过程为甚,因为迁移和征服都牵涉到对在社会与文化方面具有较大差别的人口进行控制的问题。

3. 生产

生产就是搜集物质资源,将其转换为可资利用的物资或商品,提供相应的劳务,并在特定的人口中分配这些物资和劳务的过程。马克思认为,生产手段与生产方式是决定一个社会的基础组织和文化模式的核心因素。其他人如斯宾塞、涂尔干虽然也重视生产率，但却更多地把它视为这样一个变量，它一方面与人口的规模与增长相关，另一方面又与技术的、组织的和物质的资源状况相关。在对资本主义和理性化过程所作的分析中，韦伯也认为，生产是与人口的规模和增长率，以及一个社会中可获得的物质资源、组织形式（市场、货币、官僚机构、财政组织、政治权力的流动、文化价值与规范）、技术等相联系的一个变量。

特纳指出，那些变量显然是相互关联的：人口规模受到增长率的影响；人口规模与人口增长增加了对生产的要求；可获得的资源水平取决于组织形式与技术；组织形式取决于社会技术；日益增长的生产率一方面被组织形式和技术所刺激，另一方面则鼓励人口的进一步增长；等等。这些相互联系已为或正在为大多数宏观社会学家所认识。

总之，以上三个因素构成了集中的三个子过程，它们对人口在时空之中的组织化有着巨大的影响。社会学理论一直在试图对它们加以概括并将其纳入宏观社会学理论。

（二）分化过程

斯宾塞、涂尔干、人类生态学家和几乎所有的功能派社会学理论家都曾指出，人口的增长以及在一定空间中的集中，会强化人们之间为获取稀缺资源而展开的竞争（有时则是冲突）。而借用生物学的思想，功能主义者则认为，在一个社会区域内人口数目越大，为获取资源而进行的竞争强度就越大，人口专门化或社会分化的可能性就越大。

生产的扩张也能引起人口的专门化，只要扩张的市场不仅增加竞争强度，而且增加商品和服务的种类。这种专门化大多是由对工作、市场份额、利润以及为创造劳动分工（对于提供各种不同的商品和劳务来说这是基本的条件）所必需的其他一些资源的竞争造成的。可见，人口规模扩大、人口集中与生产扩张都会引起竞争，因此都会加剧社会分化。

分化过程包括大量自我增强的后果，这些后果不仅维持既定的竞争与分化水平，而且不断提高社会分化的程度。那些过程的最终结果是人们沿着几个方向分化：第一，亚类型；第二，亚群体和亚人口；第三，与不平等和等级制相联系的亚阶层；第四，亚文化。特纳对这几个方面分别进行了论述。

1. 亚类型

特纳在对布劳、布迪厄、霍利（Amos Hawley）等人的相关思想进行概括后指出，当人们之间发生分化时，个体（有时是集体）会发展出一些与众不同的属性，这些属性使他们归属于一些与既有社会类型有所不同的新类型，并由此产生了一些新的行为方式。人口的亚类型并不代表社会结构中实际存在的亚群体，因为同一类型的成员并不一定发生互动或组织起来成为实际的亚群体，虽然某个亚群体可能是由于其成员都属于同一亚类型而从后者中产生的。即使是在规模最小的人口中也通常可见的亚类型是年龄和性别。但是，当一个社会的规模、生产率和个体间的竞争逐步升级时，新的亚类型如种族和少数族裔、宗教背景、收入水平、鉴赏和消费风格、职业限制、地区位置、教育水平等便会出现。因此，亚类型是社会分化最为基本的一种形式或轴线（axis）。

2. 亚群体和亚人口

亚群体是特定人口中被组织起来的那些子集。这种组织常常与一个基本的社会类型相一致，并经常成为类型化（如女权主义者、环保主义者、工业主义者等）的一个新基础。亚群体的组织形式是多种多样的，包括社区组织、国家、官僚组织、亲属群体、社会运动、礼仪群体、专业协会，以及以从事各种活动的个人或集体为单位的社团（职业协会、制造商协会）等。因此，亚群体是社会分化最为常见的轴线之一。

3. 亚阶层

所有的冲突理论及某些结构理论都特别关注和强调由各种亚阶层构成的社会等级形式。这些亚阶层中的个人拥有一定数量的某种特殊资源。有时，亚阶层主要依据某种资源如货币收入方面的差异来加以划分（如富人、穷人、中等收入者）。一些社会学理论家如韦伯、柯林斯、布迪厄曾指出，亚阶层也会发展出不同的文化特征，如价值、信仰、倾向、态度、语言风格、品行等，由此形成不同的亚文化。亚阶层和亚文化是人们借以相互识别和作出反应的重要基础。因此，在很大程度上，社会的分化过程是围绕着由资源不平等分配造成的等级制和亚阶层来进行的。特别说来，像被不平等地加以分配的那些资源的本质、亚阶层的特征和边界、亚阶层的数量和相对规模、各亚阶层内部成员的组织化或流动率，以及亚阶层之间的流动率等，对于人们理解社会分化过程来说都是至关重要的信息。

4. 亚文化

文化结构主义者、韦伯、柯林斯等人都指出，社会分化的最终基础是文化（价值、信仰、意识形态、宗教教义、语言、行为规范、鉴赏风格等）方面的差别。亚文化能被组织进各种亚群体或亚阶层，尽管很少有一种亚文化能够被完全地组织进去。亚文化也能成为类型化的一个基础，然而，一种亚文化的某个成员极少是在亚文化类型的基础上与他人区别开来。亚文化按照人们与主流价值、信仰及其他社会象征的偏离，他们组织进亚群体的水平，他们在亚阶层中的成员身份，他们与主流社会在物理与社会方面的隔离状况，以及他们在亚群体和亚阶层之间的流动率等变量而发生变化。

特纳认为，社会分化的那些轴线——亚类型、亚群体、亚文化——都是社会特定的自我维持过程的结果。最重要的自我维持过程就是资源的交换和权力的动员。因此，特纳紧接着又对这两者进行了简略的考察。

5. 资源交换

各种交换理论都强调说社会单位（个人或集体）之间的关系包括价值资源的转换。对生存资源的竞争经常迫使行动者按照他们能拥有的资源和他们能承担的交换发生分化。当行动者按照一定的资源特化时，他们可能进一步分化成：第一，与特定资源相联系的某个亚类型；第二，享有一种特定资源及其一般价值的某个亚阶层；第三，与特定的资源类型和水平相联系的组织化亚群体；第四，与各种资源类型和水平相联系、呈现某种符号特征的亚文化。结果一旦确定,那些分化又会进一步反馈和影响交换的实质。它们也经常会加剧竞争和冲突。因此,竞争、变化着的社会分化轴线与交换三者之间是相互关联和相互作用的。

6. 权力动员

斯宾塞与社会生态学理论家都曾指出竞争与分化会导致权力的集中化。由于竞争和分化加剧了对冲突进行调节和控制这一问题,权力,作为调节制度化社会单位之间的交易和关系的手段,就成为分化的一个重要轴线。此外,韦伯、齐美尔、柯林斯则强调与外部敌人之间所发生的冲突也会导致权力的集中。因此,在人类社会中一种特别重要的等级制就是围绕着权力的不平等分配而产生的。

交换理论家则以一种不同的眼光来看待权力过程。他们把权力视为交换过程内在固有的东西:那些拥有最有价值之资源的人,将会获得超过将较大价值赋予那些资源极少但又有机会拥有那些资源的人的权力。迈克尔·赫希特(Michael Hechter)的理性选择交换理论则试图调和斯宾塞的观点、生态理论和交换理论,认为当交换中的竞争水平提高、冲突流行时,那些能控制与调节冲突的人将被视为拥有较高价值和稀缺资源的人,结果,他们将被赋予与其重要性相当的权力。如果外部敌人是冲突的源泉,那么那些能动员和协调他人来对付冲突的人将被视为有较高价值和稀缺资源的人,由此他们的权力得到巩固和加强。当然,权力一旦被动员起来,它就能够被用于进一步巩固和加强权力,直至抵制与反对力量所施加的限制点为止。

权力一旦巩固,它又会成为进一步分化的基础。霍利认为,在那些权力集中的亚群体当中,合作性的组织单位将会围绕着权力被控制的水平而形成(如国家在一个较大的社会内形成)或围绕着对立力量的动员而形成。柯林斯指出,亚文化将会围绕着权力的分享而发展起来,因为发出命令的人其思想和行为将会非常不同于接受命令的那些人。还有人,如布迪厄等,指出亚类型也会导致以权力作为分化的一种尺度(如简单地在"精英"与"大众"之间作一区分);此外,如前所述,一种根据权力掌握的多寡来产生亚阶层的等级制度也会出现。因此，在产生社会分化的各种轴线方面权力也是一种有意义的力量。而且，社会分化一旦围绕着权力来进行，它往往会加速权力的集中。

特纳总结说，功能主义的宏观社会学理论强调人口规模水平、集中程度和生产扩张程度的提高都会逐步加剧竞争，竞争又会依次沿着几条轴线——亚类型、亚群体、亚阶层、亚文化——来增加社会专门化或分化的程度。分化的这四条轴线或四种基础既可能重叠起来也可能区分开来，但它们始终受到两个基本过程的影响：交换和权力。交换理论强调权力内在于行动者当下拥有的资源的价值与稀缺性之中；冲突理论则强调权力既是过去冲突的结果，又是引发新冲突的原因；功能理论则认为竞争和冲突（不管是内部的还是外部的）创造了调节与控制它们的功能需求，这种需求要通过权力的动员与集中来加以满足。而所有这些理论都认为权力的动员会影响交换和竞争的实质，交换和竞争反过来又影响到社会分化的具体构造。这些都是现有的宏观社会学理论积累起来的有关社会分化问题的重要见解。不过，特纳指出，对于上述分化过程之间的相互作用，社会学家尚未加以充分研究。因此，在这方面尚有大量的工作要做。我们有必要对那些过程进行更加精细的研究，并发展出一套命题与理论模式来对那些过程之间的相互联系加以概括。

（三）整合过程

"整合"指的是把分化的行动者约束在一个综合体系之内。由于功能主义用对整合的"功能需求"来解释整合过程，因此"整合"一词在社会学界名声不佳。但是，特纳指出，一个社会如果没有最低限度的整合存在，那么它也不能存在。因此，我们不应该抛弃"整合"这个概念，而只能尽量以不产生问题的方式使用它。

特纳表示，正如斯宾塞认为的那样，"整合"的意义只有在它与对立面——"解体"相对时才能得到彰显。因此，他首先考察了社会的解体过程。

1. 解体过程

特纳认为，一个处于分化中的社会始终面临着解体的压力，这些压力源于以下三个方面：第一，协调亚群体和亚阶层的问题；第二，象征性地统一各种亚文化和亚类型的问题；第三，政治权力的巩固问题。以下分述之。

（1）协调问题。由于亚群体在很多方面是互不相同的，因此如何协调它们之间的关系便成为一个问题。所有的功能主义理论家都把这个问题视为分化社会的一个中心问题，因为假如没有一定的协调度，社会分化就会导致社会解体。

（2）象征性统一问题。大多数功能主义者和结构主义者都特别强调共同的象征符号对社会秩序的重要性，这是因为，如果不存在最低水平的象征性统一，社会就可能走向解体。而当亚文化和亚类型增加时，如何维持某些起码的共同象征符号——语言、价值、信仰、规范等——这一问题就会逐步显现。孔德、涂尔干都曾指出过这一点。在他们看来，一个已分化出各种亚文化和亚类型的社会会产生一些危及统一的力量。涂尔干还说，为了象征性统一各种亚文化、亚类型、亚群体，有必要将共同的价值与信仰"一般化"或"抽象化"（帕森斯后来称之为"价值概化"），只有这样才能使它们与有着自己特殊经验和世界观的各种亚人口相关联。问题是，这种价值概化的过程与那些更为直接或间接的亚文化的形成过程有时会不同步，因而导致"失范"现象的出现。

（3）政治权力的巩固。自斯宾塞以来，功能派理论家就一直强调对内外冲突从政治层面加以控制与调节的重要性。相反，自马克思始，冲突派理论家则更乐意认为权力的集中将创造出伴随阶级剥削的等级制和亚阶层，因而增加有权阶级与无权阶级之间冲突的可能性。与此类似，交换理论家（尤其是布劳和艾默生）也相信拥有权力的那些人会利用他们的优势，因而导致行动者之间的紧张状态。因此，尽管对调节和控制社会分化来说是一种必要的因素，但政治巩固同时也是引发冲突和紧张的源泉之一。没有政治巩固，分化就可能成为分解（功能主义者的看法），但有时正是政治巩固过程，特别是以剥削为目的的权力集中过程，会导致明显的社会解体（冲突与交换理论家的看法）。

总之，分化创造出了解体的压力。那么，怎样来应对这一问题呢？特纳指出，在一定意义上可以说，这一问题其实从来没有被彻底解决。在最好的情况下，整合也只是一个短期的"反熵"，因为对于生命系统来说，在长期的运作中，"熵"或分解是不可避免的。我们在考察整合过程时，务必把这一点记在心里。然而，是什么导致了这种短期的整合呢？解体问题到底是怎样被克服的呢？社会成员为什么和怎样来协调他们的活动、实现象征性统一以及以适当与合理的方式来巩固权力的呢？特纳说，要回答这些问题，我们有必要强调所有功能主义理论都蕴含的一个主题：社会选择。

2. 选择压力与社会整合

功能主义理论一直是建立在与生物学进行类比的基础之上的。生物学家采用"选择压力"概念来说明生物进化。与此类似，社会学中的功能主义理论则用选择压力来说明各种社会现象。功能主义理论的最新形式——社会生物学认为，人类的社会组织模式代表了对环境因素的一种适应。因此，人类社会的演变一直是为自然选择的压力所推动的，那些通过社会组织和文化的发明而取得了广泛适应性的基因、个体或群体，比那些未发展出组织与文化的基因、个体或群体将更有可能生存下去。这种观点实际上蕴含在所有的功能主义理论之中。"功能需求"这个名词就包含着对这个看法的强调：如果一个系统要存在下去的话，一定的功能需求——不管是整合、适应、目标达成、复杂性的降低、广泛适应性，还是其他——就必须得到满足。为了避免目的论和循环论证，人们常常含蓄地（有时则是明确地）构造出这样一种论点，如帕森斯认为经济子系统满足的是一个社会系统的"适应"需求时，他确实认为，那些有能力发展出一种经济的社会比那些没有能力这样做的社会更可能生存下去。也即是说，对于试图在一种特定环境中生存下去的人来说，存在着一种发展经济的选择性压力。

特纳认为，这样一种"选择"论在一定意义上是含糊不清的，因为它们没有告诉我们一个社会如何和通过什么样的特殊历史过程来响应环境压力和发展出一种经济。尽管如此，它还是有助于我们理解社会解体的压力为什么会被克服。当我们面临一种可能导致社会解体的协调匮乏状态，或在象征性地统一多元文化方面无能为力，或一种政治权力机构遭到动摇时，人们就面临着一种不得不作出反应的选择压力。人们若想维持生存，就必须在社会整合方面作出某种最低限度的努力，否则他们的社会就面临解体的风险。当然，这并不意味着人们一定知道如何努力，或者他们的努力就一定会成功。如果人们的努力不成功，社会就将解体。特纳认为，为了表达这一点，我们并不必须作出一种很强的功能主义推理。我们所需说的一切只是：在各种形式的解体压力下，如果一个社会能够和知道如何做，它将对此作出反应；如果由于运气、理性筹划、模仿、尝试和错误，或不管如何，它事实上那样做了，那些反应将局限于确定的一般类型之中。那些反应的基本类型也就是整合过程的基本类型，宏观社会学理论已经指出了这些基本类型，即通过结构协调进行整合、通过象征性统一进行整合和通过政治巩固进行整合。

3.通过结构协调进行整合

随着亚群体的数目与样式逐步增加，协调问题也就逐渐严重起来，产生了进行结构协调的选择压力。协调亚群体之间关系的方式有以下三类：

（1）结构性相互依赖。斯宾塞、涂尔干、当代社会生态学理论以及交换理论，都强调亚群体之间的相互依赖对社会的组织来说是一个基本的创造。随着分化的展开，亚群体也变得越来越专门化，结果，它们必须通过相互交换资源以自我维持。交换理论强调建构那些资源转移过程的是权力，因为那些拥有稀缺或高价值资源的人经常处在能够使他人服从自己的有利地位。但更为一般的看法则是，一些相互依赖的网络和链条会产生以解决协调问题。当然，那些相互依赖有时是不稳定的，或者是以一种具有剥削性质的方式来加以确立的，因而会导致协调过程产生一定的困难甚至释放出强大的解体力量。

（2）结构性包容。正如卢曼所认为的那样，协调的另一种形式是围绕着包容展开的。在包容过程中，一个社会单位被包容进一个更大的社会单位，而后一个单位又被包容进一个更大的单位，如此等等（如在卢曼那里，互动系统被包容进组织系统，组织系统又被包容进社会系统）。复杂的科层组织是以把群体、科室和分支机构并入一个组织结构的方式来运行的；一个经济系统可以被视为是由负责搜集、生产、分配和服务等职能的诸单位合并而成的。包容不仅便利了资源的分配，而且如齐美尔、帕森斯、卢曼和布劳等人所说的那样，也象征性地为在特定的相互依赖过程中所用的"交换媒介"的效力划定了界限。与此同时，包容能够创造出一种共同的文化符号集，因而有利于提升文化统一的程度。包容由此为协调问题提供了一种潜在的解决过程，缺乏包容将会增加社会解体的压力。

（3）结构性重叠。结构性重叠，即一个社会单位的成员通过相互依赖的网络或通过不完全的包容而成为另一个单位的一部分，它是协调的另一种类型。布劳和网络理论家都承认交叉的社会网或结构单位中成员有所重叠对于社会整合所具有的意义。这种重叠允许行动者了解另一个行动者的观点和行动过程，因而缓解了行动者之间的协调问题甚至冲突程度。重叠也创造了双重的忠诚与义务链，它也使协调跨亚群体和亚阶层的活动变得更为容易。没有一定的重叠度，各社会单位的成员相互之间就会变成完全陌生的人，他们之间的关系将变得更加疏远。

（4）其他协调途径。除了以上几种协调途径以外，其他的整合过程，如象征性统一和政治巩固也会使结构协调变得更加顺利，因为象征性统一和政治巩固都能使以上三种过程变得更为容易。

4.通过象征性统一进行整合

涂尔干和现代功能主义者都特别强调共同意识对于社会整合的重要性；像马克思和哈贝马斯一类的冲突理论家也承认意识在调节和控制冲突中的力量；各种结构主义和结构化理论则都强调跨社会的符码与规则

对于社会秩序来说是一种基本要素；即使戈夫曼一类的微观社会学理论家也承认制度性规范（institutional norms）和框架对构建微观互动的重要性；交换理论也承认规范与价值能用来调节交换过程。至于哪一种象征性符号最为重要，这些理论家的观点却并不一致。例如，斯宾塞、涂尔干、帕森斯和早期的布劳认为一般价值最为重要，因为它为道德评价提供了共同标准。相反，默顿、结构主义和一般系统理论（无论是卢曼的新功能主义还是米勒的生活系统理论）则强调调节性规范的重要性。微观互动理论则使用其他一些词语，如情境定义、审核、一般他人、索引群体、框架等，来描绘解释理论与规范在行为调节中的作用。但所有这些人都承认，当社会发生分化时，随着亚群体、亚阶层、亚类型和亚文化的类型及数目不断增加，象征性统一问题也会戏剧性地加剧，由此产生一种象征性统一的选择压力。特纳综合各社会学理论家的思想，指出与象征性统一过程相关的象征符号有以下几种：

（1）评价性符号。帕森斯曾提出，在一定程度上，象征性统一依赖价值的一般化和抽象化，因为它们是一般性的，是与各种各样的亚类型、亚群体、亚阶层都关联的，那些一般价值为其他象征符号提供了道德承诺——在一般层面上指出什么是"好"的、什么是"坏"的。特纳认为帕森斯的这个看法是值得接受的，他据此反对卢曼关于整合无须寻求一般价值存在的看法。他说："我的观点是，被整合的人口规模越大，评价性象征符号就越有意义。单独的规范不能整合较大规模的人口。"[1]

（2）定义性符号。象征性统一过程也依赖能用来对情境加以定义和解释的符号集。在社会学理论中有许多名词曾被用来表达这种定义过程，如框架、文化符码、视角、集体良心、道德命令、态度共同体、共同意义、意识形态、信仰、文化资本、象征性秩序、解释性规则、知识库存等。它们所表达的基本点都是，象征性统一依赖个体利用一种共同的解释框架或理论。特纳把这种框架或理论称为"定义性符号"。

---

[1] J. H. Turner, *The Structure of Sociological Theory*, p.622.

（3）规章性符号。除了评价性符号、定义性符号之外，象征性统一还需要一些用来指示行动者在一个机构中应该如何运作的规范或规则。功能主义者、互动论者和结构主义者都强调了这一点。同样也有许多名词，如规则、符码、规范、信息等被用来表示这种符号，特纳则用"规章性符号"来统一指称它们。

（4）符号性媒介。行动者在他们的活动或交换过程中经常使用一种象征性的媒介，帕森斯称这种媒介为"交换的一般媒介"，卢曼则称之为"沟通媒介"。对于经济交换来说，货币就是一种符号媒介，但其他一些符号媒介如权力、影响等也一直被人们视为符号性媒介。

（5）其他象征性统一过程。正如象征性统一影响着结构协调的程度一样，结构协调也会促进对统一性符号，尤其是定义性符号和规章性符号，以及能用来协调社会单位之间关系的符号性媒介的寻求。此外，协调问题的特定性质和解决这些问题的企图也影响着什么样的符号应被用来对社会成员的观念进行统一。同样，政治巩固过程也会影响象征性统一过程，权力的集中和合法化会影响评价性和定义性符号的发展。再者，政治过程也将对规章性符号和符号性媒介的形态产生重要影响。

总之，文化统一问题，与结构协调问题、政治巩固问题一道，创造了对象征性统一的选择压力。尽管文化社会学在20世纪下半叶得到了复兴，但那些符号过程还是未得到很好的了解，宏观社会学理论在这个方面也尚有大量工作要做。

5. 通过政治巩固进行整合

在概括了斯宾塞、冲突理论家、功能理论家和交换理论家的相关思想后，特纳指出，通过政治过程来进行整合的途径有三：权力的中心化（centralization）、权力的集中化（concentration）和权力的合法化。他对这三条途径进行了详尽的考察。

（1）权力的中心化。随着亚群体的分化和由对不平等、等级制、阶层化的反抗而来的协调问题，产生了对权力中心化的选择压力。当各个亚群体不能协调它们之间的行动时，决策权很有可能被授予一个第三者。当这种情况实际发生时，就向权力中心化迈出了初始的一步。权力一旦中心化，那些处于较高权力地位的人就将使用他们的权力来作出更多决策。此外，当不平等引起严重的紧张状态时，政治权威的拥有者很可能采取措施来使权力更进一步中心化，以作为处理紧张状态的一种方式。

然而，在以下两种极端情况之间存在着一种辩证的平衡：第一，过度的中心化。它将使相关决策无法顺利作出，因为在权威的等级制度中存在着瓶颈。第二，过度的非中心化。它将使相关决策无法协调一致。在这两种场合，亚群体的协调问题和反抗问题都将趋于增加。因此，决策权的中心化始终是整合过程中的一个重要问题。

（2）权力的集中化。权力的集中化关系到掌握权力的社会单位在所在社会中占据的比重，权力的中心化则仅指决策权这种特定的权力被掌握在少数几个单位手中的程度。权力的中心化和权力的集中化是权力变化的两种不同情景，两者可以朝不同方向变动。例如，在有的情况下，强制权虽然高度集中于少数几个社会单位手中，但许多事务的决策权却仍然可以委托给其他人或机构来掌握；反之，在另一些情况下，决策权可能是高度中心化的，但掌权单位在数目上却依然可以是众多的。不过，中心化和集中化之间的这种分异也有一定的限度，因为过多的决策授权实际上也是赋予被授权者以巨大的能力来集中权力，而强制权的集中化也创造了一种压力使之不将过多的决策权授予可能使用这些授权来篡夺权力的他人。因此，两者在一定程度上又是相互促进的。

此外，也存在着其他一些推动权力集中化的因素：一是严重的协调问题，二是必须加以应对的外部威胁，三是必须加以压制的内部反抗。权力的集中化趋于自我维持、自我强化，直至达到可能引发各种抵制、反抗力量产生的那种程度。因此，对于合作、约束和控制社会分化来说，一定程度的权力集中化虽然是必要的，但这些推动权力日益集中的趋势会引发各种反抗权力的行为和过程，从而可能反过来促成权力的去集中化。

（3）权力的合法化。权力中心化和集中化的不稳定性在某种程度上可以通过象征性符号来加以缓和。在这种过程中，评价性和定义性符号被整理和传播到人们那里，在他们当中制造出这样一种意识，即"那些掌握权力、制定决策的人有权这样做"。这个过程就是权力的合法化过程。当中心化和集中化了的权力成功地被合法化时，它就成为稳定的一个源泉，因为它赋予一定的社会单位以控制和协调其他单位的合法权力。结果，协调问题和反抗问题也可以得到缓和。此外，权力的合法化还能被用于创造统一的符号以解决文化统一问题。正因为此，大多数冲突理论家都强调发展一种反意识形态（counterideologies）的重要性，这种反意识形态号召对用来合法化现存政治权威的评价性和定义性符号提出质疑。

总之，以上三个过程构成了一把双刃剑：那些过程本是因协调问题、文化统一问题和反抗问题而被"选择"出来的，它们确实也能缓解那些问题；然而，维持不断趋于中心化和集中化的权力之合法性却构成了一个新问题，尤其对一个正处于分化过程的社会来说更是如此。在那里，各种亚群体、亚类型、亚文化、亚阶层都有着一些不同的礼仪、目标和倾向。

6. 整合的动态过程

整合仅仅是用来指称行动者（无论是个体还是集体行动者）被组织起来的各种方式。结构协调、符号互动、政治巩固等整合力量是在分化过程引起的解体压力下被"选择"出来的。如果一定程度的结构协调、象征性统一、政治巩固能够产生，并在缓解协调问题、统一问题和反抗问题方面被证明为确实有效，那么，进一步的分化就会接着发生。当然，不断增长的分化又会增加解体的压力，从而促使人们在新的水平上对分化了的社会进行整合。

特纳认为，整合的这种动态过程无须用功能主义理论提出的进化框架（尤其如斯宾塞、涂尔干、帕森斯、卢曼著作中呈现出来的那种进化框架）来加以表达。它也不一定导致"不合法的目的论"或同义反复的循环论证，像许多功能主义理论以"系统功能需求"一类的语言所表达的那样。我们也不必争论整合与解体力量两者孰好孰坏。我们需要做的只是更为具体地去概括那些基本的一般整合过程，如果在特定的历史环境中这样一种整合确实可能的话。我们的任务应该是具体化那些整合过程得以发生（或被"选择"）的条件及其一般类型。

在完成了对宏观社会学理论综合方案的叙述之后，特纳认为，我们还需要用更精确的词语来概括那些宏观社会过程，发展出一套相关的命题和模式来对那些整合过程之间的复杂关系进行描述。特纳指出，宏观社会学不如微观社会学那样更接近统一，原因之一可能是宏观社会学理论具有更多的历史传统，导致宏观社会学家更为经常地采用不同的概念、假设或研究策略来构建理论，从而使宏观社会学理论相对更不容易得到充分发展。

四、中观社会学理论的综合性建构

如何看待微观社会现实与宏观社会现实（或者微观层次上的个体行动/互动与宏观层次上的社会结构）之间的关系？这是在分别考察了微观社会学理论和宏观社会学理论之后人们自然会提出的一个问题，也是社会学理论发展过程中实际存在的一个重要问题。对于这个问题，大致有三种不同观点：第一种观点认为，只有微观社会现实才是真正的社会现实，所有宏观社会现象都可以具体还原为微观社会现象，因而可以用微观社会学理论加以说明。第二种观点认为，只有宏观社会现实才是社会学分析的恰当主题，因为一切微观的行动和互动都是在宏观社会结构的安排和强制下进行的。特纳将这两种观点分别称为"微观沙文主义"和"宏观沙文主义"，认为它们皆不足取。第三种观点则认为宏观和微观社会现象是相互关联、相互作用的两个层次，一个成熟完善的社会学理论必须对这两个层次之间的相互关系作出明确、翔实的分析。正如我们在本卷前面各章中所看到的那样，持这种观点的人对社会学理论中宏观、微观理论相互对峙的局面感到不满，大都致力于从理论上来实现宏观和微观社会学理论之间的"联结"，填平宏观和微观社会现实之间的"鸿沟"。特纳将这种努力称为"中观水平的理论化"或社会学的"中观分析"。他详细地考察了社会学家联结宏观和微观分析的种种策略，并把它们概括为六种基本类型。

1. 构造"中层理论"

众所周知，构造"中层理论"的研究策略是由默顿首先提出的，尽管它最初不是直接针对宏观和微观社会学之间的争论而提出的，但它却可能是最流行的一种被人们用来解决宏观—微观联结问题的研究策略。按照这一研究策略，社会学理论不应寻求解释一切社会现象的一般性理论，而应集中注意力去建构主要用于解释一些更专门或具体的社会现象，如社会运动、社会分层、社会制度（家庭、经济、宗教等）、社会组织、社会群体、越轨等的"中层理论"。后一理论类型中的每一个都将自己的研究主题或解释力限定于社会现实的某个领域。此外，这些理论还应当注意使自己不变得过分抽象，以便能相对容易地被操作化和加以检验。实际上，默顿认为这些理论将来总有一天会被合并，但在这之前，必须在抽象程度相对较低的水平上对范围有限的那些现象进行研究，否则，理论就会流于思辨和陷入哲学的云雾。

特纳认为，默顿的中层理论策略事实上已成为"主流社会学"的一种合法的意识形态，它要求社会学家主要就某些专门主题进行资料收集和分析工作。大多数为响应默顿的号召而展开的研究工作都主要致力于对各种经验现象的变化进行测量，这使得宏观—微观联结问题的解决从表面上看似乎变得容易了：向人们询问他们的态度、信仰和行为（微观层面的变量），以及他们的种族/族裔、收入、教育程度、职业（宏观层面的变量），然后对两类测量结果进行统计分析，使它们产生关联。这样，一个较为宏观的社会现象如"分层"（通过收入、职业、教育等量表来测定）就能与一个微观的社会现象如行为与态度（通过态度量表来测定）联结起来。

从经验研究的层面上看，这种分析可能是非常有用的，但从理论层面来看，这种研究策略却引发了一些"反功能"和非预期的后果。其中一个后果就是它在"理论家的理论"和"研究者的理论"之间制造了一条鸿沟。理论家往往嫌中层理论过于经验化而拒绝它们，因而他们往往正像默顿所担心的那样遁于抽象化和思辨；经验研究者则沉溺于经验材料，拒斥任何不能被操作化的概念。结果是：许多理论家提出的社会学理论无法通过应用于经验研究来进行验证，而许多经验研究则大都是非理论化的。在理论与经验研究之间出现了一条鸿沟，不亚于存在于宏观—微观研究之间的。中层理论研究策略的另一个后果则是，导致（可以在空格中填上任何经验主题的）"＿＿理论"剧增。为了把有限范围内的现象结合进一个理论，许多思想家（包括经验研究人员）发展了许多有关专门过程的概念和命题，如1950年至今美国的社会流动、家庭冲突、20世纪的城市化等，使这些对特定时间、地点范围内专门事件的经验描述披上了理论的外衣，仿佛它们因此就变得更为一般化了。实际上，在社会学经验调查的任何领域，都存在着一个由许多相应的中层理论构成的集合，那些中层理论极少是抽象和一般化的，也很少强调人类互动或组织的主要或基本过程。它们在未来也很少可能被合并。

尽管如此，特纳指出，也还是存在着许多不只是经验概括的中层理论，那是一些高度抽象的，对假定存在于任何时间、地点的特定有限现象及其类型的概括。例如，在一定程度上，可以说交换理论与网络分析中的均衡理论以及期望状态理论、合法化理论、公正过程理论等，就是这样一类中层理论。因此，特纳认为，如果中层理论策略集中于这几个方面（第一，将那些特定过程与其他过程分离开来；第二，发展出有关那些特定过程的形式化理论；第三，对那些理论进行检验；第四，以某些形式对那些理论进行归并），那么，一个中层理论就有可能被证明为是处理宏观—微观联结问题的一种有用方式。

2. 建造概念的阶梯

人们试图用来弥补宏观—微观鸿沟的另一流行策略是建造概念的阶

梯。其方式之一是从对行为/行动的概念化开始,向互动的概念化移动,然后,从这些基本概念或者说建筑砖块,走向结构化或制度化水平更高的分析。有时理论家也会从结构化的终点开始回降至行为/行动、互动的层次,或者,他们在阶梯上上上下下,从行为与互动上升到社会结构,然后又降下来。

韦伯、帕森斯、卢曼和赫克特以及吉登斯都是采用阶梯策略的好例证。帕森斯从行动开始他的分析,当不同行动者发生互动且这些互动过程趋于稳定或制度化时,一个社会系统就出现了。赫克特的理性选择理论从"理性行动者"开始自己的分析,当这些行动者面临组织化问题时,结构就被创造了出来。卢曼则认为存在三类社会系统,即互动、组织和社会,其中在后的一个都是由前一个构成的。吉登斯则以结构化的集合、规则和制度作为宏观一极,以反思性监控、话语意识和实践意识、无意识需求为微观一极,然后在由这两极构成的阶梯上上升和回降。

特纳指出,阶梯策略的主要问题是,它试图追求某种不可能实现的目标——把基本的行为与互动同更为宏观的社会层次一步一步地联结起来。特纳认为,既然人们普遍承认结构具有突生性质,那么在具有突生性质的系统水平与产生它的那些子过程之间就必然存在着一道鸿沟。正是在那些具有突生性质的点上,理论概括会成为含糊不清之物。如帕森斯对从行动到宏观结构的过程作了详尽概括,但他对互动却几乎什么也没说。然而,事实上却可能正是互动过程联结着行动与结构。吉登斯是最坚持要把结构视为个体所使用的规则与资源的人,但他在把制度、结构化原则和结构集与实际的互动过程相联结时,却也是十分含糊和思辨的。

因此,特纳表示,阶梯策略虽然很精彩,但在填平宏观—微观鸿沟方面却并不成功。这些理论家想填平宏观—微观之间的鸿沟,但实际上却只是使这一鸿沟暴露得更加明显。

3. 建构演绎性还原

解决宏观—微观联结问题的第三种策略是围绕着演绎理论的逻辑展开的:先是发展出一套有关微观层次上个体行动和互动的高阶(higher-order）规则或公理，然后以演绎方式从那些规则或公理推理出一套能够解释各种更为宏观的社会现象的理论命题，宏观与微观两个层次的社会现实就可能从理论上被联结起来。霍曼斯是这种策略最坚定的提倡者。他认为，行为心理学所发现的那些关于人类行为的原理可以作为一种公理，社会学的所有规律都能够从这些公理中推演出来。同样，社会生态学也认为社会生物学的基本原理可以用来解释所有社会结构现象。

特纳感到，这种策略是非常不可靠的。事实上，大多数基于公理化演绎形成的社会学理论只是一种形式化理论，它以一种松散的方式把一组陈述联结在一起，其推论过程并不是真的由严格的演算规则所支配。因此，在公理化演绎的承诺和其结论之间便产生了大量裂隙，这种推理也就成为含糊不清与形而上学式的。当然，特纳认为，如果演绎过程中的那些裂隙能够因对语句的仔细斟酌和数理或符号逻辑的使用而被填平的话，那么，这种理论策略还是可能结出某些果实的。

4. 寻求形式化同构

在联结宏观—微观现实方面最具效果的理论策略之一，是寻求发生在两个层次上的那些过程之间的形式化同构。这是齐美尔的形式社会学所采用的策略。在这里，分析单位（个体、群体、组织、社会等）变成无关紧要的事情。成为理论兴趣之目标的是那些单位间关系的形式（交换、冲突、竞争、从属、联盟、形态等）。

有许多理论采用了这种策略，如米勒（G.Miller）的"生命系统理论"，陈述了适用于一切生命过程的命题——再生产、摄食者、分配者、编码器、解码器等——以及同样适用于一切生命系统的基本规则。许多交换理论也是如此，如早期布劳的交换理论就将一些基本过程——吸引、交换、竞争、分化、整合、反抗等——视为无论是微观还是宏观层次的现实都共同具有的。艾默生和库克的交换理论也直接利用了同构策略，认为权力、权力的使用与平衡等适用于所有交换行动者（无论是个体还是集体行动者）。一般网络理论（交换网络理论只是其特例）则把结构与网络当中地位之间的关系视为同一的，不管这个地位是由个体行动者还是由集体行动者占据。甚至某些互动主义理论也暗示了更多形式化、更少还原色彩的策略，如布鲁默有时似乎也认为某些相同的过程，如自我反思和评估、情境定义等，不仅发生在个人之间，而且发生在作为互动单位的组织之间。

这种理论策略唯一潜在的问题，是它假定上述理论家的发现消除了宏观和微观层次之间的区别。但事实是，在关联到社会关系是如何创造、维持与变革等问题时，分析单位的差异会导致分析内容和结果方面出现一些差别，比如个体、群体、组织、社会与其他种类单位之间的互动与交换过程虽然可能呈现出重要的相似性，但是它们之间也存在着一些明显的区别。采用形式化同构策略就可能将这些差别完全抹杀或者忽略。不过，只要我们记住寻求同构性并不等于一切，那么，这种策略还是具有一定意义的。

5. 放置中层结构单位

或许最切实的中层研究策略是设想这样一种社会结构层次，这种结构层次一方面由面对面的互动构成，另一方面又向更宏观的结构提供建筑模块。柯林斯的交换冲突理论就是这种理论最好的实例。在这里，互动仪式链被视为发生在面对面的互动际遇中，这些相遇者是通过两种基本的"中层"单位即组织和分层系统联系在一起的。因此，互动仪式链是组织系统（科层系统、协会、较大的亲属单位）和社会阶级（包括阶级文化）借以维持自身的东西。而更为宏观的结构如社会、世界体系和制度依次又是由组织和分层这两种中层结构单位所建构而成的。以此方式，面对面的相遇者与宏观社会结构便被联系了起来；并且，如果一个人希望依据个人间的互动过程来分析宏观社会结构，他就应努力从微观相遇者中取得样本（柯林斯称之为"微观转换"），以便看到维持宏观社会结构的那些互动仪式链的具体种类。除了柯林斯之外，帕森斯的结构功能主义、默顿的中层理论、卢曼的新功能主义以及角色理论和拟剧理论也都把由地位、角色和规范结合而成的组织既看成行为和互动的环境，同时又看作更大的宏观社会结构的建筑模块。

特纳认为，这种理论策略的主要问题是它未能真正消除宏观—微观之间的理论鸿沟。柯林斯自己的著作是最好的实例。当他开始强调更为宏观的主题时，对互动仪式链的讨论事实上就化为乌有了。即使一个研究人员从微观相遇者中取得样本，进行微观转换，这些资料也不能告诉我们由面对面的相遇构成的中观结构是如何构造出一个宏观结构的。微观转换或许可以使调查者更好地感觉到在人际水平上"正在进行着什么"，但这种了解与按照互动仪式链的内容来解释中观结构过程与宏观结构过程是非常不同的两件事。在微观的互动仪式链和它们在中观、宏观水平上跨越时空的集中与组织之间，仍然存在着一条鸿沟。上述柯林斯之外的那些理论也存在着相同的问题。然而，特纳也指出，就部分沟通宏观—微观裂隙来说，这条策略还算是一条较合理的策略。

6. 概括相互约束

特纳说，在宏观—微观联结问题上，他所偏好的策略是概括相互约束的策略，即把宏观现实与微观社会现实中的每一个层次视为另一个层次的参数或约束，然后对微观现实约束宏观现实以及宏观现实约束微观现实的方式与过程进行概括。特纳认为，尽管宏观、微观相互约束的问题经常被人提及，但令人吃惊的是在中观社会学理论中却很少见。

在既有的社会学理论中，戈夫曼最明白地认识到无论是焦点相遇还是非焦点相遇都是发生在较大的结构集中，因而必然受到后者的约束这一点。柯林斯的"文化资本"与"密度"概念含蓄地承认了宏观约束的存在，正如卢曼认为互动系统嵌入组织系统因而受到后者的约束一样。此外，布迪厄关于阶级和阶级集团对个人行为之影响的分析也把宏观结构视为对个人行为的一种限制。

另一方面，其他一些人则涉及微观现实如何约束宏观现实这个问题。霍曼斯关于一种文明只有在它能满足人类需求的情况下才能存在的看法，暗示了微观约束宏观的一种源泉，尽管他从未概括性地说明那些需求到底是什么。同样，功能主义理论也有一些暗示微观约束宏观的思想，如帕森斯似乎认为人格系统层次上的需求约束着什么情况能在社会系统层次（间接来说也约束着在文化系统层次）上发生。符号互动主义理论和角色理论也暗含着这种来自微观层次的约束力，它认为如果某种特定的社会结构不能充分满足个体自我维持和确证方面之需求，这一特定的社会结构将难以为继。

但是，特纳指出，尽管存在着上述对相互约束的暗示，但其中并没有一个得到了充分的发展。他试图越过现有的这些理论，对这一理论策略作出更为详尽的阐述。

特纳首先讨论了微观对宏观的约束。特纳认为，他在前面概括的"需求陈述"代表了微观对宏观的一种基本约束，即如果到达这样一种程度，那些需求（群体包容、本体性安全、自我确证、真实感和符号/资料需求等）不能被宏观结构（特定的人口集中、分化和整合模式）所满足，那么，这个宏观结构就很少有可行性。自然，需求未被满足的个体数目越大，以及未被满足的需求数目越多，这个宏观结构的可行性就越小。然后，特纳提出，那些基本需求状况又通过前述互动和微观结构化过程为宏观结构设置了进一步的约束：如果一种宏观结构不能较容易地允许或简化角色扮演与角色创造、框架化、有效宣称、审核和仪式化行为，那么这种宏观结构就是不可行的。再进一步说，如果特定宏观结构下的个体在对他人与情境实行类型化，对道具、空间和人口实行区域化，对期望进行规范化，发展适当的仪式，稳定资源的交换，使行为程式化等方面存在着较大的困难，那么，这种宏观结构便是不可行的。

反过来再看宏观现实对微观现实的约束。特纳认为，一种特定人口集中、分化与整合模式的存在创造了：（1）一种把自己的影响强加于空间、区位、道具和人口过程的物理环境；（2）一种在参与交换的行动者中间进行的资源分配；（3）一组规范、框架和解释理论的集合；（4）一种范畴（类别）系统；（5）一种程式化模式；（6）一组仪式。个体由此受到被宏观结构支配的那些空间、道具、资源、规范、程式、仪式和范畴的高度约束。进一步看，人们也会寻求到各种互动场合及构成宏观结构的特定群体、网络和组织中去发现这样一些约束。因此，可以说，人们把宏观社会过程结构化了。他们寻求创造一种外在的、冷峻的客观现实，这个现实不仅以物质形式而且以相应的仪式、范畴、类型、道具、规范、程式和资源等形式强制性地施加自己的影响。

当然，特纳承认所有这些描述和分析目前都还处于一种含糊不清的状态，因此我们需要作出更系统的努力来构造出详细说明宏观现实与微观现实两者之间如何相互约束、相互作用的模式和命题。不过，特纳又承认，即使这样做了，在宏观与微观层次之间可能依旧会存在一条鸿沟，但它或许不再那么令人生畏了。

总之，特纳认为，存在着许多尝试联结宏观和微观社会层次的理论策略，但它们在目前看来似乎都还不太成功。其主要原因是宏观和微观社会学理论本身尚未发展成熟。特纳说："（在理论上）对微观与宏观现实层次进行联结需以一种发展成熟了的有关各层次的理论与模式集为前提，在我们有了更成熟和更精致的有关微观和宏观之社会现实的理论之前，任何关于怎样将这两个层次联结和协调起来的忧虑都是早熟的。"[1] 将来，当宏观社会学理论和微观社会学理论都发展得更为成熟了，人们也许能实现把它们圆满结为一体的理想。但在这之前，我们只能满足于对它们分别进行探讨，然后在这个基础上去进一步考察它们之间的相互作用和相互约束。特纳举自然科学为例来说明这样做的合理性。他指出，物理学家一直在天体层次与亚原子层次两个层次上分别开展研究工作，而从不在如何将这两个层次结合起来的问题上产生任何忧虑；微观生物学也似乎是把普通生物学扔在一旁而置之不顾。既然在最成熟的那些学科中尚且如此，作为最不成熟的学科之一的社会学为什么就不能容忍在它的微观理论和宏观理论之间存在一定的裂缝呢？特纳这样说："微观分析产生出一种理解；宏观分析又产生出另一种理解；有时它们能够被结合起来，有时它们则不能。社会学家应该以一种更为容忍和折中主义的态度来接受这一点。"[2]

---

[1] J. H. Turner, *The Structure of Sociological Theory*, p.589.
[2] Ibid.

结　语

综上所述，我们可以看到，一方面，与我们在本卷前面各章所梳理的那些社会学理论家类似，乔纳森·特纳也对行动与结构之间、微观（现实）与宏观（现实）之间、经验研究与理论研究之间的对立等存在于社会学研究内部的各种二元对立感到不满，并因而长期致力于对现有各派社会学理论进行整理和综合，希望最终能够建构起一种相对现有各派社会学理论都更具合理性的一般社会学理论，以此来消除导致社会学研究内部分裂的各种二元对立，达成社会学研究范式的统一，实现孔德当年提出的将社会学建设成为一门"关于社会现象的自然科学"之理想。不仅如此，在从理论上消除行动与结构、微观与宏观之间的对立，实现它们之间联结的具体方式上，特纳的思路与本卷前面梳理的那些社会学家也是大体一致的，即承认无论是微观的行动还是宏观的结构，都不仅是不可相互还原的客观性实在（因此既不可以像霍曼斯那样单纯用微观社会学理论来解释一切社会现象，也不可以像涂尔干等人那样单纯用宏观社会学理论来解释一切社会现象，或者像齐美尔等人那样忽略微观社会现实和宏观社会现实之间的本质差异，通过两者之间在形式方面的共性或同构来同时解释二者的变化等），而且双方还存在着相互约束和相互作用。因此，一个好的综合性社会学理论不仅应该很好地说明、解释行动/互动与结构或微观社会现实与宏观社会现实这两个层次的运作机制，而且还要能够很好地说明、解释这两个层次的相互约束和相互作用，将行动、互动和结构层面的所有社会现象都置于它们之间相互约束和相互作用的过程中来加以理解。

但是，另一方面，从本章的叙述中我们也可以看到，尽管和本卷前面所述各家一样，特纳不仅希望实现行动理论与结构理论、宏观社会学理论与微观社会学理论之间的联结，而且将行动与结构或微观社会现实与宏观社会现实之间的相互依赖、相互作用作为自己拟定的社会学理论综合纲领的基本思路，但和他们相比，特纳拟定的理论综合纲领还是独具特色，这一特色就是：前面各章所述的诸综合理论都是在功能主义、交换理论或理性行动理论、现象学社会学、符号互动主义、拟剧理论、常人方法学、马克思主义等原有的社会学理论流派当中选择其中的一派或几派作为自己的理论基地，然后通过吸收、借鉴其他理论中被认为具有合理性的一些思想来弥补自己所选理论的不足之处，将其拓展成一个更具综合性的理论系统，而特纳似乎并不想这么做。与前面这些综合性社会学理论的提倡者不同，特纳似乎完全放弃了在原有不同社会学理论中选边站的做法，试图站在原有各种理论流派的立场之外，在它们各家已有成果的基础上，克服它们各自的缺陷，把它们各自的合理之处贯通起来，综合成一个更为全面、更为综合的理论系统。正因为如此，无论是特纳自己，还是包括笔者在内的其他什么人，都难以像给前面各章所梳理的社会学理论命名那样，以某种特定学派的名称来对他所提出的综合性社会学理论纲领进行命名，如新功能主义、社会建构论、结构化理论等，而只能像笔者在本章所做的那样简单地称之为"乔纳森·特纳的社会学理论综合纲领"。正如特纳自己在《社会学理论原理》第三卷前言中所说的那样，在对社会学理论进行综合这样一项工作中，他的角色"不是要创造一个天才性的新理论，而是要将诸多理论社会学家的创造性视野加以整合"[1]。

在《社会学理论原理》一书中，特纳大体参照我们在本章所述的这样一种思路来对西方社会学理论进行详尽的整理和综合，试图将其社会学理论综合纲领落到实处。除了主标题"社会学理论原理"外，该书第一卷副标题为"宏观动力学"（macrodynamics），第二卷副标题为"微观动力学"（microdynamics），第三卷为"中观动力学"（mesodynamics）。除了宏观社会学理论和微观社会学理论的叙述顺序与本章所述不同之外，在基本内容和结构（宏观、微观、中观三个组成部分）方面没有重

---

[1] J. H. Turner, *Theoretical Principles of Sociology*, Vol.3, Springer, 2012, Preface, p.viii.

大差异。虽然可能如特纳自己所说的那样，特纳在这本书中所做的工作会有理论创新不足的局限，但笔者认为，在对既有社会学理论知识的积累、整理和综合方面，其所具有的价值不可低估，因而依然值得我们加以关注和重视。

本卷小结

在本卷中,我们选择了彼得·伯格和卢克曼的"社会建构论"、亚历山大的"新功能主义"、科尔曼的"理性选择理论"、吉登斯的"结构化理论"、布迪厄的"实践理论"和哈贝马斯的"交往行动理论"、乔纳森·特纳的"社会学理论综合纲领"为样本,对西方社会学领域中的互构论社会学理论类型进行了梳理。通过梳理,我们可以看到:

首先,正如我们在本卷导言中所说的那样,所有这些被归入"互构论"范畴的社会学理论都具有一个共同的特点,那就是试图通过一种对之前我们梳理过的"结构论社会学理论"和"建构论社会学理论"都加以肯定的方式来实现这两种理论类型的综合,以消除由这两者之间在基本理论立场方面的差异所造成的一系列理论上的二元对立,如"社会"与"个人"之间的二元对立,"结构"与"行动"之间的二元对立,"宏观"与"微观"之间的二元对立等,结束西方社会学理论领域中的分裂局面。具体言之,就是在宏观/社会/结构与微观/个人/行动两者之间的关系问题上,结构论社会学理论家认为虽然宏观/社会/结构是由诸多微观/个人/行动构成的,但前者一旦由后者所构成,就不仅具有了自己的独立性,而且反过来还决定着后者的存在和变化,因此,究其根本,其实只有宏观/社会/结构才是真正独立的实在,是社会生活之本,微观/个人/行动则并非真正独立的实在,而是由前者派生出来的、其存在状况由前者决定的现象，是社会生活之末。因此，社会学研究的任务就是要去发现宏观/社会/结构存在和变化的规律，用这些规律去解释包括宏观/社会/结构和微观/个人/行动在内的所有社会现象。反之，典型的建构论社会学家（如韦伯、舒茨、布鲁默、霍曼斯、埃尔斯特等）则认为在宏观/社会/结构与微观/个人/行动两者之间，宏观/社会/结构根本不是一种真正独立的实在，它只不过是诸多微观/个人/行动的集合而已，或者是通过后者建构起来的，因而是社会生活之末；后者才是社会生活中唯一真正独立的实在，是社会生活之本。因此，社会学研究的任务就是要去发现微观/个人/行动存在和变化的机制，用这些机制去解释包括微观/个人/行动和宏观/社会/结构在内的所有社会现象。与这两者都不同，互构论社会学理论家则认为，无论是结构论社会学家的观点还是建构论社会学家的观点，都是片面的、错误的，宏观/社会/结构与微观/个人/行动两者之间并无本末或决定与被决定之分，它们两者是各自真正独立的实在，不过它们的独立性都不是绝对的而是相对的：宏观/社会/结构确实是由诸多微观/个人/行动构成，但一旦被构成就确实具有自身相对独立的结构、机制和规律，并对构成它的微观/个人/行动产生约束作用；但作为宏观/社会/结构之构成元素的微观/个人/行动，在参与构成前者之后，虽然会受到前者的约束，但并不因此而完全失去自身的独立性、自主性，而是在一定程度上保持着自身的相对独立性、自主性，并继续对其作为其中一分子的宏观/社会/结构发生建构性作用。社会现实实际上既不是单纯由宏观/社会/结构所决定，也非完全由微观/个人/行动所决定，而是由这两者之间的相互作用所决定。因此，社会学研究的任务就是要去对宏观/社会/结构与微观/个人/行动两者之间的相互作用进行考察，用这两者之间的相互作用来解释包括宏观/社会/结构和微观/个人/行动在内的所有社会现象。

其次，和我们在前面两卷中所看到的情况有所不同的是，在结构论社会学理论和建构论社会学理论范畴内都能看到的非马克思主义理论阵营和马克思主义理论阵营之间那种标签式的对立，在互构论社会学理论类型中虽非完全消失，但却大大淡化和减弱了。虽然还有少数互构论社会学家，如哈贝马斯，相对而言比较明确地声称自己的理论属于马克思主义阵营，但多数互构论社会学家，包括那些曾经受到马克思主义理论影响的学者，如亚历山大、吉登斯、布迪厄等人，都不再拘泥于马克思主义或非马克思主义这样的理论标签，而是将包括马克思主义和非马克思主义理论在内的所有理论都作为自己的理论资源，通过对它们的借鉴来完成自己的理论构建工作。即使是像哈贝马斯这样仍然明确声称自己的理论属于马克思主义（批判理论）阵营的人，在理论资源的借鉴和理论观点的形成方面也完全不受旧理论标签和旧理论边界的约束，自由地穿梭在不同的理论阵营或理论体系之间，让它们（其中既有马克思、霍克海默等马克思主义者的理论，也有韦伯、涂尔干、米德、舒茨、帕森斯等非马克思主义者的理论）为己服务，为己所用，从而使自己所建构的马克思主义或"批判"理论呈现出一种全新的风貌。

最后，和我们在结构论社会学理论类型和建构论社会学理论类型那里看到的情况一样，互构论社会学理论也不是一个单一的、同质的理论体系，而是由诸多在社会本体论和认识论、方法论方面立场有所不同的具体社会学理论构成的理论类型。造成这种局面的直接原因是，互构论社会学理论家在构建自己的理论时所借鉴的理论资源或所立足的理论基地各有不同。在本卷的导言部分，我们曾经说过，互构论社会学理论的产生，在很大程度上是西方社会学理论家对由结构论社会学和建构论社会学两者之间的对立造成的分裂局面感到不满，尝试通过对它们进行综合来形成一个能够为更多的社会学家接受的、相对更为合理的社会学理论体系这一行为的结果。因此，他们在开展自己的理论综合工作时，一般而言，都会像上述第二点已经提到的那样，力图突破原有的理论疆界，将各种已有的社会学理论体系都作为自己的资源加以借鉴和利用。正如瑞泽尔在对这种理论综合活动进行描述时所说的那样："那些旧的统治了社会学理论许多年的具体标签（如'结构功能主义''符号互动论'）其意义和重要性似乎正在日益变小。由于年轻一代的社会学家占据了中心舞台,较老的理论和概念(如微观—宏观)之间的界限正在崩溃,一些年轻的理论家甚至在扮演一种积极的角色以期摧毁那些疆界。各种理论当前的支持者很少有兴趣去保卫对他们的理论所作的传统解释,而是以极大的兴趣向其他的理论传统伸展,以努力发展出一种新的更为综合性的理论。"[1]尽管如此,我们却可以发现,这些被我们称为互构论者的社会学理论家在从事这种理论综合工作时,不约而同地采取了一种大致相同的做法,即并非完全一视同仁地对待所有已有的社会学理论体系,在一种完全中立的立场上来进行自己的理论综合工作,而是在已有的理论库存中选择一种或几种理论来作为自己的理论出发点或曰理论基地,在此基础上通过广泛地吸纳其他理论体系中被自己认为具有合理性的元素(概念、命题、思想等),以此来扩展、充实自己所选取的这种或几种理论体系,使之变得比以前更为综合、更为合理。然而,由于不同的互构论者在进行自己的理论综合工作时所采取的理论出发点或曰理论基地有所不同——例如,彼得·伯格和卢克曼选择的主要是舒茨的现象学社会学理论,亚历山大选择的是帕森斯的结构功能主义理论,科尔曼选择的是在社会交换理论和经济学等领域中流行的理性选择理论,吉登斯选择的是舒茨的现象学社会学、戈夫曼的日常互动理论等理论,布迪厄选择的是马克思的实践理论,哈贝马斯选择的是霍克海默等法兰克福学派学者的"批判理论",等等——,其结果便是形成了我们所看到的各式各样的综合性社会学理论体系。这些理论体系的目标是相同的,即都是试图完成结构论社会学和建构论社会学之间的理论综合;思路也是相同的,即都是试图通过承认宏观/社会/结构与微观/个人/行动双方都是一种相对独立的实在、社会现实是由这两者之间的相互作用决定的这一点来消解它们之间的二元对立,实现结构论社会学和建构论社会学两类理论的综合;甚至如上所述,其理论建构的基本策略也是相同的。但是,正由于它们的建构者在进行这种理论综合时在已有理论库存

---

[1] G. Ritzer, "The Current Status of Sociological Theory: The New Syntheses," in G.Ritzer (ed.), *Frontiers of Social Theory: The New Syntheses*, Columbia University Press, 1990, p.1.

中选来作为自己理论基地的理论体系是不同的，他们各自最终建构出来的理论体系在立场、观点和内容等方面就依然呈现出一定的甚至相当大的差异。由于这种差异，这些互构论者所完成的工作在结果上呈现出一种"综而不合"的局面：相比之前的结构论或建构论社会学理论，所有的互构论理论体系都具有相对较高程度的综合性，因而也具有相对更高程度的合理性；但其中又没有哪一种互构论理论体系能够成为被所有社会学家公认的、唯一合理的理论体系。新的、比之前的结构论社会学理论和建构论社会学理论更具综合性的理论确实出现了，但它们之间的差异和对立却并不比之前的各种社会学理论体系之间的差异和对立小。西方社会学理论在向着更为综合的方向演变，但西方社会学理论多元并存的局面却并没有因此而消失。